東洋文庫
870

エリュトラー海案内記 1

蔀 勇造 訳註

平凡社

装幀　原　弘

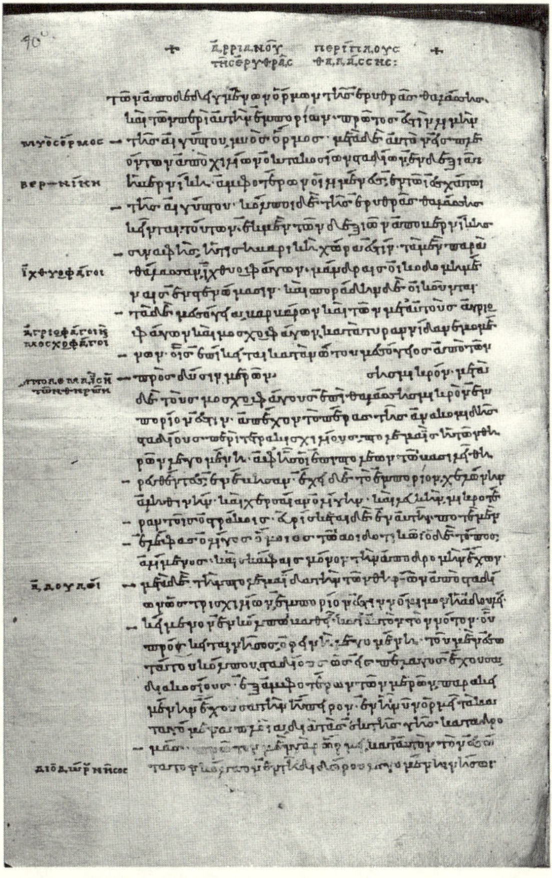

図版1　Codex Palatinus Graecus 398, fol. 40ᵛ. ハイデルベルク大学図書館所蔵写本の第40葉の裏頁。冒頭に『案内記』のタイトルが記され、1行分のスペースを空けた後に本文が書き始められている。

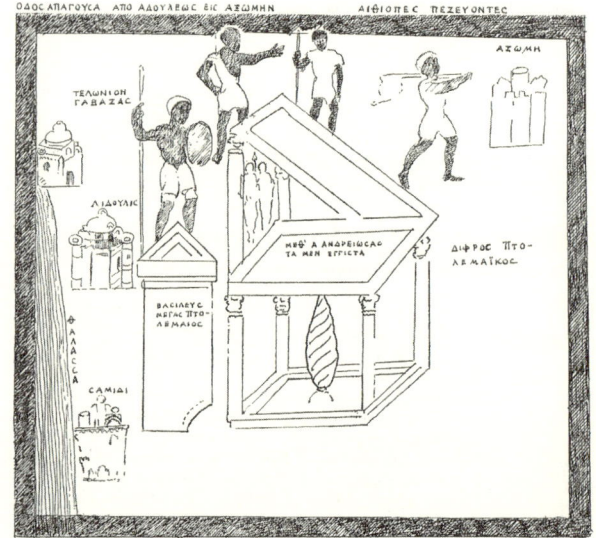

図版2　コスマス・インディコプレウステス『キリスト教世界地誌』II. 55 の挿絵（第4節註3参照）。方位が現在の地図とは逆になっており、左端に川のように見えるのが紅海。やや内陸に位置してΑΙΔΟΥΛΙΣと記された中央の町がアドゥーリスで、その斜め左上（南東）に海に臨んでガバザ税関（ΤΕΛΩΝΙΟΝ ΓΑΒΑΖΑΣ）の建物が見える。右隅（南西）にΑΞΩΜΗと記されているのが首都のアクスムである。画面中央の大理石の玉座が実は戦勝記念碑で、おそらく背もたれの背面にコスマスが文面を写したギリシア語碑文が刻されていた（第19節註2参照）。玉座の背後の右隅が欠けた石板は、地上に倒れていたプトレマイオス王（何世かは不明）の戦勝記念碑。元来は別の場所に立っていたものを、玉座石碑を据えさせたアクスム王が戦利品として持ち帰ったと考えられる。

凡　例

1 　本書は作者不詳のギリシア語本、通称『エリュトラー海案内記』(以下『案内記』と略)の全訳と註釈、ならびに解題である。原題の $Περίπλους\ τῆς\ Ἐρυθρᾶς\ θαλάσσης$ (ラテン語では *Periplus Maris Erythraei*) を直訳すると『エリュトラー海周航記』となるが、本書の内容と我が国における慣用に鑑みて、このようなタイトルにした。「エリュトラー海」は字義的には「紅い海」であるが、今日の紅海のみならず、ペルシア湾、アラビア海、インド洋を個別に指す他に、本書に見られるようにこれらすべてを含む広い海域をも指した(詳しくは第1節註1参照)。
2 　翻訳は下記の **Casson** 所収校訂テキストを底本とし、他の校訂本も適宜参照しながら行なった。解釈の分かれるテキストの読みについては、註記してある。参照した校訂本と翻訳書(詳細は解題に記す)を刊行年順に挙げると以下のとおり。なお、引用にあたっては太字体にした著者名を略号として使用した。

Vincent, W., *The Voyage of Nearchus and the Periplus of the Erythrean Sea*, Oxford, 1809. (1683年刊のN. Blancardのギリシア語テキスト再録とその英語訳)

Fabricius, B., *Arriani Alexandrini Periplus Maris Erythraei*, Dresden, 1849. (ギリシア語校訂テキスト)

Müller, C., *GGM* I (1855): 257-305. (ギリシア語校訂テキストとそのラテン語訳)

McCrindle, J. W., *The Commerce and Navigation of the Erythraean Sea*, Calcutta, Bombay & London, 1879.（**Müller** 所収校訂テキストを底本とする英語訳）

Fabricius, B., *Der Periplus des Erythräischen Meeres von einem Unbekannten*, Leipzig, 1883.（ギリシア語校訂テキストとその独語訳）

Schoff, W. H., *The Periplus of the Erythraean Sea*, London, 1912.（**Müller** 所収校訂テキストを底本とする英語訳）

Frisk, H., *Le Périple de la mer Érythrée*, Göteborg, 1927.（ギリシア語校訂テキスト）

村川堅太郎訳註『エリュトゥラー海案内記』生活社、1946年（再版：生活社、1948年；中央公論社、1993年）。引用頁は生活社版と中公版の両方を / の前後に併記する。（**Frisk** 所収校訂テキストを底本とする邦語訳）

Huntingford, G. W. B., *The Periplus of the Erythraean Sea*, London, 1980.（**Frisk** 所収校訂テキストを底本とする英語訳）

Casson, L., *The Periplus Maris Erythraei*. Text with introduction, translation, and commentary, Princeton, 1989.（**Frisk** 所収校訂テキストの修正版とその英語訳）

蔀勇造「新訳『エリュトラー海案内記』」『東洋文化研究所紀要』第132冊（1997年）1-30頁。（**Casson** 所収のギリシア語テキストを底本とする邦語訳）

Bukharin, M. D., *Neizvestnogo avtora « Peripl Eritreiskogo morya »*. Tekst, perevod, kommentarii, issledovaniya, Sankt-Peterburg, 2007.（**Casson** 所収のギリシア語テキスト再録とその露語訳）

3 ギリシア語原文を掲載しない欠を多少なりとも補うために、註釈や解題でテキストの語句を引く場合にはギリシア文字を用いた。但し、文中の語形をそのまま示す必要のある場合を除き、名詞に言及する際には主格形を挙げた。また、固有名詞のカタカナ表記に際し、ギリシア語の長母音を訳文中では長音符号（音引き）を用いて明示したが、註釈と解題においては慣用に従って表記した。

4 原文は節分けしてないが、訳文は底本に従って66節に分けた。現行の節の分け方は **Müller** が始めたもので、以来、今日に至るまで踏襲されている。また原文の本文はすべて小文字体で記されているが、校訂本では文頭と固有名詞の語頭の文字は、慣習的に大文字で記されている。

5 訳文中の［　］は写本テキストの空白・欠損・改竄、ならびに校訂者による字句の増補を示す。（　）は達意のために訳者が補った部分である。紛らわしい訳語の原語を示す必要のある場合には、〔　〕の中にカタカナで表記した。「　」は重要語や注意を要する語を示すのに用いた。

6 『案内記』の記述の対象となっている海域の地理・水路情報については、英海軍水路部作成の海図（*Admiralty charts*, published by the Hydrographer of the [British] Navy）と水路誌（*Pilot*）、ならびに米国防省地図局（[USA] Defense Mapping Agency）作成の航路案内（*Sailing Directions*）を参照。

7 文献により複数の異なる表記が行われているインド洋周辺の地名を統一的・整合的に示す便宜的な手段として、現在の地名を挙げる際には、原則として、最初に合衆国地名委員会（U. S. Board on Geographic Names）が認めるロー マ

字表記の標準形を示し、次いで必要に応じて、他の表記を併記した。アラビア語のター・マルブータは -h（イダーファの場合は -t）で表記されている。この委員会が提供する地名情報は、かつては米国防省地図局から国別の冊子体（Gazetteer）で刊行されていたが、現在では国家地理空間情報局（National Geospatial-Intelligence Agency）が GEOnet Names Server（GNS）を通じてインターネット上で公開している（http://geonames.nga.mil/gns/html/）。カタカナ表記は、できるだけ原音に近い表記を用いるよう心がけたが、慣用的な表記の方を採用した場合もある。

8　読者に馴染みの薄い地名に言及するに際しては、原則としてその土地の地理上の位置を示す経緯度を記した。その数値は参照した文献により多少異なることもあるが、いずれの文献も、数値はそれぞれの土地のおおよその位置を示すための概数と断っている。本書では、地名表記について、主として GNS 情報に依拠した都合上、経緯度についても原則として GNS に示されている数値を優先し、そこに記事がない場合に限って、他の資料が提供する情報を参考にした。また、数値を地図に基づいて微修正した場合もある。但し、個々の数値の典拠をいちいち記すことはしていない。この経緯度と地名を手懸りとして Google Map, Google Earth 等で検索を行えば、読者は当該地のおおよその位置と地形を確認することができるはずである。

9　古代南アラビア語の3種の歯擦音を表す文字（ﺲ, ﺵ, ﺶ）は、音素（s, š, ś）との対応関係が確定していないので、便宜的に A. F. L. Beeston *et al.*, *Sabaic Dictionary/Dictionnaire Sabéen*, Louvain-la-Neuve & Beyrouth, 1982 に倣って、

s^1、s^2、s^3と表記した。但し、これらの文字を含む固有名詞のカタカナ表記は、慣用に従いアラビア語流の読み方をもとにした。
10　巻末に、本書の解題と註で言及・引用した主な文献を挙げ、引用法の原則を記した。

略号表

AAE : *Arabian archaeology and epigraphy*.

ACh : *Admiralty charts*, published by H[B]N.

AJA : *American Journal of Archaeology*.

AN : *American Neptune*.

ANRW : H. Temporini & W. Haase (eds.), *Aufstieg und Niedergang der römischen Welt*, Berlin.

AP : *Africa Pilot*, III, published by H[B]N, 13th ed., 1980.

APVG : *Archiv für Papyrusforschung und verwandte Gebiete*.

BASP : *Bulletin of the American Society of Papyrologists*.

BBP : *Bay of Bengal Pilot*, published by H[B]N, 10th ed., 1978.

BÉFEO : *Bulletin de l'École française d'Extrême-Orient*.

BIFAO : *Bulletin de l'Institut français d'archéologie orientale*.

BSOAS : *Bulletin of the School of Oriental and African Studies*.

CQ : *Classical Quarterly*.

CR-AIBL : *Comptes rendus (des séances) de l'Académie des inscriptions et belles-lettres*.

DMA : [USA] Defense Mapping Agency, Hydrographic/Topographic Center.

DNP : *Der neue Pauly: Enzyklopädie der Antike*, Stuttgart, 1996–2003.

EI[1] : *E. J. Brill's first encyclopaedia of Islam, 1913–1936*, 9 vols., Leiden, 1987.

EI[2] : *The encyclopaedia of Islam*, New edition, 12 vols., Leiden, 1960–2004.

ÉPHÉ : École pratique des hautes études, IVe section, Sciences historiques et philologiques.

GGM : C. Müller, *Geographi Graeci Minores*, 3 vols., Paris, 1855-61.

GJ : *Geographical Journal*.

H[B]N: Hydrographer of the [British] Navy.

IJNA : *International Journal of Nautical Archaeology*.

IJNAUE : *International Journal of Nautical Archaeology and Underwater Exploration*.

Inv. : J. Cantineau, J. Starcky & M. Gawlikowski (eds.), *Inventaire des inscriptions de Palmyre*, 11 vols., Beirut, Paris & Damascus, 1930-.

JA : *Journal asiatique*.

JAOS : *Journal of the American Oriental Society*.

JARCE : *Journal of the American Research Center in Egypt*.

JEA : *Journal of Egyptian Archaeology*.

JESHO : *Journal of the Economic and Social History of Orient*.

JHS : *Journal of Hellenic Studies*.

JIOA : *Journal of Indian Ocean Archaeology*.

JOS : *Journal of Oman Studies*.

JRA : *Journal of Roman Archaeology*.

JRAS : *Journal of the Royal Asiatic Society*.

JRGS : *Journal of the Royal Geographical Society*.

JRS : *Journal of Roman Studies*.

LCL : Loeb Classical Library.

ME : *Man and Environment*.

NC : *Numismatic Chronicle*.

OGIS : W. Dittenberger (ed.), *Orientis Graeci Inscriptiones Selectae*, 2 vols., Leipzig, 1903-05.

PGP : *Persian Gulf Pilot*, published by H[B]N, 12th ed., 1982.

PSAS : *Proceedings of the Seminar for Arabian Studies*.

RE : *Paulys Real-Encyclopädie der classischen Altertumswissenschaft*, Neue Bearbeitung, Stuttgart, 1893-1980.

RSP : *Red Sea and Gulf of Aden Pilot*, published by H[B]N, 12th ed., 1980 (revised 1987).

SAS : *South Asian Studies*.

SB : F. Preisigke (ed.), *Sammelbuch griechischer Urkunden aus Ägypten*, Strassburg, Berlin & Leipzig, 1915-.

SDEA : *Sailing Directions (Enroute) for East Africa and the South Indian Ocean*, published by DMA, 4th ed., 1988.

SDIB : *Sailing Directions (Enroute) for India and the Bay of Bengal*, published by DMA, 4th ed., 1989.

SDIO : *Sailing Directions (Planning Guide) for the Indian Ocean*, published by DMA, 3rd ed., 1988.

SDRS : *Sailing Directions (Enroute) for the Red Sea and Persian Gulf*, published by DMA, 4th ed., 1988.

TAPA : *Transactions of the American Philological Association*.

TPC : *Tactical Pilotage Chart* (Scale 1: 500,000), produced under the direction of the Director of Military Survey, Ministry of Defense, United Kingdom.

WCIP : *West Coast of India Pilot*, published by H[B]N, 11th ed., 1975 (revised 1986).

ZDMG : *Zeitschrift der deutschen morgenländischen Gesellschaft*.

ZPE : *Zeitschrift für Papyrologie und Epigraphik*.

目次

凡例 5

エリュトラー海案内記　第1－37節 15

註　第1—37節 38

解題
　1　手稿本、校訂本、ならびに訳註書 297
　2　『案内記』の作者と著作年代 308
　3　『案内記』成立の歴史的背景 315

主要参照・引用文献 371

第 2 巻目次

凡例

エリュトラー海案内記　第38—66節

註　第38—66節
解題（承前）
　4　エリュトラー海における航海
　5　エリュトラー海における交易
　6　エリュトラー海交易に関わるその他の諸問題
図版出典一覧
索引

エリュトラー海案内記 1

蔀 勇造 訳註

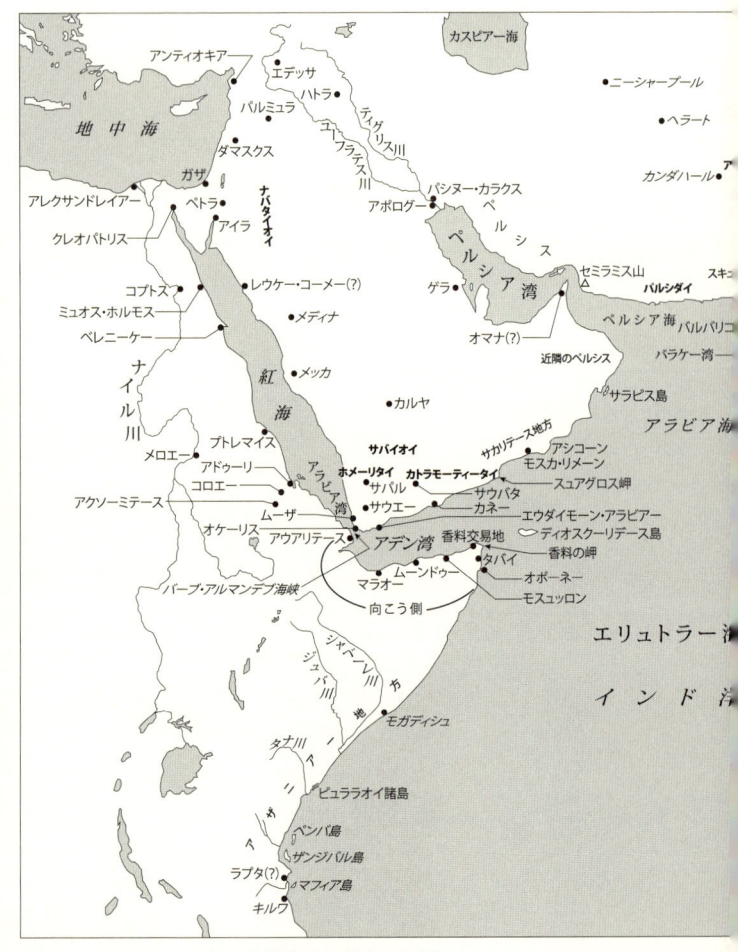

図版 3　エリュトラー海全図（斜体字は現在の地名）

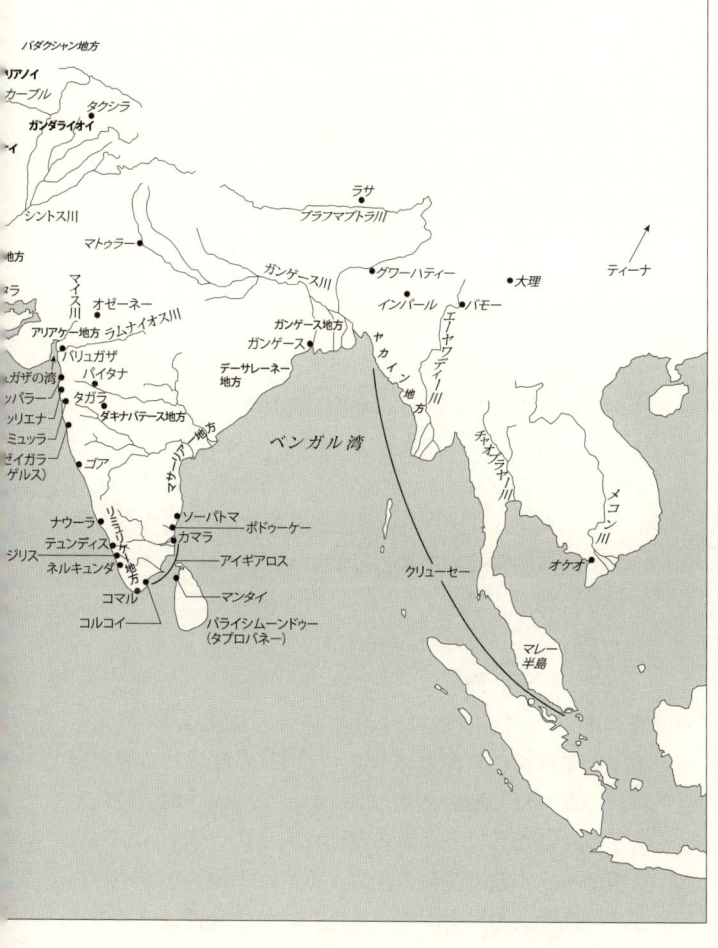

第1節

エリュトラー海[1]の指定された碇泊地[2]や同海沿岸の交易地のなかで、最初のものはエジプトの港[3]ミュオス・ホルモス[4]である。その次は航海していくと、1,800スタディオン[5]離れて右手にベルニーケー[6]がある。双方の港はエジプトの辺境にあるエリュトラー海の湾である。

第2節

これらの右手に[1]、ベルニーケーにすぐ続いてバルバロイの住む地方[2]がある。その沿海部には、狭い土地に散在する苫屋[3]にイクテュオパゴイ[4]が住んでいる。内陸部にはバルバロイが、彼らの向こうにはアグリオパゴイ[5]とモスコパゴイ[6]がいて、首長によって治められている。彼らの背後の奥地、(即ち)西方に[メロエーと呼ばれる首都が][7]ある。

第3節

モスコパゴイの次には、[⋯⋯⋯⋯][1]約4,000スタディオン離れて、狩猟のプトレマイス[2]と呼ばれる海に臨んだ小さな交易地があり、プトレ[マイ]オス朝の時代には王の猟師たちはそこから奥地に入っていった。この交易地は本物の亀と少数の陸亀、それに甲羅が小さめの白っぽい色のとを[3]産する。またここでは時折、少量のアドゥーリ産のものに似た象牙[4]が見出される。ここには

港がなく小舟のみが接岸できる。

第4節

狩猟のプトレマイスの次には、約3,000スタディオン[1]離れて、法定の交易地[2]のアドゥーリ[3]がある。南に延びた深い湾[4]の中にあって、その前にはオレイネーと呼ばれる島[5]が浮かんでいる。これは湾の最奥部から外海の方へ約200スタディオンの距離にあり、その両岸とも陸地と平行している。今では来航する船は、陸地からの襲撃のためにここに碇泊する。というのは以前にはそれらは、湾の最奥部[6]でこの陸地に近いディドーロスと呼ばれる島に[7]碇泊していたが、ここへは（陸地から）徒渉できる通路があって、そこを通ってこの辺りに住むバルバロイがこの島を襲撃したからである。そしてオレイネーに向き合う陸地の、海から20スタディオン離れたところに、かなり大きな村のアドゥーリがある。ここから内陸の町で最初の象牙取引地のコロエー[8]までは3日の道程である。そこからアクソーミテース[9]と呼ばれる首都まで、さらに5日かかる。ナイル[10]の彼方からのすべての象牙は、いわゆるキュエーネイオン[11]を通じてそこへ運ばれ、そこからアドゥーリへと運ばれる。殺される象[12]や犀はすべて奥地に棲息するが、時には海岸地帯で、アドゥーリ付近でさえ見かけられる[13]。この交易地の沖合に、外海中の右手に別の小さな砂地の島が多数浮かんでいる。アラライウー[14]と呼ばれて亀甲を産し、

それはイクテュオパゴイによって交易地まで運ばれる。

第5節

　また約800スタディオン離れて、別の非常に深い湾[1]がある。その入口の右手に砂が大量に堆積していて、その中の深いところから、ここの特産のオプシアノス石[2]が埋まっているのが見つかる。これらの地方は、モスコパゴイ（のところ）から別のバルバロイの地方[3]まで、ゾースカレース[4]が支配している。彼はその財産について抜け目なく、より多くを得ようと努めているが、その他の点では立派でギリシア文字も心得ている。

第6節

　これらの場所に輸入されるのは、エジプト製でバルバロイ向けの[1]縮絨してない[2]上衣〔ヒマティア〕[3]、アルシノエー[4]製の衣〔ストライ〕[5]、混紡[6]で色物の外套〔アボッライ〕[7]、亜麻布、二重縁付きの品[8]、多くの種類の色ガラス[9]や、別のディオスポリス[10]製のミッレフィオーリ・ガラス[11]、装飾（品）として、また裁断して貨幣として用いられる真鍮[12]、料理（道具）として、また裁断して女たちの腕輪や足首飾りとして用いられる蜂蜜銅[13]、象やその他の野獣（狩り）と戦争のための槍に使われる鉄[14]である。同じく小斧、手斧、短刀、円くて大きな銅製飲器、外国人居留者[15]のための少量のローマ貨幣[16]、およびラー［オ］ディケイアー産とイタリア産の

葡萄酒[17]少量と、オリーブ油[18]少量とが輸入される。王には、この地方向けの形に作られた銀器や金器、上衣類〔ヒマティア〕としては純正品[19]ではあるがそれほど値の張らない[20]外套〔アボッライ〕と厚手の毛織外套〔ガウナカイ〕[21]（が献上される）。同様にアリアケーの[22]内陸地方からは、インドの鉄と鋼鉄[23]、やや幅広のインドの布[24]でモナケーやサグマトゲーナイ[25]と呼ばれるもの、帯、厚手の毛織外套〔ガウナカイ〕、モロキナ[26]、上製綿布[27]少量、ラック染めの品[28]（がもたらされる）。これらの土地からは、象牙、亀甲、犀角が輸出される。エジプトからの（輸出品の）大部分は、この交易地へ１月から９月まで[29]、即ちテュービからトートまで[30]（の間）に運ばれるが、適当なのは９月頃にエジプトから出航することである[31]。

第7節

ここから東へ向かって[1]アラビア湾が延びていて、アウアリテース[2]のところで最も狭くなっている。同じ陸地に沿って東へ航海すると、約4,000スタディオンの後にバルバロイの別の交易地が（いくつも）あって「向こう側」[3]の（交易地）と呼ばれ、順に並んでいて、時機がよければ投錨や繋留のできる碇泊地がある[4]。第１番目がいわゆるアウアリテースで、そこでアラビアから対岸への渡航が最短である。ここに小さな交易地のアウアリテースがあり、そこへは筏[5]と小舟で近づける。ここに

は各種の色ガラス、多少のディオ［ス］ポリス産の未熟オリーブ[6]、バルバロイ向けの縮絨してある各種の上衣〔ヒマティア〕、麦、葡萄酒、少量の錫(すず)[7]が輸入される。そこから時々バルバロイが筏で対岸のオケーリス[8]やムーザ[9]に運んで、香料類[10]、少量の象牙、亀甲、ごく少量ではあるが他種のものより上質の没薬(もつやく)[11]が輸出される。この場所に住むバルバロイはかなり手に負えない。

第8節

アウアリテースの次には、それよりましなマラオー[1]と呼ばれる別の交易地があり、およそ800スタディオンの航程だけ離れている。この碇泊地は波静かとは言えない［が］、東から延びる砂嘴(さし)によって護られている。そこの住民はずっと温良である。この場所には前に述べたものの他に、かなり多量の下衣(したぎ)〔キトーネス〕[2]、アルシノエー製の縮絨して染めた外套〔サゴイ〕[3]、飲器、蜂蜜銅少量、鉄、少量のローマ金・銀貨[4]が輸入される。これらの場所[5]からは、没薬、「向こう側」の乳香[6]少量、かなり硬いカシア[7]、ドゥーアカ[8]、カンカモン[9]、マケイル[10]等のアラビア向けの品々、そして稀に奴隷[11]が輸出される。

第9節

マラオーから2日航程[1]でムーンドゥー[2]の交易地があり、ここでも船は陸地のすぐ近くに浮かんでいる島[3]

に碇泊する方が安全である。ここにも前に述べたものが輸入される。またここから、同じく前述の商品の[他に]モクロトゥーと呼ばれる燻香[4]が輸出される。ここに住む商人はかなり手ごわい。

第10節

ムーンドゥーから東へ航海すると、同じく2、3日航程の後、[岬][1]近くの接岸しにくい海岸にモスュッロン[2]がある。ここには前述の品々や、銀製ならびに(それ)より少量の鉄製の器具、貴石[3]が輸入される。これらの場所からは極めて多量のカシア――[それ故]またこの交易地は、より大型の船を必要としている――その他の香りのよいものや香料類、少量の質のよくない亀甲、ムーンドゥーのより質の劣るモクロトゥー燻香、「向こう側」の乳香、象牙、そして稀に没薬が輸出される。

第11節

モスュッロンから沿岸航海して2日航程の後に、いわゆるネイロプトレマイウー[1]とタパテーゲー[2]と小さな月桂樹林[3]と象の岬[4]とがある。[…そこには][5]いわゆる象の川[6]とアカンナイ[7]と呼ばれる大きな月桂樹林とがあり、そこらでのみ「向こう側」の乳香が極めて大量に、それも上物ができる。

第12節

そしてその次に、今や陸地が南に向かうところに、香料交易地[1]とバルバロイの土地の最後の岬[2]があり、東に向かって断崖をなしている。碇泊地は、その場所が北風に曝(さら)されているため波穏やかではなく、時には危険である。ここらで嵐の襲来を告げる徴(しるし)は、海の深いところが濁ってきて色が変わることである。これが起きると誰もが避難所の、タバイ[3]という大きな岬に逃げ込む。この交易地にも同じく、前に述べたものが輸入される。ここではカシア、ギゼイル、アスュペー、アローマ、マグラ、モトー[4]、乳香ができる。

第13節

タバイから400スタディオン[1]、半島(かたわ)[2]の傍らへ航海すると[3]——潮流もそこへと引き寄せる[4]——別の交易地のオポーネー[5]があり、ここにも前述のものが輸入される。ここで主に産出されるのは、カシア、アローマ、モトー、多くはエジプト向けのかなり質のよい奴隷、ごく多量の他より上物の亀甲である。

第14節

すべてこれら「向こう側」の交易地への航海は、エジプトからは7月、即ちエピーピの頃に行われる[1]。通常アリアケーとバリュガザ[2]の内陸地方からも、これら「向こう側」の交易地に向けて、その地方産の売れ筋の

品々——麦、米、ギー[3]、胡麻油、モナケーやサグマトゲーネー[4]のような布、帯、サッカリと呼ばれる甘蔗糖[5]——を船積みする。そしてあるものは主にこれらの交易地に向けて航海するが、あるものは沿岸航行の間に遭遇する品々を（自分のと）交換に受け取る[6]。この土地は王に支配されず、それぞれの交易地は自身の首長[7]によって治められている。

第15節

オポーネーからさらに海岸が南へ向かうと、まずアザニアー[1]のいわゆる小断岸と大断岸[2]がある。［……］[3]それに沿って今や南西方向に6日航程、次いで小さな、また大きな浜[4]がさらに6日航程、そしてその後順々にアザニアーの諸航程、（即ち）最初にいわゆるサラピオーン[5]の、次いでニコーン[6]の（それぞれの航程）、その後にはかなりの数の川と一連の碇泊地が、全体で七つの[7]、日々の宿泊地と航程に分かたれて、ピュララオイ諸島といわゆる「運河」まで[8]（続く）。そこから南西よりやや南向きに昼夜兼行の2航程の後、アウシネイテース海岸（？）[9]近くでメヌーティアス島[10]が現れる。陸地からおよそ300スタディオン、平らで樹木に覆われ中に幾筋かの川があって、非常に多くの種類の鳥や、山亀[11]がいる。野獣は鰐(わに)[12]以外には全くおらず、それも決して人を襲ったりはしない。ここには縫い合わせて造った小舟や丸木舟[13]があり、魚や亀を捕るのに使う。この

島ではまた、籠(14)を使って独特の方法でそれらを捕らえる。網の代わりにこれを［水路の］出入口の辺りに［潮の流れ］の前に(15)下ろすのである。

第16節

そこから陸地に沿って2日航程の後に、アザニアーの最後の交易地がありラプタ(1)と呼ばれているが、この名は前述の縫合小舟に由来する(2)。ここにはまた極めて多量の象牙と亀甲がある。身体がとても大きな人々が耕作民（？）(3)としてこの地方に住んでいて、それぞれの場所で（自らを）まるで首長ででもあるかのように考えている。ここは昔からの決まりで(4)、アラビアで最初にできた王国に(5)服属しており、マパリーティスの首長(6)が管轄している。しかしムーザ(7)の人々が、貢納と引き換えに王からここ（との通商権）を獲得し、そこへ船を送る。多くの場合には、（現地人との）親交や通婚を通じてこの土地の事情と言葉に通じたアラブ人の船長や使用人を用いる。

第17節

これらの交易地にもたらされるのは、主としてムーザ特産の槍、小斧、短刀、小さな突錐（つきぎり）、多くの種類の色ガラス。また所によっては、そこそこの量の葡萄酒と麦、（但し）これは交易用ではなくバルバロイの好意を得るための費（つい）えである。これらの場所からは、極めて多量の

アドゥーリのよりは質の劣る象牙、犀角、インド産のに次いで上等の亀甲、少量の鸚鵡貝[(1)]が輸出される。

第18節

そしてこれらの交易地が、ベルニーケーから見て右手の海岸であるアザニアーのほとんど最後のものである。何故ならこれらの場所の彼方では、未調査の大洋が西に曲がり、南方で、エチオピアやリビアやアフリカ[(1)]のあちら側の部分に沿って広がり、西方の海と合しているのである[(2)]。

第19節

ベルニーケーの左手にあたり[(1)]、ミュオス・ホルモスから2、3日航程東へ、そばにある湾を横切って航海すると、レウケー・コーメー[(2)]と呼ばれる別の碇泊地と砦があり、ここを通ってペトラ[(3)]へ、ナバタイオイの王マリカス[(4)]の許へと［道が上っていく］[(5)]。ここもアラビアからここへ向けて仕立てられる大きくない船にとって、ちょっとした交易地の役割を果たしている[(6)]。それで監視のためここには、舶載された荷に対する四分の一税[(7)]の徴収官と、部隊を率いた百人隊長が送られる[(8)]。

第20節

そこの次に引き続いてアラビアの地方があり、ずっと長い距離にわたってエリュトラー海沿いに延びている。

そこには様々な種族が住んでいて、あるものはいくらか、またあるものは全く言葉が異なる[1]。彼らの海沿いの地域には、（対岸と）同じようにイクテュオパゴイの苫屋[2]が点在し、上手(かみて)[3]には村々と幕営地に2種類の言葉を話す悪者どもが住んでいる[4]。彼らの許に（湾の）中央の航路をはずれて迷い込むと略奪を受けるし、難破から救助されても奴隷にされてしまう。そのため彼らの方も、絶えずアラビアの首長や王[5]から虜(とりこ)にされている。彼らはカンラエイタイ[6]と呼ばれる。総じてこのアラビア地方の沿岸航海は危険である。この地方は港がなくて碇泊は難しく、汚い荒磯で岩のために近寄りにくく、すべての点で恐ろしい。したがってここを航海する際には、我々はアラビア地方に向けて[7]中央の航路からそれないようにし、カタケカウメネー島[8]まではことに急いで進む。そこから先はすぐに、穏和な人々や放牧されている家畜やラクダのいる［土地が］続く。

第21節

そしてこれらの次に、この海の左手の最後の入江の中に法定の[1]臨海交易地のムーザ[2]があり、ベルニーケーから南へ航海すると、全体でおよそ12,000スタディオン[3]離れている。ここは全体が船主や水夫といったアラブ人で溢れ、商いで活気に満ちている。というのも彼らは、「向こう側」[4]にもバリュガザ[5]にも自らの船を仕立てて取引を行なっているからである。

第22節

 そこから3日(行程)上手にサウエー市(1)があり、その周辺にマパリーティス(2)と呼ばれる地方が広がっている。そこにコライボス(3)という首長が居住している。

第23節

 そしてさらに9日(行程)(1)の後に首都の〔サ〕パル(2)がある。そこに2種族——ホメーリタイとその隣のいわゆるサバイオイ——の合法の王カリバエール(3)がいて、使節や贈物を絶やさず、諸皇帝と親しい(4)。

第24節

 交易地のムーザは港こそないものの(1)、その辺りの海底が投錨に適した砂地なので(2)、よい碇泊地になっている。ここに輸入される商品は、上製と並製のパープル染めの品(3)、純正のや普通のや碁盤縞のや金糸を織り込んだ等の、アラブ風の袖の付いた衣服〔ヒマティスモス〕(4)、サフラン(5)、キュペロス(6)、布(7)、外套〔アボッライ〕、純正品でこの土地向きの毛布少量、グラデーションがかかった縞模様の(8)帯、そこそこの量の香油(9)、十分な量の貨幣(10)、それと葡萄酒と麦が少量である。というのはこの地方も、まずまずの量の小麦とそれ以上の量の葡萄酒を産するので(11)。王と首長には、馬、駄役用のラバ(12)、金器、浮彫りを施した銀器、高価な衣服〔ヒマティスモス〕、銅器が献上される。ここからは、この

第20~24節 29

地方の特産として、精選された没薬とスタクテー[13]、アベイ[ライアと]ミナイア[14]、白大理石[15]、それに対岸のアドゥーリからの[16]前述の商品すべてが輸出される。ここに航海するのは、9月、即ちトートの頃が適当であるが、それより早くても別に問題はない[17]。

第25節

そこの次に約300スタディオン沿岸航海すると、今やアラビアの陸地と対岸のアウアリテース近くのバルバロイの土地とが接近して、長くはない海峡[1]を形成し、広い海を収 斂して狭い水路に閉じ込めている。その60スタディオンの水路の真ん中を、ディオドーロス島[2]が占めている。そのために、ここのところの航行は、潮流が激しく、周辺の山々から風が吹きつける。この海峡に臨む海岸に、同じ首長[3]に属するアラブ人たちの村オケーリス[4]がある。交易地というよりはむしろ碇泊地と給水地で、(外海の) 中へと渡航する人々のための[5]最初の寄港地である[6]。

第26節

オケーリスの次には海が再び東に向かって開き、次第に外海の様相を呈してくる[1]と、およそ1,200スタディオン離れてエウダイモーン・アラビアー[2]がある。海辺の村で、同じカリバエールの王国に属していて、(いくつかの) 適当な碇泊地とオケーリスのよりずっと甘い

(いくつかの)給水地[3]があり、そこから陸地が後退しているので、湾の始まるところにあたっている。エウダイモーン・アラビアー[4]はかつては都市で「幸福な〔エウダイモーン〕」と呼ばれた。その頃はインドからエジプトに来るものはなく、またエジプトから敢えて(外海の)内部の諸地方へ[5]渡航するものもなく、(おのおの)ここまでしか来なかったので、ちょうどアレクサンドレイアーが外部からのとエジプトの品とを受け入れるように、両方面からの荷を受け入れていた[6]。しかし今では、我々の時代からそう離れていない頃に、カイサルがここを攻略した[7]。

第27節

エウダイモーン・アラビアーからは[1]、2,000スタディオンあるいはそれ以上にわたって延びた長い海岸と湾が続き[2]、遊牧民とイクテュオパゴイが村々に住んでいる[3]。そこの突き出た岬[4]の後に、別の臨海交易地のカネー[5]があり、乳香産地であるエレアゾス[6]の王国に属している。この辺りに二つの無人島があり、一方はオルネオーン[7]で他方はトルーッラス[8]と呼ばれ、カネーから120スタディオン離れている。ここの上手の奥地に首都のサウバタ[9]があり、そこに王が住んでいる。この地方に産する乳香[10]はすべて、集荷地とも言うべきここ[11]へと、ラクダや皮袋で作られたこの地方独特の筏[12]や小舟で運び込まれる。ここもまた海を越えて、バ

リュガザ[13]、スキュティアー[14]、オマナ[15]、近隣のペルシス[16]といった交易地と取引を行なっている。

第28節

ここへはエジプトから、ムーザへ向けてと同様に小麦少量と葡萄酒、また同様にアラブ風の衣服〔ヒマティスモス〕、（これは）普通のや純正品や混紡のやらが非常にたくさん、また銅、錫[1]、珊瑚[2]、ステュラクス[3]、それにムーザ向けの残りの品がもたらされる。さらには王へ浮彫りをした銀器と貨幣[4]、馬、彫像[5]、高級で純正品の衣服〔ヒマティスモス〕（が献上される）。ここから輸出されるのは、地元の産物として乳香とアロエー[6]、残りは他の交易地からの将来品[7]である。ここにはムーザへと同じ頃に航海するが、多少早めに行う[8]。

第29節

カネーの後、〔陸地は〕さらに後退し、非常に深く（湾入して）長々と延びるサカリテース[1]と呼ばれる別の湾と、乳香を産出する地方[2]が続く。（ここは）山地[3]で近づきがたく、大気は重苦しく霧に包まれ[4]、乳香を産する木が生えている。乳香を産する木はそれほど大きくも高くもなく[5]、ちょうど我々のところのエジプトのある種の木がゴム（液）[6]を滴らせるように、樹皮の上に[7]凝固した乳香を作り出す。乳香は王の奴隷や、刑罰として送られた者たちによって扱われる[8]。この地は恐ろしい

ほど不健康で、沿岸を航行する者たちには有害であるし、(そこで)働く者たちにとっては全く致命的である。さらにまた食糧不足によって、彼らは簡単に命を落とす[9]。

第30節

この湾には東を向いた非常に大きな岬があってスュアグロス[1]と呼ばれ、そこにはこの地方の砦と港と、乳香の集積所がある[2]。またそれに向き合って海中に島があり、それと「向こう側」の香料の岬[3]との中間ではあるがスュアグロス寄りで、ディオスクーリデース[4]と呼ばれている。非常に大きいが不毛で湿度が高い。そこには川があり[5]、鰐や多くの毒蛇や極めて大きな蜥蜴がいて[6]、(その大きさは住民が)その蜥蜴の肉を食べ、脂肪は溶かして油の代わりに用いるほどである。この島には作物は葡萄も麦もできない。そこの住民は少数で、島の一方の側、(即ち)北側の陸地に面した部分に住んでいる[7]。彼らは外来者で、商売のために航海してきたアラブ人やインド人、それにいくらかのギリシア人まで交じっている[8]。この島は、本物のや陸亀のや白っぽい色のやらの亀甲を極めて大量に産出し、甲羅が大きめなので優良品である。また巨大で非常に厚い甲羅を持つ山亀(も産し)[9]、その腹側の部分は、(そのままで)有用なものは裁断されない。(それらは)かなり赤っぽい。しかし小箱や小札や円盤や類似の品用のは、すべて小片に裁断される[10]。ここには「インドの」と呼ばれるキンナバ

リ[11]を産し、木から滲み出てくるところを採集される。

第31節

ところでこの島は、アザニアーがカリバエールとマパリーティスの首長に対してそうであるように[1]、乳香産地の王に従属している[2]。ここではムーザの人たちのある者や、リミュリケーやバリュガザ[3]から出航してたまたまここへやってきた人たちが商いを行い、米や麦やインドの布[4]や、またここでは不足しているために需要のある女奴隷と交換に、極めて多量の亀甲を帰り荷として受け取っている。だが今ではこの島は、王たちにより[5]賃貸され、また警護されている[6]。

第32節

スュアグロスの次にすぐ続いて湾があり、陸地に深く入り込んでいる。オマナ[1]で、その横断は600スタディオンである。その次には高くて岩だらけの険しい山々[2]があり、さらに500スタディオンにわたって人々は洞穴で暮らしている[3]。その次にはサカリテースの乳香の積み込みに指定された碇泊地があり、モスカ・リメーン[4]と呼ばれる。ここへはカネーから通常何艘かの船が送られ[5]、またリミュリケーやバリュガザから沿岸航海する船は、晩い季節には（ここで）冬を過ごし[6]、王の役人から布や麦や油[7]と交換に、そこにある突堤[8]の上で乳香——すべてサカリテース産——を帰り荷として受け取

る。その場所を見守っている神々のある力のお蔭で警護の必要はない。というのは、秘密裡にせよ公然とにもせよ、王の許可なしに船積みはできず、もし一粒でも取ると、船は神意に逆らっているので[9]出帆できないからである。

第33節

［モスカ・］リメーン［から］さらに約1,500スタディオンにわたって、アシコーン[1]まで［山脈[2]が］海岸に沿って延び、その先端近くに、ゼーノビオス（諸島）と呼ばれる七つの島々[3]が列をなして浮かんでいる。その次には別の未開な地方が広がっている。ここはもはや同じ王国ではなく、すでにペルシス[4]の（領域）である。そこに沿って沖合を航海すると、ゼーノビオス（諸島）から約2,000スタディオンで陸地から約120スタディオン沖合に、いわゆるサラピス島[5]が現れる。ここは幅が約200スタディオン、長さが600スタディオンあって、三つの村にイクテュオパゴイの神聖な人々[6]が住んでいる。彼らはアラビア語を使い、椰子の葉の腰巻を身に着けている。この島は十分な量の亀甲を産する[7]。ここに向けて通常カネーの人々が小舟や軽舟を仕立てる。

第34節

次の海岸に沿って真北に航行すると[1]、すでにペルシア海の入口辺りで[2]、カライオス諸島と呼ばれる多数の

島々[3]があり、ほとんど2,000スタディオンにわたって陸地に沿って続いている。そこに住んでいる人々は病んでいて、昼間でさえよく目が見えない[4]。

第35節

カライオス諸島の最先端と、いわゆるカロン山[1]の辺り(まで来ると)、間もなくペルシア(海)の口[2]となり、真珠貝の潜水採取が極めて盛んである[3]。この口の左手には［ア］サボー[4]という非常に高い山々があり、右手には、セミラミスの(山)[5]と呼ばれる別の円くて高い山が、真向かいに見通せる。両者の間の、この口の横断航海はおよそ600スタディオンである。そこから極めて大きく広いペルシア湾[6]が、内奥の地へと広がっている。その最奥部にアポログー[7]と呼ばれる法定の交易地があって、パシヌー・カラクス[8]とユーフラテス川の近くに位置している。

第36節

この湾の口を沿岸航行して6日航程の後に[1]、オンマナ[2]と呼ばれるペルシスの別の交易地[3]がある。ここへ、通常バリュガザからペルシスのこれら両交易地に向けて、銅[4]、チーク材[5]、梁材[6]、桁材[7]、シッソ材[8]、黒檀[9]を積んだ大型の船が仕立てられる。オマナへは、またカネーから乳香が、オマナからアラビア[10]へは、マダラテと呼ばれるこの土地独特の縫合小舟[11]が(それぞれ送ら

れる)。両交易地からバリュガザやアラビアへは、多量ではあるがインドのに比べて質が劣る真珠[12]、パープル染めの品[13]、この土地風の衣服〔ヒマティスモス〕、葡萄酒[14]、多量の棗椰子[15]、金[16]、奴隷[17]がもたらされる[18]。

第37節

オマナの地方の次には[1]同じように、別の王国の[2]パルシダイ[3]の(地方)といわゆるテラブドイ[4]の湾が広がり、その真ん中辺りで［岬が］[5]湾内に延びている[6]。そしてそこには川[7]があって船が入ることができ、河口にはホーライア[8]と呼ばれる小さな交易地がある。また背後には、海から7日の道程のところに内陸の町があり、そこにはまた王宮もあって［……］[9]と呼ばれる。この地方は多量の麦と葡萄酒と米と棗椰子とを産するが、海岸地帯にはブデッラ[10]以外には何もない。

註

第 1 節

（1）エリュトラー海（Ἐρυθρὰ θάλασσα）：文献により Ἐρυθρὰ θάλαττα とも綴られる。ラテン語文献における表記は Rubrum Mare。古くは前 5 世紀のピンダロス『ピュティア祝捷歌』IV. 251 や、ヘロドトス『歴史』II. 11, 158-159; IV. 41-42 などに用例がある。字義的には「紅い海」を意味するが、今日の紅海のみならず、ペルシア湾、アラビア海、インド洋をそれぞれ指す他に、本書に見られるようにこれらすべてを含む広い海域をも指した。本書ではベンガル湾までを含んでいるが（第63節参照）、このうち紅海は「アラビア湾」（7 節）、オマーン湾は「ペルシア海」（34節）、ペルシア湾は「ペルシア湾」（35節）、アラビア海は「インド洋」（57節）とも呼ばれている。古典諸文献における用例と、それぞれがどの海域を指しているかについては Sidebotham, *Roman Economic Policy*: 182-186 を参照。この名の由来について、アガタルキデス『エリュトラー海について』I. 2-5 とストラボン『地誌』XVI. 4. 20 に諸説が挙げられている。それによると、強い日光を浴びて輝く沿岸の山肌や砂丘を反映して海面が赤く見えるからとか、泉から赤みを帯びた泥水が注ぎ込むため海水が赤く濁っているからというように、海の色に由来を求める説と、エリュトラスという名祖に因むとする説とがあった。このうち名祖説は、

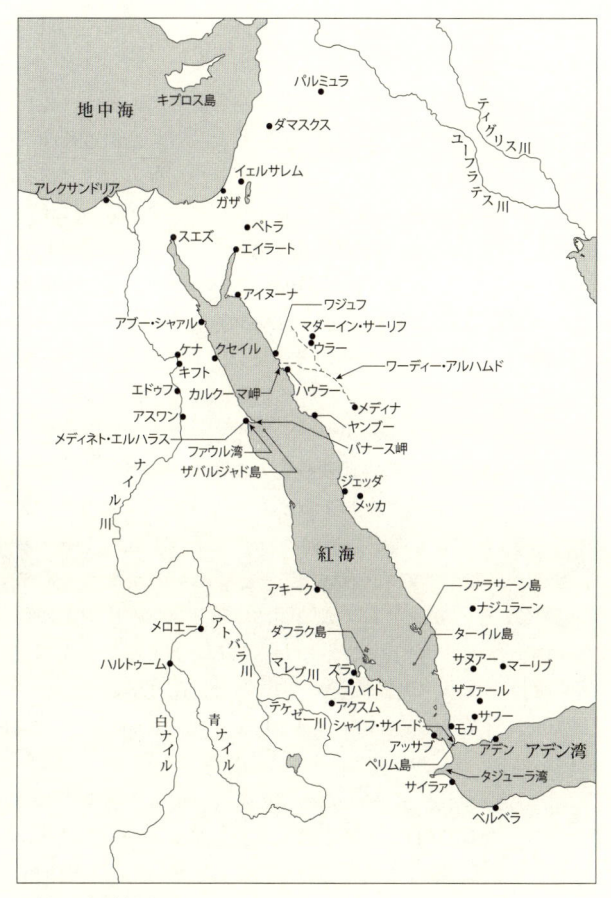

図版4　紅海沿岸図

アレクサンドロス大王の指令を受けてインダス川の河口からスーサを目指して航海していたネアルコスの一行が、ホルムズ海峡付近で耳にした情報に端を発しているようである（アッリアノス『インド誌』37. 1-3、ストラボン XVI. 3. 5, 7）。エリュトラスはかつてこの辺りを支配した王と伝えられるが、その墓の所在地について、アッリアノスはオアラクタ（Ὀάρακτα）島（ホルムズ海峡のキシム島）、ストラボン XVI. 3. 5、メラ『世界地理』III. 79、プリニウス『博物誌』VI. 32. 153 はオギュリス（Ὤγυρις/Ogyris）島（オマーン沖のマシーラ島に比定する者が多い。本書33節参照）と記している。いずれにせよ、この伝説上の人物がペルシア人とされていることが、かつて、古代におけるペルシア湾沿岸から紅海沿岸への移民説を生んだ（cf. **Schoff**: 51）。近代においては、古代エジプト人がナイル川流域の肥沃な「黒い地方」と対比して、西方のリビアや東方の紅海に至る砂漠地帯やアラビアを「赤い地方」と呼んだのがそもそもの起源で、それがギリシア人の間に伝わり、やがて周辺の海も同じように呼ばれるようになったのであろうという*解釈*が通説となり、現在に至っている（cf. H. Berger, "Ἐρυθρὰ θάλασσα," *RE* VI. 1 (1907), col. 592-601; K. Tümpel, "Erythras (4)," *Ibid*., col. 591-592）。

（2）指定された碇泊地（ἀποδεδειγμένοι ὅρμοι）：本書の中でこの言葉が使用されているのは、本節と第32節のみであるが、この第1節冒頭の文脈から見て、本書に挙げられた碇泊地の中には、それと明記されていなくても、「指定された」碇泊地が多数存在したのではないかと推察される。したがってこの二つの節の用例にのみ基づいて「指定」の理由・目

的を推論する **Casson**: 272-274 には従えない。また彼の異論にもかかわらず、第4、21、35節に見える「法定の交易地 (ἐμπόριον νόμιμον)」の「法定」との間に語義の大差を認めない通説の方が正しい。それぞれの地方の支配者が、徴税の便や治安上の配慮から碇泊地や交易地を指定して、程度の差こそあれ内外の商人や船舶の管理統制に努めていたことは、他の節からも十分に読み取れる。因みに村川: 131/151 は「指定」の目的を関税徴収に限定しているが、これは正しくない。やや後の時代になるが、2世紀中頃のパピルス文書 P. Vindob. G 40822 によれば、エジプトの紅海岸の港で陸揚げされるインドからの輸入品はその場では徴税されず、アレクサンドリアまで搬送された後に25パーセントの関税を徴収された (cf. Casson, "New Light on Maritime Loans": 200; Burkhalter, "Le «Tarif de Coptos»": 203)。つまりミュオス・ホルモス (註4参照) やベレニーケー (註6参照) では関税の徴収は行われていなかったのである (但し、税額の査定が行われた可能性あり。解題参照)。村川が言及している、クラウディウス帝期にアンニウス・プロカムスが国庫から徴収権を与えられていた「紅海の税」(プリニウス VI. 24. 84 参照) というのは、関税ではなく紅海を航行する船にかかる通行税もしくは入港税のようなものだったのではあるまいか。もちろん、100年以上も前と後では関税の徴収方法が違っていた可能性はあるが。一方第32節のアラビア南岸のモスカの場合には、「乳香の積み込みに」指定された碇泊地であることが明記されている。なお碇泊地 (ὅρμος) と交易地 (ἐμπόριον) が区別されているのは、必ずしも船の碇泊する場所で交易が行われると

図版5　ミュオス・ホルモスの埠頭の建設資材として再利用された使用済みアンフォラ

は限らなかったことによる。給水・風待ちが目的で交易を伴わない碇泊があったし、交易地が海岸の碇泊地より数キロ離れた内陸に設定されていることも珍しくなかった。
(3) 港 ($λιμήν$)：$δρμος$と$λιμήν$を「碇泊地」「港」と区別して訳したが、本書における両語の意味・用法にはほとんど差がない。これはエジプト出土のギリシア語パピルス文書においても同様であるという (cf. **Casson**: 271)。
(4) ミュオス・ホルモス ($Μυὸς δρμος$)：「貽貝(いがい)碇泊地」という意味で、付近の浅瀬に貽貝の類(たぐい)が豊富であったことに由来する地名であろうと推測されている (cf. H. Kees, "Myos

Hormos," *RE* XVI. 1 (1933), col. 1081; Kirwan, "A Roman Shipmaster's Handbook": 82)。この港市に最初に言及したのはアガタルキデス V. 83 である。それによるとここは別名を「アプロディーテーの碇泊地」といい、入口が屈曲した大きな港（$λιμήν$）であるという。また港の前には三つの島が浮かんでいて、そのうちの二つは全島がオリーブ樹の茂み（おそらくマングローブ）で覆われているのに対し、樹林のまばらな他の一島には多数のホロホロ鳥が棲息していると記されている。一方ストラボンは友人のアエリウス・ガッルスがエジプト総督であった時期に、彼とともにナイル上流まで旅した経験があったため、彼の『地誌』には前１世紀末のミュオス・ホルモスについてかなり信用の置ける記事がある。それによると、当時、そこからインド地方へ向けて120隻もの船が渡航していて、プトレマイオス朝期にごく少数の人々が航海してインドの産物を輸入していたのとは、おおいに事情が異なっていたという（II. 5. 12）。同書の別の箇所では（XVII. 1. 45）さらに詳しく次のように記している。「ベレニーケーから遠くないところにミュオス・ホルモスがあり、ここは船乗りたちの船着き場（$ναύσταθμον$）のある町である…（中略）…今日ではコプトスとミュオス・ホルモスの評判が高くなり、これらの場所がよく使われている。かつてラクダの隊商は、星座を仰ぎ見ながら夜間に旅をし、航海者のように旅の間、水まで運んでいた。しかし今では非常に深く掘り下げた水汲み場を設け、またたとえ天水が乏しくとも、それを溜める貯水槽を築いている。この間、6日ないし7日の行程である」。ナイル河畔の交通と運輸のセンターであったコプトスと、

紅海岸のミュオス・ホルモスやベレニーケーとの間は、砂漠越えの隊商路で結ばれていた。引用した記事によれば、ストラボンの時代にはミュオス・ホルモスに通じるルートが好んで使用されていたが、1世紀後半のプリニウス『博物誌』以降の史料では、この港市への言及は極めて簡略であるか、あるいは全く無視されている。『案内記』においても第18、19、21節を見ると、ミュオス・ホルモスではなくベレニーケーが記述の基点とされていて、こちらが著者の母港であったとの印象を受ける。そこで、これはミュオス・ホルモスがベレニーケールートとの競合に敗れたか、あるいは他のなんらかの理由によってあまり利用されなくなったのであろうと、最近まで一般に推察されてきた。

　ミュオス・ホルモスがどこにあったかという問題については、前世紀末に至るまで論争が続いた（詳細は蔀「ミュオス・ホルモスとレウケー・コーメー」02-010頁参照）。最も強い支持を受けてきたのは、シナイ湾を少し出たアブー・シャール（Abū Sha'r）の北西約12 kmの地点（27°22′N, 33°41′E）の小湾に臨む、ローマ時代のものと思しき遺跡（現地名デイル・ウンム・デヘイス Deir Umm Deheis）である。海岸の地形がアガタルキデスの記述に近似していることや、付近にプリニウス VI. 33. 168が伝えるアイノスの泉を想起させる水源のあること、ナイル河畔との間に古代の交通路の跡を辿れること（cf. Sidebotham *et al.*, "Survey of the 'Abu Sha'ar-Nile Road"）などがこの比定の主な論拠であった。1833年に近辺の海岸調査に訪れたイギリス海軍のウェルステッドが最初に提唱し（Wellsted, *Travels in Arabia*, II: 123-125）、本書の註釈者の中でも村川とキャスンはこ

の説を支持している。しかしストラボンの言によればミュオス・ホルモスはベレニーケーからそう遠く離れていないはずであるし、本書にその距離は1,800スタディオンと記されていることから見て、この遺跡の位置はあまりにも北に寄り過ぎている（註5参照）。またこの辺りは、アラビアやインドから帰航する船にとって逆風となる北風が年間を通じて吹いているため、南海の物産の陸揚げ港が発展する条件には恵まれていない。さらにミュオス・ホルモスに通じる隊商路はコプトス（現キフト）から出ていたはずなのに、デイル・ウンム・デヘイスに至るルートはキフトではなく、その北のケナ（古代のカイノポリス）を起点としている。このようにこの説にも多くの難点があるため、他にアブー・シャルの南南東およそ60 kmに位置するアブー・ソーマ岬（Ra's Abū Sawmah: 26°51′N, 33°59′E）の南の、岬と同名の湾や、紅海岸の諸港の中ではキフトから最短距離に位置するクセイル（al-Quṣayr: 26°06′N, 34°17′E）付近に比定する説も提出されていたが、いずれにもそれぞれの難点があり十分な説得力を持たなかった。ところが前世紀も末になると、次に記すような、通説を覆しクセイル説を支持する発見が相次いだ。

　まず、1987〜91年にサイドボーサム率いるデラウェア大学の調査隊が、デイル・ウンム・デヘイスの遺跡を発掘調査した結果、これが3世紀末か4世紀初め頃から7世紀にかけての砦の跡であることが判明した（Sidebotham *et al.*, "Fieldwork on the Red Sea Coast"; Sidebotham, "Preliminary Report"）。したがって年代的に見て、この場所はミュオス・ホルモスの跡ではなかったということになる。次いで

1993年に、ミュオス・ホルモスの候補地である上記3地点の衛星写真を解析したピーコックの研究 (Peacock, "The site of Myos Hormos") が発表され、古クセイル (al-Quṣayr al-qadīm) の海岸線に関する注目すべき事実が明らかにされた。古クセイルとは現在のクセイルの町の北方8kmの地点 (26°09′N, 34°15′E) にある遺跡で、シカゴ大学オリエント研究所の1978～82年の発掘調査によって、大半はローマ時代初期の港市跡であるとされていた。ここにナイル河畔から通じている隊商路の起点は、間違いなく古代のコプトスに当たるキフトである。このルートは、ナイル～紅海間ルートの中で最短であるだけでなく、途中の水の便にも恵まれているため、現在なお最も利用されているハイウェイであり、沿道にはローマ時代に整備された宿駅や見張り塔の遺跡が点在している (Zitterkopf & Sidebotham, "Stations and Towers on the Quseir-Nile Road")。ベレニーケーほどではないにせよ、デイル・ウンム・デヘイスに比べれば南寄りなので、紅海を北上してくる船を迎える立地条件にも勝れている。さらにベレニーケーからの距離はおよそ1,800スタディオンである。このように条件が備わっているにもかかわらず、多くの学者がここをミュオス・ホルモスと認めるのを躊躇した最大の理由は、付近の地形がアガタルキデスの記述に合致しないという点にあった。通説によれば、ここはプトレマイオス『地理学』IV. 5. 15に見えるレウコス・リメーンに比定されてきた。ところがピーコックは、土砂の堆積によって現在は陸地化している場所にかつての湾の海岸線や島の跡を確認し、それがアガタルキデスが伝えるミュオス・ホルモス付近の地形に近似していることを

明らかにしたのである。

　さらにその翌年、キフトとクセイルを結ぶルートに沿った、クセイルから西に約65 kmの地点にあるローマ時代の宿駅マクシミアノン（Maximianon）の遺跡ザルカー（al-Zarqā'）から出土した陶片文書の解読をもとに、古クセイル説を支持する論考が現れた（Bülow-Jacobsen *et al.*, "The Identification of Myos Hormos"）。2世紀に属する8点の私信の断片の中でミュオス・ホルモスが言及されており、この港への船の出入やそこからザルカーへ魚を送ったことなどを記したものもある。これらの記事を根拠にこの論考の著者たちは、このルートの東端の古クセイルこそがミュオス・ホルモスであったはずで、北に遠く離れたデイル・ウンム・デヘイスではありえないと主張した。かくしてミュオス・ホルモスの比定をめぐる長年の論争は、これでほぼ決着を見たかと思えたが、古クセイルの発掘責任者からこれに対する異論が唱えられた（D. Whitcomb, "Quseir al-Qadim and the location of Myos Hormos," *Topoi* 6 (1996): 747–772)。この遺跡は1世紀初めから2世紀へかけてのものであるから、プトレマイオス朝期にすでに存在したミュオス・ホルモスではありえない。わずかとはいえ同王朝の神殿址や刻文が残されているという点から見て、むしろ現在のクセイルの町の下にミュオス・ホルモスの遺構が埋もれているのではないか、というのがその論の骨子である。この説の最大の弱みは、現在のクセイル港の地形がアガタルキデスの記述と合致しないという点であるが、その点に関するウィットコウムの釈明は説得力を欠いている。

　以上の諸説を比較検討したうえで、古クセイル説への支

持を表明したのが上掲の拙稿「ミュオス・ホルモスとレウケー・コーメー」の結論であったが、その後、1999年から2003年にかけてサウサンプトン大学の調査隊が古クセイル遺跡において発掘を行なった結果 (Peacock & Blue (eds.), *Myos Hormos — Quseir al-Qadim*, 2 vols. がその報告書)、今日ではミュオス・ホルモスが古クセイルの地にあったことは間違いないと認められるに至った。即ち、プトレマイオス朝期の遺物、とりわけ貨幣が出土して (cf. Peacock, "Ptolemaic and Roman Coins": 85-86) この遺跡が同王朝時代に遡ることが判明する一方で、この地を明確に「エリュトラー海に臨むミュオス・ホルモス」と呼んでいるパピルス文書 (西暦93年3月25日に当たる日付が記された借金の証文) も出土したことにより (cf. W. Van Rengen, "The Written Material from the Graeco-Roman Period," in Peacock & Blue (eds.), *Myos Hormos*, II: 335-338)、比定をめぐる疑念が一掃されたのである。他方、キフトと古クセイルを結ぶルートに沿ったザルカーを含む宿駅遺跡についても、詳細な調査報告書が刊行された (Cuvigny (ed.), *La route de Myos Hormos*, 2 vols.)。これらの調査によって、文献史料から受ける印象とは異なり、考古史料は、2世紀から3世紀前半にかけて栄えていたのはむしろミュオス・ホルモスに至るルートの方で、一時的にベレニーケーが衰退した2世紀後半から3世紀にもミュオス・ホルモスは健在であったことを示しており、ようやく3世紀後半以降に、おそらく泥砂の堆積により船の出入が困難になったことが原因で、この港の歴史に終止符が打たれたことが明らかにされた (cf. Tomber, *Indo-Roman Trade*: 63-65)。

(5) スタディオン：ギリシア人の用いた距離の単位。長短各種のものが通用していた (cf. F. Lehmann-Haupt, "Stadion (Metrologie)," *RE* III. A2 (1929), col. 1931-1963) うえに、一般にエラトステネスのスタディオンと呼ばれるものについてもその解釈が一定していないため、しばしば混乱が生じている (cf. D. Engels, "The Length of Eratosthenes' Stade," *American Journal of Philology* 106 (1985): 298-311)。本書で用いられているスタディオンの解釈も様々で、**Schoff**: 54 はこれを、彼が理解するエラトステネスのスタディオン (ca. 520 feet = ca. 158.6 m)、**村川**: 132/152 は疑問符付きで「フェニキア起源でプトレマイオス１世によりエジプトに採用された7分の１（ローマ・）マイルのもの」(ca. 211.5 m)、**Huntingford**: 58-59 は彼が理解するところのエラトステネスのスタディオン (0.1 mile = ca. 160.9 m)、**Casson**: 278 は E. H. Bunbury, *A History of Ancient Geography*, I, London, 1879: 546 と Engels, *op. cit.* に従い、「最もよく使われた (the most common)」600フィート余りに相当するスタディオン（エンゲルスによれば、8分の１ローマ・マイルに相当するこれこそがエラトステネスのスタディオンで、換算すると 600 Attic feet = ca. 606 ft. 10 in. = ca. 184.98 m) と解している。しかしいずれにせよ、本書に示された距離数は実測によるものではなく、航行に要する時間をもとにした推定であろう。**Casson**: 278 によると、1,000スタディオンが昼夜兼行の１航程に、半分の500スタディオンが朝から晩まで航行するいわゆる「１日航程 (δρόμος)」に相当したという。古代の船は視界の利く昼間のみ航行し、夜間は然るべき投錨地で碇泊するのが原則であった。紅海では航海はそ

のようにして行われたが (cf. Casson, "Rome's Trade with the East": 187; **Casson**: 285)、インド洋上をモンスーンを追い風として航海する際は、昼夜を問わずノンストップで目的地に向けて航行したはずである。ところで、デイル・ウンム・デヘイスからクセイルまでの距離は約 160 km、そこからベレニーケーのあるファウル湾までは約 330 km ある。試みにキャスン等の説に従い 1 スタディオンを約 185 m として計算すると、ベレニーケーから北へ 1,800 スタディオンというと、ちょうどクセイル辺りに当たる。諸説の中では最も妥当な説と思えるので、以下すべてこの換算率を適用する。

因みに家島『海域から見た歴史』43 頁によれば、モンスーンを利用してアラビア海を航海する大型ダウ船の一昼夜の平均航行距離は 160〜200 km に及ぶといい、上記の昼夜兼行の一航程 1,000 スタディオン（約 185 km）にほぼ等しい。

(6) ベレニーケー ($Bερνίκη$)：本来はベレニーケー ($Bερενίκη$) であるが、本書では俗語形が用いられている。プトレマイオス 2 世ピラデルポス (在位前 285〜246) が建設し、その母の名に因んで命名した (プリニウス VI. 33. 168)。当初は南方で捕獲され船で運ばれてきた象（本書第 3 節参照）の陸揚げを主目的としていたが、後に紅海岸最大の交易港として発展した。ナイル河畔のコプトス、およびその南方のアポッローノポリス・マグナ（現エドフ）との間の砂漠に、宿駅を備えたルートが切り拓かれた。プトレマイオス朝期には主に後者に通じるルートが使用されたが、ローマがエジプトを支配する時代になるとコプトスが交通と運輸のセンターとなったため、そちらに通じるルートの方

図版6　ベレニーケー出土の土器片に描かれた1世紀のエジプト船

が栄えた。エジプトの紅海岸の諸港の中で、ベレニーケーはナイル川までの輸送という観点から見れば距離的に最も遠く不利であったが、おそらく最南に位置して紅海の北風の影響を最も受けにくいという点が幸いし、1世紀の後半には南海の物産の陸揚げ港としてミュオス・ホルモスを凌(しの)ぐほどになった。コプトスとベレニーケーとを結ぶルートについてはプリニウスが詳しく、途中の宿駅の名と宿駅間の距離を記した後に、暑さのため旅の大部分は夜間に行われ昼間は宿場で過ごされるので、この間の行程には12日を

要すると述べている（VI. 26. 102-103）。彼が八つの宿駅のうちのいくつかの名しか挙げていないのに対し、3～4世紀頃の作と推察される2史料『アントニヌスの里程表』172-173 と『ポイティンガー図』Segment VIII には、ともに10の宿駅の名（両者の間で若干の相違あり）と宿駅間の距離が記され、さらに携帯用世界道路地図とでも言うべき後者にはその行程が図示されている。このように史料的に恵まれているために、ベレニーケーについては異論なくバナース岬（Ra's Banās）の南のファウル湾（Foul Bay）の北西岸にあるメディネト・エルハラス（Medeinet el-Haras: 23°54.62′N, 35°28.42′E）という遺跡に比定されてきた。因みにこの湾名は湾内に伏在する岩礁に由来し、ストラボン XVI. 4. 5 が伝えるアカタルトス湾（*Ἀκάθαρτος κόλπος*）という当時の湾名と同義である。ファウル湾の水深や海岸線の詳細については、英海軍水路部作成の海図 *ACh* 3289: Approaches to Port Berenice を参照。

遺構やルートが早くから同定されたのとは対照的に、軍事上の理由で発掘調査は困難であったため、遺跡の詳細についての確かな情報は長らく欠けていた（cf. D. Meredith, "The Roman Remains in the Eastern Desert of Egypt (continued)," *JEA* 39（1953）: 95-106; id., "Berenice Troglodytica," *JEA* 43（1957）: 56-70）。しかし前世紀の末に至って、ようやくデラウェア大学とライデン大学の調査隊がこの遺跡の発掘とベレニーケールートの踏査を実施し、かつて栄えた港市と交易の実態が解明されつつある。調査の成果については既刊の報告書（Sidebotham & Wendrich (eds.), *Berenike 1994, 1995, 1996, 1997, 1998, 1999-2000*）と、出土したギリ

シア語陶片文書群（大部分は葡萄酒の通関許可証）の研究書（Bagnall, Helms & Verhoogt, *Documents from Berenike*）を参照。文書の写真はネット上で公開されている：http://www.columbia.edu/dlc/apis/berenike。さらに近年、発掘責任者によってこの港市とエリュトラー海交易の歴史をまとめた概説書（Sidebotham, *Berenike and the Ancient Maritime Spice Route*）も刊行された。なお調査の結果によるとこの港市の繁栄のピークは1世紀で、2世紀の特に後半から3世紀にかけて衰退し、4世紀の半ばになってようやく再び機能を回復したという（cf. *Ibid*.: 221; Sidebotham & Wendrich (eds.), *Berenike 1996*: 453-454）。衰退の理由については様々な考え方があるが、160年代後半から170年代にかけて地中海地方に大流行した疫病が原因ではないかという説が有力である（cf. R. P. Duncan-Jones, "The Impact of the Antonine Plague," *JRA* 9 (1996): 108-136; W. Scheidel, "A Model of Demographic and Economic Change in Roman Egypt after the Antonine Plague," *JRS* 15 (2002): 97-114）。しかし同時期にミュオス・ホルモスは無傷であったとなると、この説も決定的とは言いがたい。

第2節
（1）右手に：本書における「右」「左」の指す方向には注意を要する。第1節の「右手に」は船の進行方向の右側という意味であろうと思われるが、本節ではミュオス・ホルモスやベレニーケーで海に対面した場合の右手の方向、即ち南方という意味である。18節の「ベルニーケーから見て右手」、19節の「ベルニーケーの左手」も同様で、それぞれベレニ

ーケーの南方と北方を指している。
(2) バルバロイの住む地方 (*Βαρβαρικὴ χώρα*): 写本の*Τισηβαρικὴ* を **Müller**: 258 が修正。バルバロイとはギリシア人が異民族を指すのに用いた呼称であるが、本書ではベレニーケーから南、アフリカ東端のガルダフィ岬までがバルバロイの住む土地として認識されている（第12節参照）。したがって名を挙げられているイクテュオパゴイ以下の諸族やソマリア海岸に住む種族も、バルバロイの一種ということになる。本節で内陸部に住むと記されたバルバロイは、年代的・地理的に見て、諸史料にブレンミュエスという名で言及されている遊牧民（後世のベジャ族?）であった可能性が高い。本書とは異なり一般に古代のギリシア人やローマ人は、紅海西岸からソマリア北岸へかけてトローゴデュタイ (*Τρωγοδύται*) の住む土地という意味で、トローゴデュティケー (*Τρωγοδυτική*) と呼ぶことの方が多かった（ラテン語ではそれぞれ Trogodytae, Trogodytica）。*Τρωγοδύται* は *Τρωγλοδύται*（「穴居人」の義）と綴られている場合もあるが、これは後世の一種の過剰訂正 (hypercorrection) で、前者が本来の正しい呼称（但し語義不明）とされる (cf. E. H. Warmington's foreword to G. W. Murray, "Trogodytica: The Red Sea Littoral in Ptolemaic Times," *GJ* 133 (1967): 24-33 at 24)。

(3) 苫屋 (*μάνδραι*): 本節と第20節で言及されている、紅海の東西両岸のイクテュオパゴイ（魚食民）の住居。現在でもこれらの地域では、ワーディー（涸れ川）の河口近くで浅い井戸を掘れば伏流水が得られる地点に、『案内記』の当時とおそらく基本的には同じタイプの住居を見ることがで

きる。家の形は地域により異なり、プランが円形で葱坊主形の屋根を持つものと、長方形のプランに切妻屋根というタイプがあるが、建築の材料と方法に大差はなく、木で骨組みを造り、その外側に茅を束にしたものを巡らして壁とし、屋根は同じく茅で葺く。内壁や床に粘土を張ることもある。Cf. H. Steffen, *Population Geography of the Yemen Arab Republic*, Wiesbaden, 1979: II/86-91, 94-99; F. Stone (ed.), *Studies on the Tihāmah*, Harlow (Essex), 1985: 84-88. 14世紀前半にイブン・バットゥータがアイザーブとサワーキンの間の海岸で目にした、まるでモスクのような形の「葦造りの小屋」(『大旅行記』III. 117)というのは、おそらく前者のタイプの葱坊主形の屋根を持つ住居であろう。

(4) イクテュオパゴイ (Ἰχθυοφάγοι):「魚を常食とする人々」という意味で、漁民を指している。本節の他に第4、20、27、33節で言及されている。彼らの習俗についてアガタルキデス V. 30-50 に詳しい記述がある。また、エリュトラー海交易において紅海のイクテュオパゴイが果たした役割については R. I. Thomas, "The *Arabaegypti Ichthyophagi*: Cultural Connections with Egypt and the Maintenance of Identity," in Starkey & Wilkinson (eds.), *Natural Resources*: 149-160 を、この語の指す対象と用途の変遷については O. Nalesini, "History and Use of an Ethnonym: *Ichthyophágoi*," in Blue *et al.* (eds.), *Connected Hinterlands*: 9-18 を参照。

(5) アグリオパゴイ (Ἀγριοφάγοι):「野獣肉を常食とする人々」という意味で、牧畜民というより狩猟民であろう。**Casson**: 98 に本書以外のこの語の用例が挙げられている。

(6) モスコパゴイ (Μοσχοφάγοι): μόσχος には「子牛」と「若

芽」の両義があるが、「草木の若芽を常食とする人々」という解釈が通説。Calf-Eaters と訳したショッフも註釈で、これが子牛を常食とするというより、子牛と同じように青物を常食とする人々という意味である、と断っている (**Schoff**: 56)。本書以外に用例はないが、アガタルキデス V. 51-52 を出典とする Ῥιζοφάγοι (Root-Eaters), Ἕλειοι (Marsh-People), Ὑλοφάγοι (Wood-Eaters), Σπερμοφάγοι/Σπερματοφάγοι (Seed-Eaters) に関する記事が、ディオドロス、ストラボン、フォティオスの著作に見え、おそらく同種の採集民と推察される。

(7) ハイデルベルク大学本では本節の末尾には σης μικρὸν という文字があり、その前が10字程度の空白となっている。末尾の文字は、次行のちょうど同じ辺りに見える θαλάσσης μικρὸν の一部が、書写に際して誤って混入したものと思われる。したがって本節末尾の、最後の一文の主語に当たる部分の欠損は合計20字程度ということになり、19世紀以降の研究者は一致してここを μητρόπολις λεγομένη Μερόη と復原している。メロエーはこの当時のクシュ人の王国の首都で、ナイル川の第6急湍の下流でアトバラ川との合流点よりは上流の右岸、現在のベガラウィーヤ (Begarawiya. 地名の読みは文献により微妙に異なる。後出 Török に従う) 近くに遺跡が残されている。クシュ王国は最初ナイルの第4急湍下流のナパタ (Napata. ジェベル・バルカル Jebel Barkal の遺跡群に比定される。エジプト新王国時代のヌビア植民地の最南部に位置する) を中心として、エジプトの勢力が後退した前10世紀頃に成立し、前8世紀には上エジプトを占領して第25王朝を樹立するほどの発展を見せた。そ

の後、前3世紀以降は首都を上流のメロエーに移し(遷都後はメロエー王国と呼ばれる)、プトレマイオス朝期の大部分とローマ帝政期の最初の300年間は、エジプトとの国境はスュエーネー(Syēnē. 現在のアスワン)の約120 km南のヒエラ・スュカミノス(Hiera Sykaminos. ナセル湖中のマハッラカ)に置かれていた。帝政初期には、アウグストゥス帝治世にペトロニウス率いるローマ軍がナパタにまで進撃してこれを攻略したこと(ストラボンXVII. 1. 54)や、ネロ帝が国境の南に遠征隊を派遣したこと(プリニウスVI. 35. 181, 184)が記録されており、エジプト在住の本書の著者がメロエーに関心を示すのは当然であった。4世紀の中頃までにエチオピアのアクスム王国の攻撃を受けて滅亡した。前世紀の末にクシュ王国に関する研究の刊行が相次いだので、参考までに概説書2点と基本的な史料集2点を挙げておく。D. A. Welsby, *The Kingdom of Kush*, London, 1996; L. Török, *The Kingdom of Kush*, Leiden, 1997; T. Eide *et al.* (eds.), *Fontes Historiae Nubiorum: Textual Sources for the History of the Middle Nile Region between the Eighth Century BC and the Sixth Century AD*, 4 vols., Bergen, 1994–2000; J. Leclant *et al.* (eds.), *Répertoire d'épigraphie méroïtique: corpus des inscriptions publiées*, 3 vols., Paris, 2000.

第3節

(1) 写本のこの部分には τὸ πέρας τῆς ἀνακομιδῆς とあり、直訳すれば「帰還の終点」とでもなるであろう。**Frisk**: 104; **Casson**: 245 が推察するように、4,000スタディオンというのがどこから見た距離なのかを示すために行間に書き込ま

れていた註記（glose/gloss）が、稿本の転写の際に誤って本文に混入したものと思われる。問題の場所は、既述のように南より帰航する船の陸揚げ港として好まれたベレニーケーのことである。狩猟のプトレマイスに比定されるアキークまでの距離が約4,000スタディオンというのは、岸に沿って航行したとすればほぼ正しい数値で、**Casson**: 100 がこれを過大と評価するのは当を得ていない。因みにブハーリンは、『案内記』の訳註書 **Bukharin**: 71 においては、この語句が指し示しているのはベレニーケーではなくミュオス・ホルモスと主張したが、プトレマイスの所在について検討した最新の論文ではこの説を撤回し、新たに、この語句はエチオピア方面に出かけたエジプト船が取引を終えて引き返す地点（具体的には第5節で言及される「別の非常に深い湾」）を指しているという解釈を提示した。そして、そこからエジプトに向けて4,000スタディオン戻ったところにプトレマイスがあったと推察する（Bukharin, "The notion τὸ πέρας τῆς ἀνακομιδῆς and the location of Ptolemais of the Hunts": 227）。しかしエジプトの南方にあり、プトレマイオス朝の時代より知られている交易地の所在を、既出で周知のエジプトの港からではなく、わざわざさらに遠方に位置するまだ言及もされていない場所からの、通常とは逆向きの距離で示すというのは、どう見ても無理な想定である。

（2）狩猟のプトレマイス（*Πτολεμαῒς ἡ τῶν θηρῶν*）：元来はプトレマイオス2世の命によって紅海西岸に建設された象狩り用の基地であったが、象狩りが廃れた後は交易地に転じた（cf. H. Treidler, "*Πτολεμαῒς Θηρῶν*," *RE* XXIII. 2 (1959), col. 1870-1883）。ストラボン XVI. 4. 7-8 に記事があり、そ

れによると、エウメーデースという者が派遣されて指揮を執り、堀や周壁を巡らせて防備を固める一方で、周辺の原住民の懐柔に努めた。この基地建設については、プトレマイオス 2 世を顕彰したピトム碑文の 23-24 行目にも記録が残っている（E. Naville, *The Store-City of Pithom and the Route of the Exodus*, 4th ed., London, 1903: 21）。将兵が派遣されたことの他に耕地の開墾が行われたことも記され、相当に大きな事業であったことが偲ばれる。象狩りは、セレウコス朝のインド象部隊に対抗してアフリカ象部隊を編成するためにプトレマイオス 2 世が始めたもので、彼の後継者たちもそれに倣い、基地の建設はソマリア海岸にまで及んだ（cf. Casson, "Ptolemy II and the Hunting of African Elephants"）。「狩猟のプトレマイス」については、他にもプリニウス VI. 34. 171、プトレマイオス I. 8. 1; 15. 11; IV. 7. 7; VIII. 16. 10 に記事がある。その位置については諸説（cf. **Casson**: 101）あったが、候補地の沿岸を1907年にクロウフトが 2 度にわたり、また1970年にはホフマンが訪れ地勢や遺跡の調査を行なった結果、両者がともにスーダンのアキーク湾南岸のアキーク（'Aqīq: 18°14′N, 38°12′E）を最有力と認めたのが決め手となり、現在ではここに比定するのが通説となっている（J. W. Crowfoot, "Some Red Sea Ports in the Anglo-Egyptian Sudan," *GJ* 37 (1911): 529–537; I. Hofmann, *Wege und Möglichkeiten eines indischen Einflusses auf die meroitische Kultur*, St. Augustin, 1975: 89–94. Cf. F. W. Hinkel, *The Archaeological Map of the Sudan*, IV: *The Area of the Red Sea Coast and Northern Ethiopian Border*, Berlin, 1992: 305–306, 313–314 & Unit Map NE-37-F; *ACh* 81: Sawākin to Ras Qassār）。

但し考古学的には、プトレマイスの遺構は依然確認されていない (Hinkel, *op. cit.*: 313)。ストラボンがアスタボラス (*Ασταβόρας*) 川（＝アトバラ川）から分かれてプトレマイスの北で海に注ぐと述べた流れは、ホール・バラカ (Khōr Baraka. スーダンではホールはワーディーとほぼ同義）に、プリニウスによればプトレマイスの近くにあったというモノレウス (Monoleus) 湖はバシリ (Bashiri) 湖にそれぞれ比定される。ホール・バラカはアトバラ川の支流ではないが、源流の一つはアトバラ川近くに発している。プトレマイオス2世によって送られた象狩り部隊は、このワーディーを遡行して奥地へ入っていったのであろう。1876年に同じルートを辿ってカッサラに向かったユンカーは、海岸から70〜80 km 入ったホール・ランゲーブ (Khōr Langēb) との合流点の近くで子連れの野生の象を目撃し、さらに少し進んだ地点では、遊牧民が仕留めた象の乾し肉を食べている (W. Junker, *Travels in Africa during the Years 1875-1878*, tr. A. H. Keane, London, 1890: 72, 75)。19世紀後半においてもなお、この辺りには少なからぬ数の象が棲息していたのである。一方、アキーク湾内には珊瑚礁の島や浅瀬が点在するため、現在でも湾内の通行は小舟に限られる (*RSP*, 6. 190)。

　なお、ブハーリンは前註に引いた論文において、アドゥーリスから見て北方に3,000スタディオン（第4節参照）、彼がアンフィル湾に比定する「別の非常に深い湾」（第5節註1参照）から北に4,000スタディオンの地点、即ちアキークよりは北寄りの紅海岸にプトレマイスがあったと想定しているが、それ以上に詳細で具体的な比定は行なってい

ない (Bukharin, *op. cit.*: 220, 227)。
(3) 本物の亀と少数の陸亀、それに甲羅が小さめの白っぽい色のとを (χελώνην ἀληθινὴν καὶ χερσαίαν ὀλίγην καὶ λευκὴν μικροτέραν τοῖς ὀστράκοις)：この部分の解釈は翻訳者ごとに異なり、たとえば村川：78/102 は「本物の陸亀を少量とこれより甲羅の小さい白亀を」と訳しているが、30節の類似の表現 (「本物のや陸亀のや白っぽい色のやらの亀甲」) と比較すると、キャスンのそれ (**Casson**: 51) に軍配が上がる。亀甲は本書に挙がっている商品の中で言及回数が最も多く、紅海やインド洋沿岸の各地から地中海世界へ輸出される最重要物産の一つであった。商品価値を有する亀甲がほとんどタイマイ (*Eretmochelys imbricata*. 英名 hawksbill turtle) に限られている今日とは異なり、この当時は他の海亀や、陸亀の甲羅さえも広い用途があった (30節参照)。本書では「亀/亀甲 (χελώνη)」としか記されず種類までは判別できない場合が多いが、本節と15節 (「山亀 (χελώνη ὀρεινή)」)、30節 (上記の3種の他に「山亀」) には種別への言及があり、キャスンがその同定を行なっている (**Casson**: 101-102)。

「本物の亀」がタイマイであることは、彼が推察するとおりであろう (cf. Parsons, "The Hawksbill Turtle"; Frazier, "Exploitation of Marine Turtles")。しかし「陸亀」と「白っぽい色の」亀とをケヅメリクガメ (*Geochelone sulcata*) の成体と幼体 (juvenile) に、「山亀」をヒョウモンガメ (*Geochelone pardalis babcocki*. 英名 leopard tortoise) に同定する彼の説には従えない。彼はアフリカにおける現在の亀の分布 (cf. Loveridge & Williams, *Revision of the African Tortoises and Turtles*: 179) をもとに、商品価値がある大きさの陸亀を上記の２種に限定しているが、「山亀」がいると記された15節のメヌーティアス島（ペンバもしくはザンジバル）、30節のディオスクーリデース島（ソコトラ）のいずれにも、現在はこの２種を含めて大型の陸亀は棲息していない（例外的にザンジバル島近くのチャング一島、別名プリズン島に棲息するゾウガメは、19世紀の末頃にアルダブラ諸島から持ち込まれたと考えられている）ので、現状にのみ基づく推論では不十分である。「巨大で非常に厚い甲羅を持つ山亀」(30節) という記述に照らすと、ケヅメリクガメに比べても小型のヒョウモンガメ (Loveridge & Williams, *op. cit*.: 228 によれば甲長が前者で最長 762 mm、後者で 585 mm) に「山亀」を同定するのはふさわしくなく、陸亀の中でこれに当たるのは、甲長が１mを超えるゾウガメを措いて他にないと思われる。インド洋のゾウガメは、現在はアルダブラ諸島を中心に棲息するアルダブラゾウガメ (*Geochelone gigantea*) しか知られていないが、18世紀まではセーシェル、マスカリン、アルダブラ諸島に多数棲息していた。2,000年近く前には、これがさらにソコトラ島あたりまでの島嶼部に分布していたということも、考えられないではあるまい (cf. Forbes (ed.), *The Natural History of Sokotra*: 92; Wranik (ed.), *Sokotra: Mensch und Natur*: 116; Cheung & DeVantier, *Socotra: A Natural History of the Islands and their People*: 128-129)。Loveridge & Williams, *op. cit*.: 226-228 によると、ケヅメリクガメ（成体）の甲羅の色が一様に白っぽい (pale color, uniform horn color. 幼体は淡黄色) のに対して、ヒョウモンガメは黄地に黒の斑紋がある。また現在、前者がセ

ネガルからエリトリアにかけての乾燥地帯に分布しているのに対し、後者はそれより南の東アフリカに棲息している。「白っぽい色の」亀の甲羅は本節では「小さめ」であるが、30節では逆に「大きめ」と記されていて、幼体のものとは思えない。またそもそも幼体の小さな甲羅に商品価値があったとも思えない。したがってこれは成体のケヅメリクガメのものと解するのが妥当である。そして最後に残った「陸亀」をヒョウモンガメに同定すると、現在のこの亀の棲息地よりやや北にはずれるアキーク周辺に、当時これが「少数」しかいなかったというのも納得できる。

（4）アドゥーリ産のものに似た象牙：次節参照。

第4節

（1）約3,000スタディオン：狩猟のプトレマイスをアキークに、アドゥーリをズラ近くの遺跡（註3参照）に比定してよいとすると、この数値はその間の実際の距離（約2,000スタディオン）に比べてかなり過大である。ここから先のアウアリテースまでの距離数についても同じことが言える（第5、7節参照）。しかしこの辺りの海域は著者自ら幾度となく航海して、正しい距離感を有していたはずなのである。では何故、ミュオス・ホルモスからプトレマイスまではほぼ正確な距離数が示されているのに対して、その先の航程の距離について、このように一見過大な数値が挙げられているのかと言えば、おそらくプトレマイス以南の航海には、挙げられている距離数に匹敵するだけの日数を、実際に要したからではあるまいか。先に記したように（第1節註5）、本書に示された距離数は実測値ではなく、航行

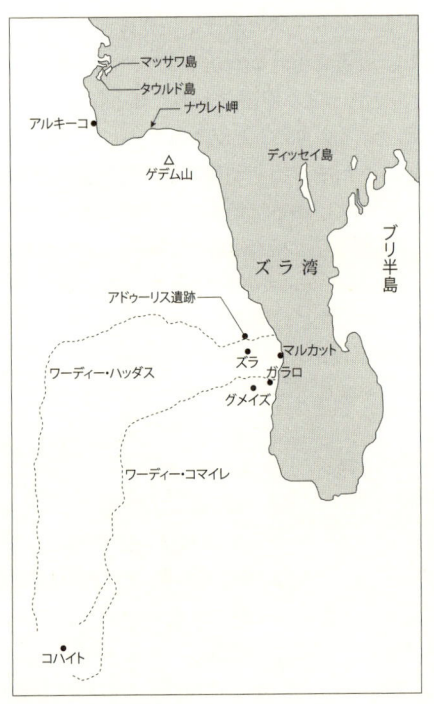

図版7　ズラ湾周辺図

に要する時間をもとにした数値と考えられるのである。プトレマイス以南の航海に多くの日数を要した理由は、この海域の風向や潮流の複雑さに求められよう。紅海では北緯20度あたりを境として、その北側では年間を通じほぼ一定して北風が吹いているのに対し、南側では季節によって風向が変化する。それに伴って潮流（吹送流）の向きも変わ

るが、海岸近くではそれに加えて複雑な反転流が起こるために (*RSP*, 1. 114-116 & diagrams 1. 114a, b)、沿岸航行する帆船は、地図を見て距離を測るだけの者には分からぬ操船上の苦労を強いられたのであろう。因みにプリニウス VI. 34. 173 に、プトレマイス～アドゥーリ間の距離が示されているが、その数値は写本により異なり、2日航程とするものと5日航程とするものとがある。
(2) 法定の交易地 (ἐμπόριον νόμιμον)：第1節の註2を参照。J. A. B. Palmer, "Periplus Maris Erythraei: ἐμπόριον νόμιμον and other expressions," *CQ* n. s. 1 (1951): 156-158 と J. Rougé, "« Emporion nomimon ». Recherches sur la terminologie du Périple de la mer Erythrée," *Index: Quaderni camerti di studi romanistici* 15 (1987): 405-411 も「法定」の意味についてそれぞれの見解を表明しているが、いずれにも従えない。
(3) アドゥーリ (Ἀδουλι)：写本のこの箇所の綴りは Ἀδουλεί であるが、後出の2ヶ所では Ἀδουλι となっている。現在一般には、他の史料に現れるアドゥーリス (Ἀδουλις) という呼称の方がよく使われるので、以下の記述でもこちらを使用する。エチオピア北部高原のティグライ地方を本拠地としたアクスム王国の外港。但し本書にも記されているように、交易地自体は碇泊地とは別に海岸から数キロ内陸に立地していた。「村 (κώμη)」と呼ばれ、盗賊の襲撃を避けて碇泊地がかなり遠い島に設けられていることなどから見て、この頃はまだ後世におけるほどには大きな港市に発展していなかったようである。プリニウス VI. 34. 172-173 には、ここがエジプトから逃亡した奴隷によって築かれた町で、トローゴデュタエ (第2節註2参照) とエチオピア人

図版8　アドゥーリス遺跡

の非常に大きな交易地があり、象牙、犀角、河馬(かば)の革、亀甲、猿、奴隷が大量にもたらされると記されている。プリニウスが伝える町の由来は、おそらく $δοῦλος$ がギリシア語で「奴隷」という意味であることに基づいた俗説で信用できないが、ここを古代エジプトの記録に現れる地名に同定したり、プトレマイオス朝時代の象狩り用の基地に町の起源を求めたりする説は、近現代の学者によってもいくつか唱えられている（cf. Munro-Hay, "The foreign trade": 108; De Romanis, *Cassia*: 152-156）。しかしいずれもそれほど確かな根拠があるわけではないので、支持する者は多くない。

　2世紀の末から3世紀にかけてアクスム王国の勢力がアラビア半島に及び、ギリシア系エジプト商人に替わってエチオピア商人が紅海・インド洋ルートの主導権を握る頃には、アドゥーリスもおそらく紅海最大の港市に発展してい

図版9　ネイピアの遠征隊に同行した大英博物館調査隊によって発掘されたアドゥーリスの教会址（第4節註3参照）。アクスム王は4世紀前半にキリスト教を受容した。

た。さらに時代は下るが、6世紀の前半にここを訪れたギリシア人が記録を残している。まずビザンツ皇帝ユスティノス1世の治世初め（おそらく518年の夏）に、今まさにアクスム軍が南アラビア遠征に出陣しようとしているアドゥーリスを、通称をコスマス・インディコプレウステスというギリシア人商人が訪れ、後日著した『キリスト教世界地誌』の中にその時のことを書きとどめている（詳細は蔀「アドゥーリス紀功碑文の新解釈」を参照）。そのⅡ. 54によれば、海岸からアドゥーリスまでの距離は2マイル（ローマ・マイルとして換算すると約3 km）であった。またⅡ. 55の挿絵には、内陸に位置するアドゥーリスの南東方向の海岸に「ガバザ税関（ΤΕΛωΝΙΟΝ ΓΑΒΑΖΑΣ）」と説明書きの付いた建物が描かれている（図版2参照）。おそらく当時はこのガバザが碇泊地になっていたのであろう。ア

クスムから南アラビアへは525年にさらに大規模な遠征軍が派遣されたが、『アレタス殉教録』という史料（詳細は部「ナジュラーンの迫害の年代について」を参照）の第29節には、その時も軍勢を輸送する船団がガバザに集結したと記録されている。ゲエズ語（古典エチオピア語）の gabaz には「(川) 岸」という意味があるので (cf. Conti Rossini, "Aethiopica": 374-375)、これがこの地名の語源ではないかと考えられる。次の皇帝ユスティニアノス1世は、サーサーン朝に対抗する同盟者を求めて、使節のユリアノスやノンノソスをエチオピアや南アラビアに派遣した。前者の遣使を伝えるプロコピオス『諸戦争史』I. 19. 22 には、アドゥーリス市は港からは20スタディオン、アクスム市からは12日行程の距離と記され、海岸からの距離数は本書の数値と等しいが、アクスム市までの道程は本書に比べて4日も長い。フォティオス『万巻抄』Cod. 3. 2b, ll. 35-36 に収載されたノンノソスの記録では、その間の道程はさらに長く15日行程となっている。

　北から南に深く湾入するズラ湾 (Zula Bahir Selat'ē. 註4参照) の西岸側で、海岸から4 km 余りのところ (15°15′N, 39°40′E) に、ズラという村がある。さらにその北北西1 km 余りのワーディー (Wādī Haddas が海に注ぐ分流の一つ) の北岸 (左岸) に、おおよそ東西 600 m、南北 400 m の規模の、現地人がアズーレと呼ぶ遺跡があって（海岸からの距離は 4 km 余り。Peacock & Blue (eds.), *The Ancient Red Sea Port of Adulis*: 39 がズラと遺跡の位置を、ともに海岸から約 7 km と記しているのは、明らかに誤り）、1810年にこの辺り一帯を調査したソルト以来、ここにアドゥーリスがあ

ったと信じられてきた。但し、ソルトはたまたま体調を崩し、村も遺跡も自ら訪れて位置を確認することができなかったからであろう、彼の旅行記に添付された地図（以後ソルトの地図と略称）では、ズラ村が誤って（とはいえ『案内記』の記事には忠実に）湾の南岸の奥地に置かれている (Salt, *A Voyage to Abyssinia*: 451-453)。かつての町はワーディーが運んだ土砂の下にすっかり埋もれてしまっているが、雨季の激流で大きく削り取られた遺跡の南側では、遺構の石積みが各所で露出しているのを目にできる。発掘史を年代順に辿ると、1868年のネイピア (R. Napier) の軍事遠征（エチオピア王テウォドロス2世によってマグダラの要塞に幽閉されたイギリス人の救出を目的としていた）に同行した大英博物館調査隊のそれ (cf. Munro-Hay, "The British Museum Excavations") を始めとして、1906年のサンドストロームによる小規模な発掘 (Sundström, "Report of an Expedition to Adulis")、同じ年にパリベーニによって行われたアドゥーリス遺跡の発掘としては最も大がかりな調査 (R. Paribeni, "Ricerche nel luogo dell'antica Adulis," *Monumenti Antichi* 18 (1907, publ. 1908), col. 437-572 & Tav. I-XI)、それに1961〜62年のアンフレによる発掘 (Anfray, "Deux villes axoumites") が挙げられる。シリア様式の教会や、アクスムやコハイトのそれと同様式の建築物の遺構が発見され、地中海世界との交渉を物語る遺物も出土しているが、発掘された地域は遺跡全体から見ればごく一部に過ぎず、この港市の起源を立証するに足るような発見はなされていない。

ところでアドゥーリスをこの遺跡に比定すると、近くにディドーロスに相当する島がないという問題が生じる。ま

た、オレイネーに比定されるディッセイ島（註5参照）との位置関係が、アドゥーリスの「前には」オレイネー島が浮かんでいるとか「オレイネーに向き合う陸地」にアドゥーリスがあるといった本書の記述に、少々そぐわないという印象は否めない。そこでキャスンはまず「湾の最奥部」というテキストの読みを「湾の最も外側」と修正したうえで（註6参照）、ディドーロス島をズラ湾の外に浮かぶタウルド島 (Taulud. 現地名 T'walet Desēt: 15°36′N, 39°28′E) に比定し、『案内記』の時代のアドゥーリスは、この島の6km南のアルキーコ (Arkīko/Hirgīgo) から数キロ内陸に入った地点にあったはずだと、通説に対して異論を唱えた (Casson, "The Location of Adulis")。彼がアドゥーリスをタウルド島近くに置かずアルキーコ近郊に持ってきたのは、前者では飲料水が得られないためである。ではズラ村近くの遺跡は何なのかといえば、交易の拡大とともにアルキーコ近くでは増大した人口を支えきれなくなった結果、交易地は後に現在遺跡のある地に移され、そこが新たにアドゥーリスと呼ばれるようになったという。またアルキーコ周辺にかつてのアドゥーリスの跡が全く残っていないのは、当時まだここは村で建物もそれほどしっかりした造りではなかったからであろうと推察する。しかしこの説には以下に列挙するように問題点が多い。①テキストの修正を前提としている。②タウルド島にもアルキーコ周辺にもかつての碇泊地や交易地の遺跡がない。③アルキーコはディッセイ島との間をゲデム山とナウレト岬によって遮られているので、ズラ近くの遺跡以上にディッセイ島との位置関係が『案内記』の記述に反する。④註5で引くプトレマイオス

の記事によれば、オレイネーはアドゥーリスの北東ないし東北東に位置していたはずであるが、ディッセイ島はアルキーコから見て東南東の方角にある。⑤海岸からコハイト（古代のコロエー。註8参照）に向かう最短ルートの起点は、アルキーコではなくズラの近辺である。アルキーコからコハイトまで3日で行くのは不可能。⑥この2,000年間における地形の変化を全く考慮に入れていない。

　卑見によれば、ここはやはり通説に従って『案内記』の時代からアドゥーリスはズラ近くにあったと考えるのが最も無理がない。この解釈の最大の障害となるディドーロス島は、ミュオス・ホルモスの前に浮かんでいた三つの島と同様に、おそらく海岸線が海側に移動して現在は陸地化しているため海中に見出せないのであろう。詳細は註7に記すが、ズラの南東3km余に位置するガラロ（Galalo）と呼ばれる丘陵（もしくはその一部）が、『案内記』のディドーロスであると同時に6世紀の史料に現れるガバザでもあったのではないかと思われる。一方、先に問題にしたオレイネー島がアドゥーリスの前に浮かんでいるという表現は、北からアドゥーリスを目指してズラ湾に入ってくる船にとって、湾口に浮かぶオレイネーの位置がそのように感じられたということではなかろうか。

　なお、既発表の蔀「ガバザ、アドゥーリス、コロエー」は、本節の註3、7、8の内容をまとめたものである。

　近刊の Zazzaro, *The Ancient Red Sea Port of Adulis*: v によれば、イタリアとエリトリアの合同チームによるアドゥーリス遺跡発掘プロジェクトが2011年よりスタートしたという。

（4）南に延びた深い湾：ズラ湾（別名 Annesley Bay）。プトレマイオス I. 15. 11; IV. 7. 8 では「アドゥーリス湾」と呼ばれている。

（5）オレイネー（Ὀρεινή）と呼ばれる島：語義は「山島」。プトレマイオス IV. 7. 8 には島ではなく「オレイネー半島」と記され、〈68°, 12°10′〉という経・緯度が示されている。同所にアドゥーリスのそれは〈67°, 11°20′/40′〉と記されているので、プトレマイオスの認識ではオレイネーはアドゥーリスの北東ないし東北東に位置していた。ズラ湾の入口の東寄りに浮かぶディッセイ島（Dissei: 15°28′N, 39°45′E）に比定するのが通説。湾の最奥部からこの島までの距離は約 40 km で、本書の200スタディオン（約 37 km）という数値とほぼ一致する。アドゥーリス遺跡からの方角は北北東、距離は約 20 km。南北に細長く約 8 km にわたって円錐形の頂がいくつも連なる火山島で、西側の海岸の中央部に、おそらく『案内記』の時代に商船が投錨した入江であったろうと思われる潟がある。2004～05年にズラ周辺の遺跡調査を行なったピーコック等が、この島のサーベイも実施して記録を残している（Peacock & Blue (eds.), *The Ancient Red Sea Port of Adulis*: 57-64）。

（6）湾の最奥部（*κατ' αὐτὸν τὸν ἐσώτατον κόλπον*）：現在のズラ湾内にはディドーロス島に当たる島が見当たらないことと、本書に同種の誤りが認められることを根拠に、Casson, "*Periplus Maris Erythraei*: Three Notes": 495 は、写本の読みを「湾の最も外側」という意味の *ἐξώτατον κόλπον* に修正することを提唱している。

（7）ディドーロスと呼ばれる島に（*ἐν τῇ Διδώρου λεγομένῃ*

νήσῳ)：村川はミュラーやファブリキウスに従って写本の「ディドーロス」という読みを「ディオドーロス」と改めたが、フリスク、キャスンともに修正の必要は認めず、写本の読みをそのまま採用している。現在のズラ湾内にはディッセイ島より奥（南方）に島はないので、註3に記したようにキャスンはテキストを修正したうえで、これを湾外のタウルド島に比定した。この島は本土とマッサワ島（Mits'-iwa/Massawa）の中間に位置し、現在はそれぞれと堤道（causeway）で結ばれている。そこで古代においても本土から徒渉できたであろうとキャスンは推測するのである。それはさておき、商船が最初ディドーロス島に碇泊したのは、ここがアドゥーリスと交易するには最も便利であったからに違いない。したがって、後にアクスム王の力が強まりアドゥーリス周辺の治安が保たれるようになると、20 kmも離れ水の便もよくないオレイネー島を去り、再びディドーロス島に碇泊するようになったと考えられる。このディドーロスの所在地を推察する手懸りとなるのが、6世紀の史料に現れるガバザである。ここに税関が置かれ軍船もここに集結したというのは、当時ここが碇泊地となっていたことを示している。その所在地について、現地調査に基づく興味深い一つの仮説があるので、それから見ていこう。

1906年にズラの北にあるアドゥーリス遺跡を調査したサンドストローム（註3参照）は、ガバザ港の所在も確かめるべく付近一帯の海岸を調べて回った。そこで彼の注意を惹いたのが、遺跡から南東に1時間半ほど行った地点（海岸からは約20分）にある、現地人がガメーズ（Gamēz）と呼ぶ小丘群である。ほぼ南北一列にいくつかの岩の丘（最高

図版10　グメイズの丘からガラロを望む。

で海抜 61 m）が並んでいて、一番北の丘と次の丘との間が、あたかも切り通しのような谷になっている。雨季には高原から流れ下った水流の一つがここを通って海に向かう。サンドストロームがここを訪れたのは乾季の1月であったが、地元民が家畜にやる水を汲み上げるために掘った穴から出た土に混じって、アドゥーリス遺跡から出るのとよく似た陶片、ガラス片、タイル片、ビーズ、それに灰や炭があるのに気づいた。現地の人の話では地中から同種のものがよく出るという。そこで彼は、ギリシア語の地名ガバザのもとになったゲエズ語のガバズ（Gabaz）と現在の地名ガメーズとが近似していること、真水が得られること、古代の遺物が出土することの3点を挙げ、かつてのガバザ港はこの地にあったのではないかと推察した。また現在は海岸から離れてしまっているのは、ワーディーが千数百年間にわ

図版11 ガラロの民家。第2節で言及されていた苫屋もこのようなタイプの家屋であった。

たって運び下ろした土砂の堆積で、海岸線が海側に前進したことによるのであろうと考えている (Sundström, "Report of an Expedition to Adulis": 181-182)。

　私も1997年の3月から翌月にかけて、幾度かアドゥーリス遺跡とその周辺を調査のために歩いた。この辺りは、高原地帯より流れ下る幾筋ものワーディー（なかでも重要なのがワーディー・ハッダスとワーディー・コマイレ Wādī Komaile）が形成した沖積平野（海岸近くはサブハ sabkha という塩原になっている）で、周囲の眺望はよく遠くまで見渡せる。遺跡に立つと、南東の方角（海側）にサンドストロームがガメーズと呼んだ丘が、また南南西の方角にそれより大きなもう一つの丘が、どちらもまるで海中に浮かぶ島のような姿で目に入る。前者は註3で言及したソルトの地図

にも、正しい位置に然るべき形で記載されている。おそらく海上から見ても、識別しやすい特徴を備えているのであろう。それぞれの丘のそばには集落があり、住民はラクダ、牛、山羊などを放牧するかたわら、ワーディー・コマイレの氾濫(はんらん)に依存して農業も行なっている。4月18日に海側の丘に行くことができた。アドゥーリス遺跡からは直線距離で5km余り、海岸からは1km余り隔たっている。現在もサンドストロームが見たのと同じ場所で、直径2m、深さ1mほどの穴をいくつも掘り、地下水位が高いためすぐに滲み出てくる泥水を汲み上げてはラクダや牛に飲ませていた。しかし期待に反して、掘り出された土の中に古代の遺物は見出せなかった。また丘とその周辺にはエリトリアの対エチオピア独立戦争の際に埋められた地雷がまだ撤去されず残っているとの理由で、自由に調査することは禁じられた。何よりも意外であったのは、周辺集落の住民も含め現地の人々が一致して、この丘ではなく、西南西の方角へさらに2km余り内陸に入ったもう一方の丘(正しくはその麓にある集落を中心とする一帯)の方をグメイズ(Gəmeiz)と呼んでいたことである。では海側の丘の名はと尋ねると、マルカット(Malcatto)の漁業関係者はガラ(Gala)と答えたように聞こえた。ところが旧ソ連発行の地図(*Efiopiya 1:200 000*, [Moskva], 1978)のD-37-X (Dekamere)のシートに記載された当該の小丘(15°13.4′N, 39°41.8′E)の名称はガラタ(Galata)となっている。他方 Peacock & Blue (eds.), *The Ancient Red Sea Port of Adulis*: 33 ff. における呼称は Galala Hills である。要するに人により語尾の音が違って聞こえたのであろう。そこで2010年1月に再びエリトリアを訪れ

た際に複数の現地人に確認したところ、ガラロ（Galalo）が正しいという回答を得たので、本書ではこの呼称を採用する。

　ガメーズ/グメイズに話を戻すと、サンドストロームが調査を行なった1906年からこれまでの間に、この地名は西に移動したようである。そこで現在グメイズと呼ばれている場所へ４月の17日と23日に行き、住民の話を聞いた。それによると、彼らの祖先は現在ガラロと呼ばれる丘の辺りに住んでいたが、進駐したイタリア軍が海岸から山の方へ鉄道の敷設工事を行い、線路を通すために丘を爆破した（その結果先に記した切り通しができた）際に、そこを離れて今の場所に移住した。彼の地の現在の住民はその後に他所より移住してきたという。彼らの移住とそれに伴う地名の移動は十分にありうることで、それ以外に地名が変わった理由は思い浮かばない。しかし彼らの主張する移住の理由は、成立してまだ日の浅い伝説とでも言うべきもので鵜呑みにはできない。まずガラロの丘の一見切り通し風の谷は、すでに前述のソルトの地図に描かれているので、その後にエリトリアに進出したイタリア軍とは無関係である。また1868年にワーディー・コマイレを遡行して高原地帯に進軍しようとしたイギリス軍が、上陸地点のマルカットからワーディーの谷口まで鉄道を敷いたのは周知の事実で、サンドストロームがここを訪れた頃にはまだその跡も残っていたというが、イタリア軍がやはりここに鉄道を敷設したとは他に聞いたことがない。イギリス軍がマルカットに建設した船着き場の跡についても同様で、どうもこの辺りの住民は、諸事の由来をイタリア軍の所業に帰す傾向が強

いようである。

　現地を踏査して古代の遺物こそ確認できなかったものの、サンドストローム説はおそらく正しいという印象を強くした。彼は見逃しているが、ガバザがアドゥーリスの南東の方角に位置したことを示すコスマスの挿絵（註3参照）は、彼の説を補強する。現在の海岸からアドゥーリス遺跡までの距離は4km余りで、『案内記』に記された20スタディオン（約3.7km）や『キリスト教世界地誌』に記された2マイル（約3km）と比べると遠くなっている。これはこの2,000年近くの間に、海岸線がそれだけ海側に前進したことを示しているのであろう。とすると現在海岸から1km余り隔たっているガラロの小丘群（ガメーズ）が、6世紀の前半にはサンドストロームが推察したように海に臨んでいたことはありうるし、さらに遡って『案内記』の時代には、本土から徒渉できるほど海岸近くに浮かぶ島であった可能性も否定できない。以上の推論に基づいて私は、拙稿「ガバザ、アドゥーリス、コロエー」138-141頁において、この丘一帯をガバザに比定するサンドストローム説を認めるだけでなく、『案内記』のディドーロス島をもここに比定する説を提唱したが、私がこの論考の準備をしていたまさにその時期に、ピーコックの指揮するサウサンプトン大学の考古学調査隊が、この一帯のサーベイを行なっていた。近年刊行されたその報告書を見ると、衛星写真と海岸平野に堆積した土砂の分析に基づいてサンドストローム説が確認されている（Peacock & Blue (eds.), *The Ancient Red Sea Port of Adulis*: 39-56）。またディドーロス島については、丘陵群の南のはずれに位置する高さが15mほどの小丘が候補に

挙げられている。他の丘は陸地の一部であったが、そこから 112 m 離れたこの丘は島であったろうというのである (*Ibid.*: 33-37)。

　因みに、紅海南部の海面上昇を想定するブハーリンは、それによってディドーロス島は現在は水面下に没していると推察する (Bukharin, "The notion τὸ πέρας τῆς ἀνακομιδῆς and the location of Ptolemais of the Hunts": 226)。しかし上記のように、実際にはこの辺りの海岸線はこの2,000年近くの間に逆に海側に前進しているのであるから、ブハーリンの想定は当を得ていない。

(8) コロエー (*Κολόη*)：プトレマイオスの『地理学』にも IV. 7. 24 にコロエー湖（青ナイルの水源のタナ湖に比定される）、次の節にコロエー市が挙げられているが、示されている緯度から見て、いずれもアクスム（次註参照）の遥か南方で、本書のコロエーには同定できない。こちらのコロエー市は、通説ではエリトリアのアディ・ケイ (Adi Keyh/ Ādī K'eyih: 14°51′N, 39°23′E) の北東約 6 km の地点を中心に、北北西の方角に細長く突き出たコハイト (Qoḥaito) 高原の遺跡群に比定されている。セナフェから北にアディ・ケイに向かうアスファルト道路のちょうど中間あたりで、右に分かれる細い道を北へ進むとコハイトに達する。標高 2,600 m 余りのエリトリア高原の東の縁とも言うべき場所に位置し、東西をワーディー・コマイレとワーディー・ハッダスの深い谷に挟まれた、天然の要害である。この地の遺跡群に関する最初の報告は、リュッペルの旅行記 (E. Rüppell, *Reise in Abyssinien*, I, Frankfurt am Main, 1838: 322) の中に見出せるが、ここが古代のコロエーであることを指

図版12　コハイトからコマイレルートを望む。

摘したのはベントが最初である (Bent, *The Sacred City of the Ethiopians*: 223)。その後、リットマン (E. Littmann) の率いるドイツのアクスム調査隊が、アクスムからマッサワへの帰途ここに立ち寄り、1906年4月の21日から23日にかけて、神殿、墓、ダム等の遺構の調査と刻文の収集を行なって貴重な記録を残した (D. Krencker, *Ältere Denkmäler Nordabessiniens* (=*Deutsche Aksum-Expedition*, II), Berlin, 1913: 148-162)。しかしその際もその後も、この遺跡の発掘は行われていない。1993年にエリトリアがエチオピアから分離独立したのを機に、調査の気運が高まり、私が1997年3月20日に赴いた際には、その前年調査に訪れたドイツ隊が11月に再び来訪して、海岸からのルートの調査も行う予定と聞かされた。しかしエチオピアとの国境紛争とその後の政治情勢の悪化によって、調査計画は頓挫したままのようで

図版13　コハイトの神殿遺跡

ある。1996年のドイツ隊の調査の概要については、次の2点の報告を参照。S. Wenig, "German Fieldwork in Eritrea," *Nyame Akuma* 48 (1997): 20-21; D. Eigner, "German Archaeological Mission to Eritrea, Season 1996: The Ruin 'Littmann no. 8' at Qohaito," *Mare Erythraeum* 3 (1999): 41-56.

　紅海沿岸から北部エチオピア高原に至るルートについては、1868年にマグダラ要塞を攻撃したイギリス遠征隊が、軍を進める最適ルートを求めてその前年にいくつかのルートの調査を行なった。そしてその結果や過去の旅行者の記録、現地人からの聴き取りを総合的に判断したうえで、マルカットを上陸地点として海岸に埠頭を築き、ワーディー・コマイレの谷口までは鉄道を敷設、そこから先はこのワーディーを遡行してセナフェに至るという方法を採用した (cf. C. R. Markham, "Geographical Results of the Abyssinian Expedition," *JRGS* 38（1868）: 12-20; id., *A History of the Abyssinian Expedition*, London, 1869: 135-168）。ワーディー・コマイレに並行して流れるワーディー・ハッダスを遡行して高原地帯に至ることも可能であり、現に19世紀には多くの旅行者がこのルートを辿った。アドゥーリス遺跡はこのワーディーの分流に面しているので、Anfray, "Deux villes axoumites": 748 は古代においてもコハイトに至るにはこのルートが使われたであろうと推測している。しかし諸ルートを比較検討したうえでのイギリス軍の判断は重視すべきであるし、私の現地における調査でも、コハイトへ行くのにハッダスルートでは遠回りになるので、今でも人々が主に利用するのはコマイレルートだと聞かされた。このワーディーを南へ向かって上流まで遡ると、イギリス軍の偵察隊が Guinea Fowl Plain と名付けた平地（15°54.8′N, 39°31.5′E）に至る。イギリス軍は本流をそのまま進んでセナフェに向かうルートを取ったが、上流に向かって右手（南西）から急降下してくる支流（Mudhullo torrent）を遡行するとコハイトに至るのである（上に挙げたマーカムの著書の129頁に挟まれた地図参照）。海岸部で聞いてもコハイトで尋ねても、このルートの行程は徒歩なら3日、ラクダでなら4日と同じ答えが返ってきたのは興味深い。おそらく道中で野営のできる場所は決まっているので、上りでも下りでも所要日数は変わらないということなのであろう。これは本書に記された日数とほぼ等しく、この点から見ても、古代においてアドゥーリスとコロエーの間を往き来するのに使用されたのはコマイレルートの方であったと思われる。但し上記のドイツ隊の研究者はコロエーをコハイトに比定

することに慎重で、近辺の他の遺跡も候補に挙げている。またそれに伴い、アドゥーリスからアクスムに至る古代のルートについても、二つのルートのいずれが使用されたかについて結論を保留している（W. Raunig, "Adulis to Aksum: charting the course of antiquity's most important trade route in East Africa," in Lunde & Porter (eds.), *Trade and Travel*: 87-91）。コロエーとコハイトという二つの地名の関係を言語学的に論じた研究もある（R. Voigt, "Κολόη und Ḳoḥayto ('Auf-/Ausblick'): Studien zur äthiopischen Toponomastik. 1," *Aethiopica* 2 (1999): 90-102）。それによるとこの両地名は、ḳlh という共通の語根からそれぞれの音韻変化を経て成立した語で、古代南アラビア語（サバァ語）、現代のイエメン方言、エチオピアのティグリニャ語に見られる同根語の意味から類推して、「見上げる/見渡す」というまさにこの場所の立地にふさわしい語義を元来有していたのではないかと推察されている。

(9) アクソーミテース（*Ἀξωμίτης*）：エチオピア最北のティグライ州の中でもエリトリアに近い北部に位置する古都アクスム（Aksum/Axum: 14°07′N, 38°43′E）。ここを首都として発展した王国も同じ名で呼ばれる。我が国で刊行された書物の中に、おそらく欧米の古い研究に依拠したのであろう、この王国の成立を前120年頃と記してあるのを間々見かけるが、史料的根拠のない誤った記述である。本書以前にアクスムに言及した文献も碑銘文もなく、考古学的（後述）にも町はともかく王国の紀元前の状況はよく分かっていない。エリトリアからティグライ地方にかけての地には、前8/7世紀の頃より、おそらく南アラビア（特にサバァ

図版14 アクスムに立つ高層の建物を模した石柱。墓標と思われる石柱が何本も残されていて、地下には多くの墓室が設けられている。

王国)からの植民者がもたらした文化と土着のそれが融合した高度な文化が栄えて、ダァマト(D'mt)という王国が存在した。当時の遺跡がイェハ(Yeha)やマタラ(Matara)を始め各地に残されている。ところが前4/3世紀頃を境に、ダァマトが衰滅してしまったためではないかと思われるが、この地域は史料上の空白時代に入り情勢がよく分からなくなる。ダァマト衰滅の原因としては、都をメロエーに移したクシュ王国から圧力を受けたことや、プトレマイ

オス朝の紅海進出の煽りを受けたことなどが考えられている。そして1世紀の半ばになり、ようやく本書に記されているような形でアクスムの名が登場するのである。ダァマト王国についてのまとまった論著はまだないので、以下には比較的新しい研究を2点だけ挙げておく。Fattovich, "The 'pre-Aksumite' state"; S. Japp *et al.*, "Yeha and Hawelti: cultural contacts between Saba' and D'MT — New research by the German Archaeological Institute in Ethiopia," *PSAS* 41 (2011): 145-160. この王国の性格について、前者が土着のアフリカ的要素を強調するのに対して、後者はサバァからの植民者の果たした役割を高く評価するという、解釈の違いが見られる。ダァマトとアクスムの関係についてはまだ解明されていない。その後、2世紀末から3世紀にかけて王国の勢力は大きく発展し、ローマの影響力後退に乗じて紅海南半の制海権を掌握するとともに、アラビア南部に進出を図った。同時にエチオピア商人はギリシア系エジプト商人に替わって紅海・インド洋ルートの主導権を握り、以後しばらくの間、サーサーン朝の支援を恃むペルシア商人とインド洋の商権をめぐって競い合った（詳細は蔀「アドゥーリス紀功碑文の新解釈」を参照）。しかし570年（あるいは575年）にサーサーン朝がイエメンを占領した結果、アクスムのアラビアに対する影響力は後退し、エチオピア商人は著しく劣勢に立たされてしまった。さらに次の世紀にイスラームが起こり、紅海西岸地域が征服されアクスムの支配から離脱するに至って、この王国の弱体化は決定的となった。

　古代のアクスムの遺構の大部分は現在の集落の下に堆積

しているため、発掘調査を自由に行える状況ではない。それでも、町の内外に残されている墳墓やそれに伴う石柱、記念碑、宮殿、教会などの遺跡の調査と碑文の収集が、1906年のドイツ調査隊の来訪以来、現在に至るまで、主にヨーロッパの研究者によって断続的に行われてきた。その結果に基づき、考古学的にはおおまかに前400～150年がプロト・アクスム期、前150～後700年がアクスム期で、それ以降がポスト・アクスム期とされている (cf. Fattovich *et al.*, *The Aksum Archaeological Area*: 69-75; Fattovich, "Archaeology of Aksum": 181-183)。但し、アクスム期の前後の時期の政治情勢については、ともに詳細は不明である。以下には主要な調査報告書と碑文集成、それに概説書数点を参考までに挙げておく。E. Littmann *et al.*, *Deutsche Aksum-Expedition*, 4 vols., Berlin, 1913; Munro-Hay *et al.*, *Excavations at Aksum*; Phillipson, *Archaeology at Aksum*; E. Bernand, A. J. Drewes & R. Schneider, *Recueil des inscriptions de l'Éthiopie des périodes pré-axoumite et axoumite*, 3 vols., Paris, 1991-2000; Y. M. Kobishchanov, *Axum*, ed. J. W. Michels & tr. L. T. Kapitanoff, University Park, Pennsylvania & London, 1979 (Originally publ. in Russian, Moscow, 1966); Anfray, *Les anciens Éthiopiens*; Munro-Hay, *Aksum*; Phillipson, *Ancient Ethiopia*.

(10) ナイル (*Νεῖλος*)：この川の比定については諸説ある。ショッフ、ハンティンフォードのようにこれを文字どおりに受け取る多数派は、青ナイル（現地名はアッバイ Abbay）に比定するが、ナイルの上流域に関するギリシア・ローマ世界の人々の知識が不正確なことと、それほど遠隔の地で

なくとも象は多数いたことを理由に、アクスムに近い別の川に比定する説もある。たとえばアドゥーリス紀功碑文（作者はアクスム王）の中でナイルと呼ばれているテケゼー（Tekezē/Takkaze）川（蔀「アドゥーリス紀功碑文の新解釈」85-87頁参照）は、青ナイルの支流アトバラ川のさらに支流で、アクスムの南西の方角に位置し、おそらくアクスム王国固有の領域の一方の境界をなしたのではないかと思われる重要な川である。また現在エリトリアとエチオピアの国境となっているマレブ川は、アクスムの北方を東から西に流れている。**Casson**: 107-108 はこれらの川が本書のナイルである可能性を示唆する。判断の決め手はないが、アクスムからの距離や位置関係に加えてアクスム人自身もナイルと呼んでいることを考慮して、私としてはテケゼー川に比定したい。

(11) キュエーネイオン（Κυηνεῖον）：他の文献には見えない地名で、やはり比定の決め手に欠ける。「ナイル」をどの川に比定するかで説は分かれる。青ナイル説を採る者はスーダンのセンナール（Sennār: 13°33′N, 33°38′E）を、テケゼー説を提唱する **Casson**: 107 は、20世紀初頭になお多数の象がいたというウォルカイト（Wolkayit: 13°43′N, 37°15′E）を候補地として挙げる。しかし、ただそこで多数の象が目撃されたというだけで、1,800年以上も前の象牙の集荷地に比定するのは無理である。『案内記』の時代には、テケゼー川の南方で象の棲息する土地は他にもあったはずである。またコンティ・ロッシーニはアクスムから見てマレブ川の彼方（北方）のコハイン（Cohain/Qohain）地方を示唆している（Conti Rossini, *Storia d'Etiopia*: 115）。

(12) 象：6世紀前半にユスティニアノス1世からアクスム王の許へ派遣された使節のノンノソスは、アドゥーリスからアクスムに向かう途中にアウエー（Αὐη）の近くで、およそ5,000頭の象の群に遭遇して驚嘆している。現地の人々でさえ、近づくことも牧場から追い払うこともできなかったという（フォティオス『万巻抄』Cod. 3. 2b, l. 36 – 3a, l. 2）。アウエーはアクスムの東北東約25 kmの、先アクスム期の遺跡が残るイェハ（Yeha: 14°15′N, 38°55′E）に比定される。その頃はアクスムの周辺においてさえ、これだけ多数の象が棲息していたのである。ギリシア・ローマ世界の人々の象との関わりの歴史については Scullard, *The Elephant in the Greek and Roman World* が詳しい。それによると、我々の常識には反するが、アフリカ象はインド象よりも小型というのが当時の人々の常識で、たとえば前217年のラフィア（Raphia）の会戦で、セレウコス朝の象部隊と対陣したプトレマイオス朝の象部隊が戦わずして潰走したのも、アフリカ象が敵のインド象の大きさに恐れをなしたからだと信じられていた。というのも、その当時地中海世界に輸入されたアフリカ象は、現在一般にアフリカ象として知られているサバンナ象（bush elephant/*Loxodonta africana africana*）ではなく、それより小型のマルミミ象（forest elephant/*Loxodonta africana cyclotis*）であったからだという。後者は現在ではナイル以東には分布していないが、かつては紅海に比較的近い地域にも棲息していたのであろう。

(13) 現在西アフリカの熱帯雨林に棲息するマルミミ象は、ミネラルの豊富なマングローブの芽を求めて、時に海岸に姿を現すことが知られている。かつては紅海沿岸においても

同様の光景が見られたのかもしれない。ディルマンは、エリトリア南部の紅海沿岸部から高原地帯にかけて居住するサホ族の言葉で「象」を意味する dakanī (L. Reinisch, *Die Saho-Sprache*, II, Wien, 1890: 105 によれば dakā́nō) という語が、アルキーコ（註3参照）の古名 Dokno/Dokono の語源ではないかと述べている (A. Dillmann, "Über die Anfänge des Axumitischen Reiches," *Abhandlungen der Königlichen Akademie der Wissenschaften zu Berlin*, Philos.-histor. Klasse, 1878: 213, n. 2)。これは、かつてこの一帯にかなりの数の象が棲息していたことを傍証する説である。

(14) アラライウー (Ἀλαλαίου)：プリニウス VI. 34. 173 にはアリアエウ (Aliaeu) と記されている。ズラ湾を出て右手にあるダフラク (Dahlak) 諸島に比定される。この一帯には現在でもタイマイが棲息する (cf. Frazier, "Exploitation of Marine Turtles": 348)。

第5節

(1) 非常に深い湾：ブリ (Buri) 半島を挟んで西側のズラ湾と対するハワキル (Hawakil) 湾に比定するのが通説。正確には「深い」というより、半島の東側に「長く延びた」湾である。それに対してブハーリンは、これをさらに南に位置するアンフィル (Anfile) 湾に比定している (Bukharin, "The notion τὸ πέρας τῆς ἀνακομιδῆς and the location of Ptolemais of the Hunts": 226)。

(2) オプシアノス石 (ὀψιανὸς λίθος)：黒曜石とか十勝石と呼ばれる（英語では obsidian）ガラス質の火山岩である。プリニウス XXXVI. 67. 196-198 ではガラスの一種としての扱

いを受け、エチオピアの他に、インド、イタリアのサムニウム、スペインが産地で、宝飾や彫像に使用されると記してある。ソルト（第4節註3参照）は1810年1月28日にハワキル湾の沿岸一帯を調査して、アレナ（Aréna）という集落近くの海岸の砂の中から、直径が2インチから4インチの黒曜石を多数採取し（地元民によれば内陸にはもっと大きな石があるという）、本書の記事が確認できたことを喜んでいる（Salt, *A Voyage to Abyssinia*: 190-194）。彼の旅行記の453頁に添付された地図の中では、この集落は15°09′Nに置かれているが、*Efiopiya 1:200 000*, [Moskva], 1978のD-37-XI（Mersa-Fatoma）のシートに記載されているハレナ（Harena: 15°12′N, 40°04′E）と、地名の類似と周囲の地形から見ておそらく同一なのではないか。ハレナが本土側ではなく島にあるのが気になる点であるが、周囲の海は浅いので干潮時には陸続きになるということも考えられる。なお、エリトリアのブリ半島一帯は、遥か古代よりエジプトへの黒曜石供給地の一つであった（cf. J. Zarins, "Obsidian in the Larger Context of Predynastic/Archaic Egyptian Red Sea Trade," in Reade (ed.), *The Indian Ocean in Antiquity*: 89-106）。

(3) 別のバルバロイの地方：第2節の「バルバロイの住む地方」に対して「別の」と言っている。第7節の記述から見て、バーブ・アルマンデブ海峡を抜けた先のソマリアのアデン湾岸一帯を指している。コスマスの『キリスト教世界地誌』第2巻においてしばしば言及され、特に29章と48章で「乳香の地」と呼ばれているバルバリアーや、後のアラビア語地理書のバルバラー、それに『諸蕃志』等の中国の

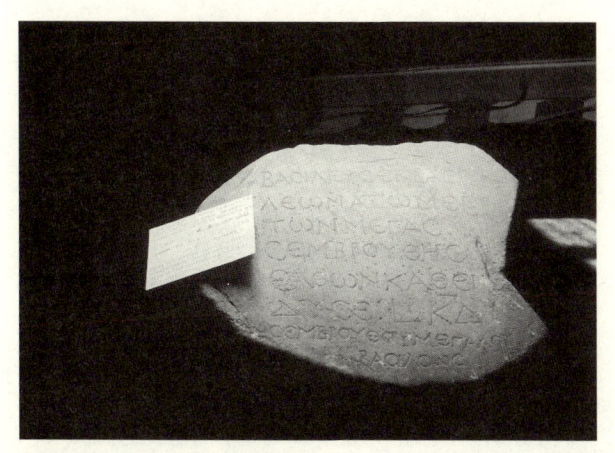

図版15 アスマラの北方に位置するダッキー・マハリーで発見されたギリシア語碑文。「アクスムの諸王の王、偉大なるセンブルテースが（ここに）来て（これを？）建てた。大王センブルテースの24年に」と記されている。この王はおそらく3世紀半ば頃に在位したと推察される。エチオピアは広義のヘレニズム文化圏に属していて、第5節に記されているようにアクスム王は当初からギリシア語に通じており、ギリシア語碑文を多く残している。

文献に現れる弼琶囉國に当たるのがこの地方である。
(4) ゾースカレース（Ζωσκάλης）：この人物については、**Casson**: 109-110 が論点をまとめて提示しているように、①アクスム王国の支配者、②アクスム王に従属する沿岸地方の支配者、③アドゥーリスを中心に沿岸地方を領有する独立王国の支配者、という三つの説がある。キャスンは②には明確に否定的で、①（多数派説）と③のいずれが正しいかについては明言を避けているが、どちらかといえば後者の支持に傾いているという印象を受ける。しかし前節に

アクスムは首都（μητρόπολις）、コロエーは町（πόλις）、アドゥーリスは村（κώμη）と明記してある以上、この地方の支配者として名を挙げられているゾースカレースは、アクスム王国の王と理解すべきである。他の地域を見ても、②のように王名に言及せず地方統治者の名だけを挙げている例はないし、③のように王国の中心が村と呼ばれている例もない。本節によれば、当時すでにアクスム王の支配は、北はアキークあたりから南はバーブ・アルマンデブ海峡にまで及んでいたことになる。また3世紀になるとアクスム王の記念碑、次いで銘文の入った貨幣が登場し、そのいずれにもギリシア語、ギリシア文字が使用されているので、この王国では対外的な用途にはこれらの言語、文字を採用していたことが知られているが、本節の最後の一文は、それが実は1世紀にまで遡ることを示唆している。

ところで、ゾースカレースを他の史料から知られるエチオピアの王名に同定しようとする試みがある。史料というのは後世の文献にしばしば収載されているエチオピア王名表で、コンティ・ロッシーニの研究でその概要を知ることができる（Conti Rossini, "Les listes des rois d'Aksoum"）。彼は86点の写本から収集した王名表をAからHまでの8群に分類したが、ここで問題となるのは16点の写本から集められたC群である。このグループは各王の在位年数が記されているという点で、他のグループとは異なる際立った特徴を示している。このC群王名表の第35代目にザ・ハクレー（Za-Ḥaqlē/Za-Ḥaqālē）というゾースカレースに近似した名の王がいて（この王名はC群にしか見出せない）、しかもその在位年代が1世紀の末に当たるというので、両者

を同定しようというのがこの説の骨子である。在位年代は、この王の8代前の王バーゼーン (Bāzēn) の在位8年目にキリストが生誕したという伝承があるので、そこから計算して得られる。但しエチオピアの暦ではキリストの生誕年は西暦8年に当たるという点が、従来の議論では見逃されている。この同定は最初ソルトによって提唱され、彼はこのようにして得られたゾースカレースの在位年代が、本書の成立年代推定の根拠となりうるとまで考えた (Salt, *A Voyage to Abyssinia*: 460-464)。王名表を後世の作としてその史料的価値を否定する多数派に対して、在位年代は信用できないが王名の同定は認めようというのが少数派であるが、いずれも当の史料を詳しく検討したうえでの結論ではない。問題となるC群王名表は、確かに明白に歴史的事実に反する記事を含んでいて、無批判にその記事を研究に使用することはできないが、詳細に内容を吟味すると、多くの点で事実がデフォルメされた形で収まっているのを認めることができる。決して後世の作というだけの理由で退けることのできない史料的価値を有しているのである。ではソルト説はといえば、王名の同定は認めてよいが、在位年代は再検討を要する。本書の成立年代は他の根拠に基づいて1世紀の半ば、もしくはそれをやや過ぎた頃という見当がつくので、ゾースカレース/ザ・ハクレーの在位年代もほぼその頃と推定し、王名表では何故それより数十年後の在位とされているのか、その理由を考察するというのが研究の正しい方向であろう。

第6節

(1) バルバロイ向けの：この語は本節と次節に1度ずつ現れる。他に類似の表現として、「この地方向け」が本節と第24節（南アラビアのムーザ）に、「アラブ風の」が同じ24節と28節（南アラビアのカネー）に見られる。ソマリアあたりまでの東アフリカと南アラビアに関しては、それぞれの地方の需要の傾向をエジプト側で的確に把握して、それに合わせた素材とデザインの製品を輸出用に生産していたのである。4世紀のパピルス文書 P. Oxy. 1684 は衣類のリストであるが、その5、9行目に記された $βαρβαρίκια$ はおそらくそのような製品なのであろう (cf. U. Wilcken, "Papyrus-Urkunden," *APVG* 7 (1924): 98; **Casson**: 110-111)。但し「バルバロイ向け」とか「この地方向け」という語が具体的に指す内容は読み取れない。因みにインド向けの輸出品について同様な生産体制がとられていた様子は、少なくとも本書からは窺えない。

(2) 縮絨してない ($ἄγναφος$)：ギリシア語の $ἄγναφος$ と $γεγναμ-μένος$（7、8節）をどう訳すかは衣類の素材次第である。ウールであるならば縮絨加工の有無が、亜麻や綿の生地であれば布晒しの精練工程を経ているか否かが問われていると考えてよい。第6～8節でこれらの語が修飾しているのはいずれも上衣や外套の類なので、おそらくウール地と判断し「縮絨してない/してある」と訳した。この点についてはすでに Beeston 1990: 129 が正しく指摘し、**Casson**: 246 の解釈を批判している。キャスンは、この語の本来の意味は unfulled であるが新約聖書の「マタイによる福音書」IX. 16（マルコ II. 21、ルカ V. 36）を見ると new という意味にも用

いられたと述べ、本節のこの箇所を unused、7、8 節の対立語を cleaned (by fulling) と訳した。要するに彼は full の「縮絨する」ではなく「洗う、晒す」という意味の方を採り、衣類が未使用の新品か洗濯した中古品（**Casson**: 118 は古着でも僻地では商品になりえたと述べている）かが問題になっていると理解したわけである。現行の聖書では確かに「新しい布切れで古い服に継ぎを当てるようなことをしてはならない。というのも、当て布が服を引き裂いて破れがいっそうひどくなるからだ」というように訳してあるものが多いが、これでは何故新しい布が古い服を引き裂くのかが分からない。ここは聖書の翻訳者もキャスンもともに誤っていて、正しくは、縮絨してない布は洗うと縮むので、これを当て布として使うとかえって服を傷めてしまうことになるという警告なのである。最新の邦訳聖書（佐藤研訳『新約聖書Ⅰ：マルコによる福音書・マタイによる福音書』岩波書店、1995 年）が「新しい布」に替えて「晒していない布」という訳語を採っているのは、村川が本書の問題の語を「晒してない」「晒した」と訳しているのと軌を一にしている。しかしこの訳語の選定が生地の素材を考慮したうえでなされたものか否かは不明。なおこの時代の縮絨の方法については Wilson, *The Clothing of the Ancient Romans*: 27–30 を参照。

(3) 上衣 (ἱμάτια)：この語はこの箇所の他に本節の中ほどと次の節で、いずれも複数形で用いられている（単数形は *ἱμάτιον*）。ここと次節ではエジプトで輸出用に生産された衣類を指していて、縮絨の有無が記されている。**Casson**: 293 はこれを、おそらくは亜麻生地で仕立てられた衣類一

般と解しているが、Beeston 1990: 129 が推察するようにむしろウール地の上衣ではあるまいか。上衣とはいえヒマティオンは実は長方形の1枚の布で、ゆったりと掛け回すように身にまとい、留金は用いなかった (cf. Wilson, *op. cit.*: 80-84)。このようなタイプの上衣は、現在でもエチオピアの人々によって広く着用されている。初出箇所だけはこの本来の意味で用いられているが、後出のは上衣類の総称としての用法であろう。

(4) アルシノエー：ショッフ、ハンティンフォード、村川は、いずれもこれをスエズ湾沿岸のアルシノエーと解しているが、それは誤り。**Casson**: 111 が主張するように、ナイル西岸のファイユーム地方にあり、ストラボン XVII. 1. 38、プリニウス V. 11. 61、プトレマイオス IV. 5. 57 にも見える同名の都市の方である。現在のファイユーム市の北方約 2 km に位置するコーム・ファーリス (Kōm Fāris) という丘に比定される。ストラボンによると、住民が鰐を神獣として敬っているので、かつてはクロコデイロン・ポリスと呼ばれたという。前2世紀の末よりプトレマイス・エウエルゲティスと呼ばれるようになり、さらにローマ時代になると、アルシノエー県の中心都市であったことから県名と同じ名で呼ばれた (L. Casarico, "Crocodilopolis — Ptolemais Euergetis in epoca tolemaica," *Aegyptus* 67 (1987): 127-159; id., "Per la storia di un toponimo: Ptolemais Euergetis — Arsinoitōn polis," *Ibid.*: 161-170)。織物業で名高く、24/25年のパピルス Hawara Papyrus, No. 208 には「アルシノエーの下衣」「アルシノエーの衣服」と、この製造地名を明示した衣類の名が幾度も繰り返されている (J. G. Milne, "The Hawara Papyri,"

APVG 5 (1913): 388-389)。ことに盛んであったのは亜麻織物業で、市内には「亜麻織物作業場地区」という名の付いた街区もあったほどである (cf. C. Wessely, *Die Stadt Arsinoë (Krokodilopolis) in griechischer Zeit*, Wien, 1903: 30; C. A. Nelson, "Census Returns from Arsinoe," *ZPE* 9 (1972): 255-256; Raschke, "New Studies in Roman Commerce": 904, n. 1000)。

(5) 衣 (στολαί)：ここも複数形 (単数形はστολή)。**Casson**: 111 が推測するようにアルシノエー産の亜麻製の衣と考えられる。村川：80/104 がこれを「婦人服」と訳しているのは、ローマでこう呼ばれたのが既婚女性の着用した衣服であったためであろう。しかしそれがどのようなものであったかについては、裾丈の長い婦人用の下衣 (tunica interior) とする説 (cf. Wilson, *op. cit.*: 155-162) と、その上に羽織る衣 (tunica exterior) と解する説 (cf. Goldman, "Reconstructing Roman Clothing": 224-228) とがある。「上衣〔ヒマティア〕」と「外套〔アボッライ〕」の間に挙げられているのを見ると、後者の方か。

(6) 混紡 (νόθος)：この語は本書に4度 (第6、28、39、49節) 現れ、いずれの場合も「純正品 (ἁπλοῦς)」という語とともに (本節以外では対になって) 使用されている。「庶出、雑種」というνόθοςの原義からいっても、ἁπλοῦςの語義 (註19参照) との対比という観点から見ても、「混紡」という訳語が最適であろう。村川の訳語は6節と49節では「混紡」、28節と39節では「不純」と揺れている。キャスンはἁπλοῦςを「無地」と解釈してしまったために、それとの対比でこの語の意味も、柄物、それも手の込んだ織りや刺繍によっ

たものではなく、安手の「プリント柄」と誤解してしまった (Casson, "Greek and Roman Clothing": 199-202; **Casson**: 246-247)。

(7) 外套 (*ἀβόλλαι*)：本節の王への献上品と第24節にも同タイプの外套が挙げられている。いずれも複数形（単数形は*ἀβόλλα*）。通常はウール地でできているが、ここでは混紡。上衣・外套の類であることは間違いないとしても、それ以上に詳しいことは判然としない。農民・兵士用の厚手で質素なものから王が着用する紫紅色の高級品まであり、品質・色ともに多様で形状の特徴もつかめない (cf. Wilson, *op. cit.*: 84-86; R. Murri, "Ricerche sugli abiti menzionati nei papiri greco-egzî," *Aegyptus* 23 (1943): 106-110; **Casson**: 111)。このようなことから Murri, *op. cit.*: 110 は、この語を上衣類の総称ではないかと推察しているが、本書を見る限り総称として使用されているのは、むしろ註3で見たヒマティオンの方である。

(8) 二重縁付きの品 (*δικρόσσια*)：二重の縁飾りの付いた、ハンカチやスカーフのような小物から掛け布のような大きな物までの様々な布製品 (cf. **Casson**: 111, 247)。

(9) 色ガラス (*λιθία ὑαλῆ*)：本節の他に次節と第17節に現れる商品で、輸出先がアフリカ諸港に限定されているのが特徴。いずれの場合も「多くの種類の/各種の」と記されている。直訳すればガラス製の石ということになるが、石とはいえ *λιθία* は大理石のように美麗な石や宝石のことなので、**Casson**: 111-112 はこれをガラス製の模造宝石と解した (cf. Trowbridge, "Philological Studies in Ancient Glass": 251)。それに対してガラス研究が専門のスターンは、管見の限りで

はエジプトのガラス工房で透明ないし半透明の模造宝石が作られたことはないと述べ、このガラスと次のディオスポリス製のガラスは、文脈（「別の（$άλλη$）」という語に注目）から見ても考古学的見地からいってもともにモザイク・ガラス製品で、前者は種々の嵌め込み細工、後者は器の類ではないかと推察している（Stern, "The Glass from Heis": 28-29）。しかし前者を小さな細工物、後者を器と区別する根拠は薄弱であるし、同著者が先行研究（id., "Early Roman Glass from Heis": 23-36）では使用していたミッレフィオーリ・ガラスという語を、この論文ではことさら避けている理由もよく分からない。キャスンの研究を引きながら、彼がミッレフィオーリと記しているところ（註11参照）をわざわざモザイク・ガラスと言い換えているほどなのである。因みにモザイク・ガラスとは、着色ガラスの棒を薄く輪切りにして鋳型の中に敷き並べ、加熱して熔着させたもので、色の組み合わせによって様々な模様を作り出せる。また複数の異なる色のガラス棒を組み合わせ加熱して練り合わせれば、花柄模様を内包したいわば金太郎飴状のガラス棒ができるので、これをスライスして熔着させるとミッレフィオーリ（千の花）と呼ばれるタイプのモザイク・ガラスが得られる。

　ここで問題になっているのが不透明の色ガラス製品であるという点ではスターン説は正しいと思われるが、その内訳については同調できない。というのも、エジプトも含め東アフリカの諸遺跡から出土したこの時期のガラスを見ると、多色ガラスのすべてがモザイク技法によっているわけではないし、モザイク・ガラスにしても嵌め込み細工の他

に種々の品がある。そこで私としては、ディオスポリス製のミッレフィオーリ・ガラス以外の諸々の色ガラス製品すべてが、ここに含まれていると解したい。本書に1度も商品名として出てこないガラス製ビーズも、ここに入っているのではあるまいか。なおアクスムから出土したビーズやガラスについては、H. M. Morrison, "The beads," in Munro-Hay et al., *Excavations at Aksum*: 169-178; id., "The glass," *Ibid*.: 188-209; A. Kaczmarczyk, "The composition of glass vessels and beads from Aksum," *Ibid*.: 333-339 を参照。花柄を含む数種のモザイク・ガラス製浅鉢の断片も見られ、本節の記事を裏付けている。また破損しやすいガラス製品を陸上輸送する方法や、アクスム国内におけるガラス製品の製造（3世紀末以降）について検討した論考に、J. Phillips, "Glass, Glassworking and Glass Transportation in Aksum," in Blue et al. (eds.), *Connected Hinterlands*: 37-47 がある。

(10) ディオスポリス：ルクソールやカルナックに遺跡が残るエジプトの古都テーベのプトレマイオス朝・ローマ時代の呼称。この名の町は他にもいくつかあったが、この比定には異論がない。

(11) ミッレフィオーリ・ガラス（μορρίνη）：ギリシア語やラテン語で μόρρια/murra の器と呼ばれる品は、本来はおそらく蛍石（fluorite/fluorspar）と思われる材料を彫って作られた極めて高価なもので、主にパルティア方面からローマに輸入されたと言われている（cf. Trowbridge, "Philological Studies in Ancient Glass": 313-324; A. I. Loewental & D. B. Harden, "Vasa Murrina," *JRS* 39 (1949): 31-37）。プリニウス XXXVII. 7. 18 – 8. 22 に詳しい記事がある。しかしここでは

逆にエジプトからエチオピアに輸出されているのであるから本物のはずはなく、ガラス製の模造品でミッレフィオーリと呼ばれるタイプのモザイク・ガラスの一種ではないかと考えられる (cf. **Casson**: 112)。製法については註 9 参照。但しここで他の色ガラスから区別されているディオスポリス製ミッレフィオーリ・ガラスが、実際にどのようなものであったか、確かなことは不明。

(12) 裁断して貨幣として用いられる真鍮：実物が未発見なので、具体的にどのような形で用いられたのか不明。アクスムでは王国の政治的・経済的発展を背景に、3 世紀末になると王の肖像と名を刻した金・銀・銅貨の鋳造が始まり、現物も多数出土している。しかしそれ以前の状況については本書のこの記事以外に史料がなく、全く分かっていない (cf. Munro-Hay & Juel-Jensen, *Aksumite Coinage*)。

(13) 蜂蜜銅（μελίεφθα χαλκᾶ）：第 8 節でも挙げられている。他の文献に用例がないため正確な意味は未詳。**Müller**: 262 は蜂蜜を入れて焼いた菓子に似た形の銅の延べ板 (**Schoff**: 70 も同意見)、**Fabricius**: 121-122 は蜂蜜色の銅の延べ棒、**Casson**: 247 は蜂蜜を熱するのに使う銅製の浅鍋などと推測し、村川：81/104 は単に銅塊と訳している。古代西方世界における銅の主産地はイベリア半島とキュプロス島であった (cf. 村川：51/72)。

(14) 鉄：エチオピアにおいても先アクスム期より銅/青銅や鉄の精錬・加工技術は存在したと考えられているので、ここに挙げられている真鍮・銅・鉄の地金は、自国生産を補うための輸入であろう。いずれも用途が明記されていて、すでに述べたことであるが、エチオピアの需要に関しては

エジプト側で実によく把握していたことが窺える。鉄はインドからも他に鋼鉄が輸入され、槍の穂先用と記されているので、武器製造用の硬くて良質の鉄に対する需要が特に高かったと見える。アクスムから出土した金属製品の遺物については Munro-Hay, "Metalwork" を参照。因みに時代はずっと下って6世紀の話になるが、コスマスの『キリスト教世界地誌』II. 51 に次のような興味深い記事がある。アクスム王は2年ごとにサスーと呼ばれる南か南西方向の奥地へ金を求めて隊商を派遣していた。これには王の家臣ではない商人たちも多数加わったので、総勢500人以上にのぼった。彼らは牛と塩の塊(かたまり)と鉄を携えて奥地に入り、目的地に近づくと牛を屠殺して塩、鉄と並べてそこへ置き、言葉の通じぬ現地人との間でいわゆる沈黙貿易のやり方で取引を行なった。こうして一所に5日程度留(とど)まるとさらに奥地へ進み、持参した品をすべて金に換えてしまうまで旅を続けたという。この時代に鉄はアクスムの奥地向け重要商品となっていたのである。

(15) 外国人居留者（*ἐπιδημοῦτες*）：この地に駐留しているエジプト商人である。

(16) ローマ貨幣（*δηνάριον*）：次の葡萄酒、オリーブ油ともども、現地人との取引用ではなく駐留しているエジプト商人の需要を賄(まかな)うためのものなので、少量と断ってある。ここでは貨幣の種別は記されていない。

(17) ラー[オ]ディケイアー産とイタリア産の葡萄酒：この両産地の葡萄酒は第49節でも言及されている。ラーオディケイアーはシリアの著名な港市（現ラーディキーヤ/ラタキア）で、ストラボン XVI. 2. 9 によると市の背後の山は頂上

近くまで葡萄畑となっていて大量の葡萄酒が生産されたが、そのほとんどはアレクサンドリアに輸出されたという。実はその一部が、さらにエチオピアやインドに転送されていたことが本節と49節から窺える。また葡萄酒は本書に挙げられた商品の中で、イタリア産であることが明記された唯一の品である。当時イタリアでも属州でも葡萄栽培が極めて盛んで、その反面、穀物栽培が疎かにされたため、1世紀末のドミティアヌス帝は、イタリアにおける葡萄畑の新規開墾の禁止と、属州の葡萄畑の少なくとも半分の伐採を命じる布告を発したほどであった。もっとも皇帝は、この勅令の実施に大して熱心ではなかったという（スエトニウス『ローマ皇帝伝』第 8 巻「ドミティアヌス」7. 2; 14. 2）。因みに、イタリア中部のラクィラ（L'Aquila）に残されていた墓碑の一部と思われるレリーフに、葡萄酒用アンフォラを背負ったラクダを牽く人物が描かれており、チェルニアはこれを、当地の葡萄酒商人が商品に同行して紅海岸の港まで自ら出向き、海外貿易商相手に取引を行なったこともあった証拠と解している（Tchernia, "The Dromedary of the Peticii"）。近年、ベレニーケー出土の陶片文書の多くが、葡萄酒、なかでもイタリア産とラーオディケイアー産の葡萄酒の通関許可証であったことが明らかにされ（Bagnall, Helms & Verhoogt, *Documents from Berenike*: 14–21）、本書の記事が裏付けられた。

(18) *Ibid.*: 14-15 によれば、葡萄酒に言及した通関許可証が80点あるのに対して、オリーブ油に言及したものも 6 点ある。

(19) 純正品（*ἁπλοῖ*）：この語は六つの節（第 6、24、28、39、49、56節）の中で計 9 回（うち 2 例が複数形 *ἁπλοῖ*、他は単

数形 ἁπλοῦς)、いずれも衣類に関連して使用されている。そのうち「混紡」(註6参照)と対になっているのが3度(28、39、49節)、王への献上品の品質を説明するのに用いられているのが3度(6、28、49節)あるというのが、用法の特徴である。後の場合の28、49節では「高級/高価」という語と並べて用いられている。以上を勘案すると、混ぜ物がなく単一の素材だけで織られた(したがって上質の)純正品というのが、この語の意味するところではないかと推察される。村川も同様に解釈していると思われるが、訳語は「本物の」「混ぜ物のない」の2種を区別なく使用している。キャスンの「柄のない、無地の」という解釈では、王への献上品に何故そのような衣服が選ばれたのかが説明できない(Casson, "Greek and Roman Clothing": 194-199; **Casson**: 247-248)。

(20) それほど値の張らない:純正品(ウール100パーセント)と言いながら、それほど高価なものではないとわざわざ断っているのが面白い。対照的に第24、28、49節で南アラビアやインドの王に献上される衣服は、高価/高級と記されている。おそらく当時のアクスムの経済水準は、これらの地方に比べて一段低い評価を受けていたのであろう。なおここの「純正品ではあるがそれほど値の張らない」は、次の「外套」と「厚手の毛織外套」の両語にかかっている。

(21) 厚手の毛織外套(γαυνάκαι):すぐ後に続くインドからの輸入品にも含まれている。本節ではいずれも複数形で綴りは γαυνάκαι であるが、καυνάκαι とも綴られる(単数形γαυνάκης/καυνάκης)。語源的にはイラン語 *gaunaka に求める説(J. Przyluski, "Une étoffe orientale, le *kaunakès*," *JRAS*,

1931: 339-347) と後期バビロニア語 gunnaku に求める説（B. Hemmerdinger, "De la méconnaissance de quelques étymologies grecques," *Glotta* 48 (1970): 50-51）とがある。メソポタミア起源で元来は羊や山羊の毛皮を縫い合わせた衣であったが、後に毛足の長い厚手の毛織物の模造品が作られるようになった (cf. **Casson**: 113)。ここでは混紡でない旨(むね)の断り書きがあるので、後者の方ではなかろうか。蔀: 6 の「毛皮外套」という訳語は撤回する。毛皮であれば混ぜ物の有無は問題とされないはずである。

(22) アリアケーの: 写本の読みは「アラビケーの *Ἀραβικῆς*」であるが、諸氏一致して「アリアケーの *Ἀριακῆς*」と改めている。インド西北部のカーティヤーワール半島からカンバート/キャンベイ湾沿岸地帯にかけての、グジャラート地方と呼ばれている辺りに相当する。詳しくは第41節註 2 を参照。

(23) インドの鉄と鋼鉄: 古代インドの製鉄については Biswas & Biswas, *Minerals and Metals*, I: 209-248, 275-280, 308-309, 385-407; G. Kuppuram, *Ancient Indian Mining, Metallurgy and Metal Industries*, II, Delhi, 1989: 233-348; R. Shrivastava, *Mining and Metallurgy in Ancient India*, New Delhi, 2006: 130-178 が詳しい。インド製の鉄と鋼鉄の優秀なことは西方でも古来よく知られていた (cf. **Schoff**: 70-71; **Casson**: 114)。また中世以降には、有名なダマスコ剣の材料ともなったウーツ (wootz) と呼ばれる上質の坩堝鋼(るつぼこう)を生産・輸出した。プリニウス XXXIV. 41. 145 には、すべての種類の鉄のなかで、セーレスが衣服や毛皮とともに送ってよこすセーレスの鉄が最上で、パルティアのがそれに次ぐと記され

ている。セーレス（詳しくは第39節註12参照）は中国西北部から中央アジアへかけての地に住む人々を指したと一般に解されているが、プリニウスがセーレスの鉄と呼んだのは実はインド製で、中国製の絹織物や中央アジア産の毛皮とともに送られてきたために、このような誤解が生じたのであろうというのが、やはり一般の解釈である。インド製の鉄がローマに輸入されたことは、時代はやや下って2世紀の後半になるが、マルクス・アウレリウス帝とコンモドゥス帝の治世に課税対象となっていることからも裏付けられる（『ローマ法大全・学説類集』XXXIX. 4. 16. 7）。しかし本書においては、インドの鉄への言及が見られるのはこの箇所のみで、後出のインド諸港の輸出品には含まれていない。少なくとも本書の時代にはこの商品の輸出はインド商人によって独占され、西方商人はほとんど関与していなかったと解してよいのであろうか。産地のアリアケーの内陸地方が具体的にどこを指しているのか判然としないが、インド西北部で紀元前後の数世紀間に製鉄が行われた地として考古学的に知られているのは、ウッジャイン（第48節のオゼーネー）、グジャラート州スーラト県に属すタービ/タープティ川南岸のダトヴァ（Dhatva/Dhatwa）（43節註3参照）、同州東北部サバルカンタ県のシャムラジ（Shamlaji: 23°41′N, 73°26′E）、それに遥か北方のタクシラなどである。プリニウスが伝える織物や毛皮とともにもたらされたセーレスの鉄は、最後のタクシラ産であったかもしれない。

(24) インドの布（*ὀθόνιον Ἰνδικόν*）：第41節でアリアケー地方の産物の一つとして再び挙げられ、そこで綿が原料であることが明記されているので、間違いなく綿布である。31節

にソコトラ島へのインドからの輸入品としても名が挙がっている。Cf. L. Gopal, "Textiles in Ancient India," *JESHO* 4 (1961): 53-69, esp. 60-61; D. Schlingloff, "Cotton-Manufacture in Ancient India," *JESHO* 17 (1974): 81-90.

(25) モナケー（μοναχή）やサグマトゲーナイ（σαγματογῆναι）：第14節にも同じくアリアケー地方からソマリア海岸の諸港にもたらされる商品として挙げられている。但し、サグマトゲーナイは本節では複数形が用いられているのに対して、14節ではサグマトゲーネー（σαγματογήνη）と単数形。**村川**：138/158 は Lassen, *Indische Alterthumskunde*, III: 24 の、モナケーを最優良綿布、サグマトゲーナイを最劣等品とする説に従おうとしているように見え、他に前者が最優良品であるのに対して後者は詰物用の綿とする説もある。しかし **Casson**: 248 が批判するように、いずれの説も説得力ある論拠に欠ける。**Schoff**: 72 が推測するように、どちらの語もインド名がギリシア風に転訛したものかもしれない。**Casson**: 251 は、14節に列挙されているアリアケー地方からの輸出品（麦、米、ギー、胡麻油、モナケーやサグマトゲーネーのような布）と、41節に列挙されているアリアケー地方の産物（麦、米、胡麻油、ギー、綿、それからできる並製のインドの布）とを比較して、モナケーもサグマトゲーナイも並製綿布の一種と結論づけた。同様の比較による推論は48、51節との間でも可能である。本節にはアリアケーの内陸地方から輸出される綿布として、モナケーとサグマトゲーナイの他にモロキナと上製綿布が挙げられているが、48節にはアリアケーの最重要港バリュガザに内陸のオゼーネーから運び下ろされる商品として、インド産上製

綿布、モロキナ、並製の布が、また51節には同じくバリュガザにデカン高原のタガラから運び下ろされる商品として、並製の布、あらゆる種類の上製綿布、モロキナが挙げられている。両節いずれにおいても「並製の布」が本節のモナケーとサグマトゲーナイに対応し、キャスン説の傍証となっている。但し、それぞれの綿布が具体的にどのようなものであったかは未詳。やや幅広と記されているので、おそらくエジプトから輸入されるヒマティオン（註3参照）と同様に、布のままで掛け回すようにして身にまとったのではなかろうか。

(26) モロキナ（$\mu o \lambda \acute{o} \chi \iota \nu \alpha$）：本節と第48、51節では上製綿布とともに、また49節では絹布と並べて挙げられている商品で、Casson, "Greek and Roman Clothing": 202-207 が語義の詳しい検討を行なっている。$\mu o \lambda \acute{o} \chi \eta$（葵(あおい)）から派生した形容詞の中性複数形をした名詞なので、葵の花の色に染められた布とする説と、葵の繊維で織った布とする説とが有力であった。しかし特に珍しくもない葵色の布や、粗い葵の繊維の布が輸出商品としての価値を有したとは思えないと、キャスンはいずれの説も否定する。ウォーミントンが示唆するように、インド名がギリシア風に転訛してできた語の可能性もある（Warmington, *The Commerce*: 211）。キャスンは高級綿布製の衣服の一種と結論づけているが、本書の文脈から見ると、むしろある種の高級綿布の商品名（銘柄）と解した方がいいのではあるまいか。

(27) 上製綿布：本節では $\sigma \iota \nu \delta \acute{o} \nu \alpha \iota$ と記されているが、第51節では $\sigma \iota \nu \delta \acute{\omega} \nu$、48、59、61、62、63の5節では $\sigma \iota \nu \delta \acute{o} \nu \varepsilon \varsigma$（$\sigma \iota \nu \delta \acute{\omega} \nu$ の複数形）という形で用いられている。**Müller**: 263; **Fa-**

bricius: 44 ともにテキストを σινδόνες と修正。**Frisk**: 3 のテキストは写本の読みそのままであるが、**Frisk**: 47 では上記 5 節の用例に鑑み σινδόνες と読む説に与(くみ)している。**Casson**: 54 は **Frisk**: 3 のテキストをそのまま写し、特にコメントを付していない。この語は通常は上等の亜麻布を指すが、本書ではインド産綿布を指している。他にこの語が綿布の意味で用いられている例として、テオフラストス『植物誌』IV. 7. 7、ストラボン XV. 1. 20 などがある。

(28) ラック染めの品 (λάκκος χρωμάτινος)：ラックは各種の木に寄生・群生するラックカイガラムシが、体表から分泌する樹脂状物質を精製して得られる赤色の染料・顔料。Cf. Watt, *A Dictionary*, II: 409-412, s.v. "Coccus lacca." ここは文字どおりには「着色のラック」なので、ほとんどの訳者は染料そのものが輸入されたと解しているが、Lassen, *Indische Alterthumskunde*, III: 31; **Fabricius**: 45 はラック染めの綿布の義にとっている。文脈から判断して後者の解釈に従う。第24、36節においても、「貝紫染料」を意味する語が、その染料で染められた布を指すのに用いられている。

(29) 1月から9月まで (ἀπὸ μηνὸς Ἰανουαρίου μέχρι τοῦ Σεπτεμβρίου)：ユリウス暦の暦月がまず記されている。

(30) テュービからトートまで (ἀπὸ Τῦβι ἕως Θώθ)：エジプト暦の対応する暦月が示されている。古代エジプトの暦は1年365日で4年につき1日ずつ新年の始まりが早まっていたのを、前26/25年にアウグストゥスが閏(うるう)を入れた暦に改めさせた。その結果、アレクサンドリア暦と呼ばれるようになる新暦では、新年の始まり（トート月1日）がユリウス暦の8月29日に固定された。テュービ月とトート月はそれ

それ、ユリウス暦の12月27日〜1月25日と8月29日〜9月27日に当たるので、本書の著者がこれを1月、9月と呼んでいるのは、おおむね妥当である。Cf. A. E. Samuel, *Greek and Roman Chronology*, München, 1972: 177; Bickerman, *Chronology of the Ancient World*: 48-49.

(31) 紅海では北緯20度あたりを境として、その北側では年間の大部分を通じて北からの風が優越しているが、南側では季節により規則的に風向が変化し、5月頃から9月頃までは北風が、それ以外の季節にはおおむね南から風が吹く (cf. **Casson**: 284)。アドゥーリスに向かうのに9月の出航を勧めているのは、この時期であれば、彼の地での取引を終えた頃には南風が優勢となっていて、風待ちせず直ちに帰航できるためである。

第7節

(1) 東へ向かって：プトレマイオス IV. 7. 8-9 でもアドゥーリスの経・緯度は〈67°, 11°20′/40′〉、バーブ・アルマンデブ海峡を出てすぐの岬に位置するデイレー (Deirē) のそれは〈74°30′, 11°〉となっていて、アドゥーリスから先の海岸線はやはりほとんど東の方向に延びている。事実には反するが、これが当時の通念であったのだろう。実際の方角は南東であるのにこのような誤解が生じたのは、**Casson**: 115 が推察するように、プトレマイスからアドゥーリスまでの針路が南南東であるのに比べると、そこから先の針路は東寄りと感じられたからかもしれない。

(2) アウアリテース (Αὐαλίτης)：本節で3度言及されている他に25節でも名が挙がっている。本書では一貫して、バー

ブ・アルマンデブ海峡に臨んで立地しているように記されているが、プトレマイオス IV. 7. 10 では、海峡の外のデイレー町（註1参照）よりさらに南の、アウアリテース湾内の〈74°, 8°25′〉の地点に置かれている。デイレーについてストラボン XVI. 4. 4 には、町と同じ名で海峡を形成する岬と記されていて、シッヤーン岬 (Ras Siyyān: 12°29′N, 43°20′E) に比定する説が有力である (cf. Desanges, "Le littoral africain du Bab el-Mandeb": 91-92)。緯度から見たこの岬との位置関係に加えて、アドゥーリスと次節のマラオーからの距離を勘案して、中世以降にエチオピア高原に通じる港市として栄えたサイラァ (Saylac/Zeila: 11°21′N, 43°28′E; cf. Grohmann, "Zaila'") に比定するのが通説。しかしここから古代の遺物が発見されたという報告は皆無であるし (cf. Chittick 1976: 125)、また本書の記事とは明らかに位置が異なっているので異論も少なくなく、他にアッサブ説、シッヤーン岬説、この岬とサイラァの間に位置するタジューラ湾の北岸説などが提唱されている。これら比定をめぐる論議は **Casson**: 115-117 に詳しい。因みに1330年冬にイブン・バットゥータがアデンよりサイラァを訪れた時の記録が残っている。「そこはバルバラ［人］の町（首都）で…（中略）…一つの大市場のある規模の大きな町であるが、町はその汚さと言い、不潔さと嫌な悪臭の漂うことにかけては居住世界のなかでも最も酷いところである」と辟易(へきえき)し町に泊まるのを嫌った彼は、海が荒れて危険であったにもかかわらず船上で過ごす方を選んだ（『大旅行記』III. 137）。1854年10月末にはバートンが同じくアデンより来航し、しばらく滞在した後に高原の町ハラルに向かい、そこから次

註 第7節 111

図版16　アデン湾周辺図

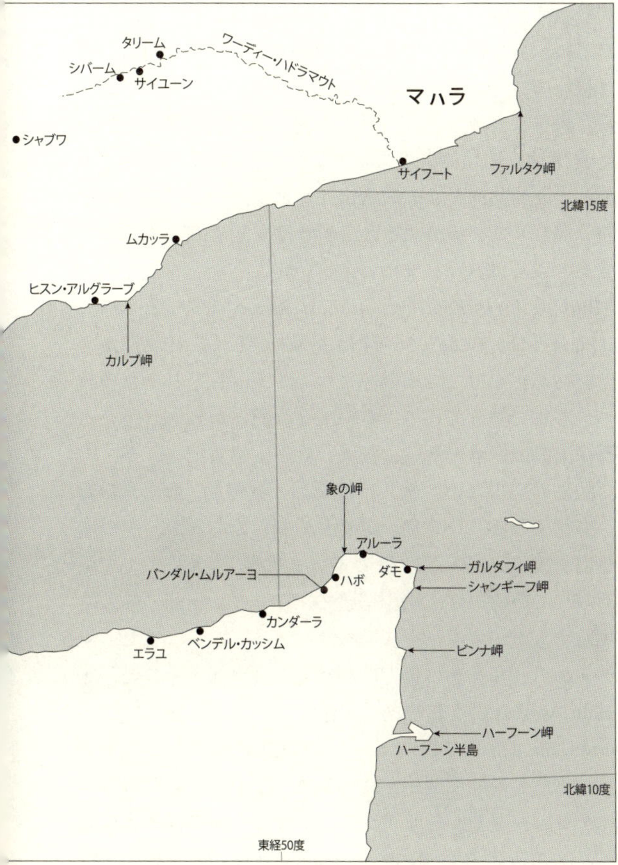
タリーム
ワーディー・ハドラマウト
シバーム
サイユーン
マハラ
シャブワ
サイフート
ファルタク岬
北緯15度
ムカッラ
ヒスン・アルグラーブ
カルブ岬
象の岬
アルーラ
バンダル・ムルアーヨ
ハボ
ダモ
ガルダフィ岬
シャンギーフ岬
カンダーラ
ベンデル・カッシム
エラユ
ビンナ岬
ハーフーン岬
ハーフーン半島
北緯10度
東経50度

節で触れるベルベラに下るという探険旅行を行なった。サイラァについて詳しい観察記録を残していて、小舟でなければ接岸できないこと、アラビアや西インドと取引があり、奴隷、象牙、皮革、蜂蜜、羚羊の角、ギー（バターを精製した食用油。第14節註3参照）、ゴム（アラビアゴムノキ *Acacia senegal/Senegalia senegal*、もしくはその同属近縁植物の分泌物）等を輸出するが、当時は支配者間の内紛のため交易の中心はベルベラに移っていたことなどを記している (Burton, *First Footsteps in East Africa*, I: 9-11, 16)。Pankhurst, "The Trade": 36-44 はさらに詳しく、19世紀から20世紀初めにかけての交易品について、品目それぞれの数量や金額まで挙げている。バートンの記述から漏れている重要輸出品は、コーヒー、没薬、乳香、麝香猫香、羊、山羊、駝鳥の羽根など、輸入は綿製品と食糧品（米を含む穀物、棗椰子の実、小麦粉、砂糖）が中心であるが、その他に金属やガラス製品、少量のインド貨幣（ルピー）までが挙げられているのは、『案内記』の第7、8、14節の輸入品と共通する点が多く、実に興味深い。バートンはまた、サイラァからベルベラの東方にかけての沿岸部とその後背地に Habr Awal という遊牧民が居住することを記しているが (Burton, *op. cit.*, II: 52-53, n. 1)、この族名とアウアリテースという地名の間に関係を認めることはできないであろうか。タジューラ湾からサイラァにかけての海岸線や水深については *ACh* 253: Golfe de Tadjoura and Anchorages を参照。

(3)「向こう側」(πέραν)：エジプトから見てバーブ・アルマンデブ海峡の向こう側、ガルダフィ岬を回ったところにあるオポーネー（ハーフーン）までを指す。第5節の「別の

バルバロイの地方」とほぼ重なる。
（4）時機がよければ……碇泊地がある：換言すれば、時機に恵まれなければ投錨も繋留もままならなかったということで、それを具体的に示す記述が本節から12節にかけて続く。この一帯を踏査したチティックは、海岸には港がないだけでなく待避できるような場所も乏しく、加えて年間の大部分を通じて強風が吹いていると記し、本書の記事を裏付けている（Chittick 1979: 273-274）。
（5）第27節に記されているように、ここの筏も皮の浮き袋を繋いで作られた可能性が高い。南アラビアのサバァの人々が、エチオピアの香料を求めて皮製の小舟（**Casson**: 118 が推察するように、これらも皮袋の筏であろう）で紅海を横断する話は、アガタルキデス V. 103 やストラボン XVI. 4. 19 にも紹介されている。またプリニウス VI. 34. 176 は、二つの皮袋の上に板を渡した筏に乗って海賊行為を働くアラブに言及している。Cf. Hornell, *Water Transport*: 30-31.
（6）多少の未熟オリーブ（ὄμφακος）：写本テキストではこの語の前後に空白も欠損もないが、ὄμφακος は ὄμφαξ（未熟葡萄/オリーブ）の属格なので、**Müller**: 264 はここに「汁」を意味する χυλὸς を補った。**Frisk**: 3 もこの補訂を認め、それに従って村川：82/105 は「未熟葡萄（の汁）」と訳した。しかしその後、これが部分属格で補訂の不要なことが指摘され（Giangrande, "Textual Problems": 155-156）、キャスンもこれを認めている。また夏にアフリカへ海上輸送されうるのは葡萄ではなくオリーブという彼の判断（**Casson**: 249-250）は正しいであろう。未熟オリーブの実を搾ると（プリニウス XII. 60. 130 参照）、オムファキオン（ὀμφάκιον ラテ

ン語では omphacium）という油が得られる。ディオスコリデスの『薬物誌』I. 30. 1 には、この油は香油や香膏を作るのに役立つが、腹にも、歯茎や歯を丈夫にするのにもよい、汗を抑える効能もあると記されている。プリニウス XXIII. 39. 79 も、歯茎・歯への効能と抑汗作用を指摘する。

(7) 錫：青銅の製造に不可欠な錫への需要は、各地で高かった。本節の他に、28節（カネー）、49節（バリュガザ）、56節（ムージリス、ネルキュンダ）で輸入品として挙げられている。当時の西方世界における錫の主要産地はイベリア半島のルシタニア、ガリキア地方であった（プリニウス XXXVI. 48. 156. Cf. Warmington, *The Commerce*: 269）。

(8) オケーリス：第25節註 4 参照。

(9) ムーザ：第21節註 2 参照。

(10) 香料類（ἀρώματα）：第10節でも言及されているが、種類が特定されておらず未詳。

(11) 没薬（σμύρνα）：μύρρα とも綴られる。語源はセム系諸語に共通の語根で「苦い」という意味を持つ mrr。乳香とともに非常に古くよりソマリアと南アラビアから輸出された樹脂で、史料の中の言及だけでなく研究文献も数多い。概要を知るためには次の 3 点を参照。A. Steiner, "Myrrha," *RE* XVI. 1 (1933), col. 1134-1146; Groom, *Frankincense and Myrrh*; Martinetz *et al.*, *Weihrauch und Myrrhe*. 山田憲太郎『東亜香料史研究』第 1 部第 2 章「乳香と没薬」は、中国に輸入されたこの両種の香料を論じた箇所は他に類を見ぬ貴重な研究と評価できるが、それ以外の部分には参照文献が古くて現在では認められない記述が散見するので注意を要する。古典史料の中ではプリニウス XII. 33. 66 - 35. 71 が、

樹性、樹脂の採取法、品種、価格等について最も詳しい記事を残している。また没薬と乳香についてまとめて解説しているテオフラストス『植物誌』IX. 4 も参照。香料として香油や香膏の原料ともなったが、むしろ薬種として使用されたのが没薬の特徴で、古代エジプトではミイラの防腐剤として不可欠であった。薬効についてはディオスコリデス『薬物誌』I. 64. 3-5 が詳しいが、さらに詳しくは、おそらく4、5世紀（cf. Groom, *op. cit.*: 15）の医術と薬剤の知識を伝える作者未詳の『医薬の書』を参照。実に120以上の薬の調剤に没薬が使用されている。事情は、中世地中海世界においても同様であった（cf. Lev & Amar, *Practical* Materia Medica: 221-223）。アフリカ東岸では本節のアウアリテースから第10節のモスュッロンまでの間で没薬の輸出が述べられ、ストラボン XVI. 4. 14 にも、デイレー岬に続いて没薬、乳香、シナモンの産地が順に続くと記されているので、ソマリア北西部を没薬産地と見なす論者が多い（ex. Groom, *op. cit.*: 99; **Casson**: 119-120）。しかし現地調査の記録によれば（Drake-Brockman, *British Somaliland*: 239-250, 302-305）、実は没薬樹はソマリア全域に分布していて、特に中部から中西部産のものが良質であるという。にもかかわらず本書やストラボンに北西部産のものへの言及しか見られぬのは、古代においてはこの地方産のものしか、まだ商品化されていなかったからであろう。プリニウス XII. 35. 69 が述べるように没薬には多くの種類（cf. Martinetz *et al.*, *op. cit.*: 98-99, Tab. 7. 1）があったが、ソマリア産の中心は現地人が Didin と呼ぶ木（*Commiphora myrrha*（Nees）Engl. かつては *Balsamodendron myrrha* Nees と呼ばれた）から採取される

品種で、Groom, *op. cit.*: 122 によればアラビア人が murr、ソマリア人が malmal、インド人が hirabol と呼ぶ正真の没薬はこれであるという。本節にこの地方の没薬が他種のものより上質と記され、またディオスコリデスやプリニウスもトロゴデュティカ（第2節註2参照）産を最上と述べているので、古代においても南アラビア産よりソマリア産の方が優秀なことは夙に知られていたのであろう。さればこそ自身も没薬を産する南アラビアにおいてもソマリア産への需要が高かったのである。今でもイエメンのサヌアー、タァイッズ、アデン等のスーク（市場）で売られている没薬のほとんどがソマリア産で、しかもその輸送・販売の実権はソマリアの女たちが掌握しているという (J.-M. Bel & Th. Monod, *Botanique au Pays de l'Encens: Périple au Yémen*, Bruxelles, 1996: 105)。Drake-Brockman, *op. cit.*: 302-305 によると、Didin の木は沿岸部の低地では4ないし5フィート以上には伸びないが、内陸の山地では15フィートの高さにまで達し、現地人は前者から採れる樹脂を guban malmal、後者からのを ogo malmal と呼んで区別していた。ともに周辺の遊牧民が夏の間に採取し、内陸産のものは山羊の皮袋に詰めて冬季に海岸まで運び下ろした。なお南アラビア産の没薬に関しては第24節の註13を参照。ローマに輸入された香料類の市場価格を、主にプリニウスに依拠してまとめたものを見ると、樹脂性香料のなかでは、没薬の価格は乳香の2倍以上、後出のブデッラの約4倍と最も高価であったが、カシア、シナモン、ナルドス、マラバトロン等と比べるとはるかに安価であった (cf. Frank (ed.), *An Economic Survey*, V: 285-286; Warmington, *The Commerce*: 226-228)。

第8節

(1) マラオー（Μαλαώ）：プトレマイオス IV. 7. 10 では〈75°, 6°30′〉の地点に置かれている。「東から延びる砂嘴によって護られている」という地形の特徴が現在のそれ（cf. Burton, *First Footsteps in East Africa*, II: Map, to face p. 1; *ACh* 3530: Approaches to Berbera/Berbera）と一致するベルベラ（Berbera: 10°26′N, 45°01′E）に比定される（図版17参照）。但し、ここで古代の遺跡が発見されたという報告はない。この交易地における取引を1848年にクラッテンデンが活写した一文（Cruttenden, "Memoir on the Western or Edoor Tribes": 186-187）を、バートンが自身の著作に引用していて参考になる（Burton, *op. cit.*: 71-73）。それによると、ここは4月から10月の初めまではほとんど無人の地であるが、やがて季節の変わり目を待ちかねたように、内陸高地の諸部族が海岸へ移動を開始し、海の彼方からの来訪者のために小屋掛けを始めるという。最初に姿を見せるのは、ペルシア湾岸から船が到着する前に買い付けを行おうと急ぐイエメンの小舟、その2、3週間後にマスカット、スール、ラス・アルハイマ等、オマーン沿岸の港からのやや大きめの船、次いでペルシア湾のバハレーン、バスラ等から商品を満載した Bagala（正しくは Baghla. Cf. Jewell, *Dhows at Mombasa*: 62-65; Yajima, *The Arab Dhow Trade*: 22-23）と呼ばれるタイプの船が到着する。最後にマンドヴィ、ポルバンダル、ボンベイ等、インド西北岸の諸港から来航した Kotia（正しくは Kūtīya. Cf. Jewell, *op. cit.*: 73-75; Yajima, *op. cit.*: 24）というタイプの船が、空になったギーの壺を船尾側にたくさん吊り下げて押し合いへし合い入港し、毎年お

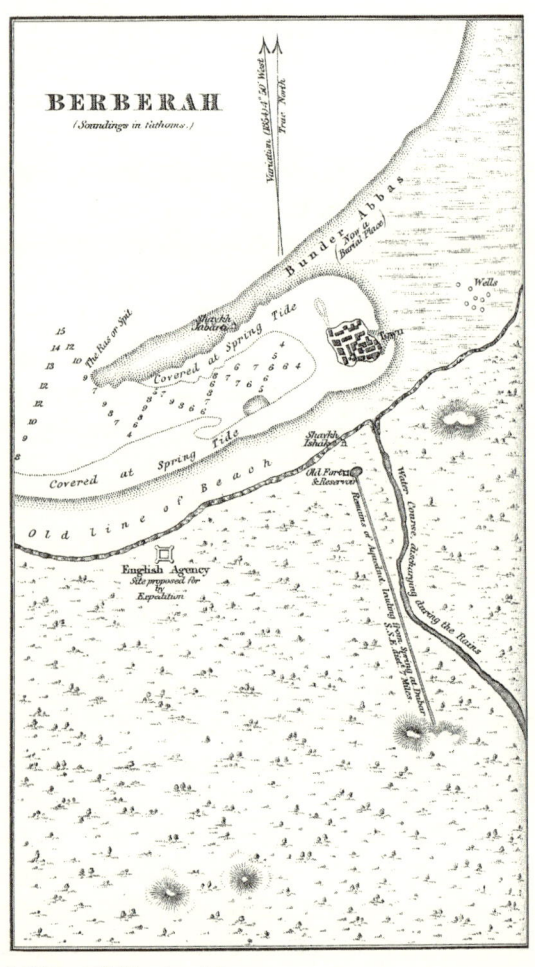

図版17　19世紀のベルベラ

決まりの場所に碇泊する。インド商人たちはたとえ到着が最後でも、その資本力と狡猾さと影響力の強さによって忽<ruby>ち<rt>たちま</rt></ruby>のうちにライバルたちを凌駕する。市の開かれている数ヶ月の間、ベルベラはさながらバベルの塔の建設現場のようで、いくつもの言葉が飛び交い、喧噪に包まれ、全体を取り仕切れるような人物はおらず、昔からの習わしがその場のルールとなる。奥地から出てきた部族間の争いは日常的で、血を見ずに決着がつくことはないが、取引を妨げぬよう、闘いは町から離れた海岸で行うというルールは守られている。昼となく夜となくラクダの隊列が到着するかと思えばまた出ていく。また時折は奴隷商人が奥地から奴隷の群れを率いて姿を現し、バスラやバグダード、バンダル・アッバースの商人と取引する。やがて3月も末近くなると市もそろそろ終わりで、荷物を満載した船は3、4隻ずつ組になって帰航の途に就く。4月の第1週までには、人口が2万人にまで膨れ上がっていたベルベラは再び無人の地に戻り、後に残されるのは屠殺されたラクダや羊の骨と、解体されまとめて砂の上に積まれた小屋の骨組みだけであるという。ただ、交易の行われる時期は年によって多少前後したようで、バートンがここを訪れた1854～55年のシーズンには、11月15日に始まって翌年の4月15日まで続いたという。市も終わり近くの4月の6日になって、ハラルから多数の家畜を引き連れた3,000人のキャラバンが到着し、大急ぎで取引する様子が記録されている。9日の午後に夏のモンスーンの到来を告げる雷雨があると、遊牧民たちは一斉に小屋を畳んでラクダに荷を負わせ、瞬く間に数千人からなる隊列が形成され、奥地の高原を目指して戻

っていった。翌日にはもはや彼らの姿はなく、後に残されたのは略奪者に怯えつつ船出に適した風と潮を待つ商人と巡礼者だけであったという (Burton, *op. cit.*: 94-98)。19世紀から20世紀初めにかけてのベルベラの交易について、さらに詳しくは Pankhurst, "The Trade": 44-59 を参照。輸出入品はサイラァのそれ（前節註2参照）とほぼ同じである。

(2) 下衣($\chi\iota\tau\tilde{\omega}\nu\varepsilon\varsigma$)：英語では tunic（語源はラテン語の tunica）と訳される。肌着には違いないが、一般庶民であれば上衣なしでこれだけでも出歩けたので、下着というよりシャツの感覚に近かった。Cf. Wilson, *The Clothing of the Ancient Romans*: 55-75; Goldman, "Reconstructing Roman Clothing": 221-223. おそらくアルシノエー産の亜麻製品であろう（第6節註4参照）。

(3) 外套($\sigma\acute{\alpha}\gamma o\iota$)：$\sigma\acute{\alpha}\gamma o\iota$は$\sigma\acute{\alpha}\gamma o\varsigma$の複数形。ラテン語では sagum。おそらくガリア起源の厚手のウール地の外套。かなり早くからローマにも移入され、特に軍隊において兵士、将官を問わず愛用された。外套とはいえサゴスは長方形の1枚の布で、一部を二重に畳んでマントのように身にまとい、留金を用いて肩か首の下あたりで留めた。兵士たちは夜間にはこれを広げてくるまり、寝具として用いたという。Cf. Wilson, *op. cit.*: 104-110; Goldman, *op. cit.*: 231-233.

(4) 少量のローマ金・銀貨 ($\delta\eta\nu\acute{\alpha}\rho\iota o\nu$ $o\dot{\upsilon}$ $\pi o\lambda\acute{\upsilon}$ $\kappa\alpha\grave{\iota}$ $\chi\rho\upsilon\sigma o\tilde{\upsilon}\nu$ $\delta\grave{\varepsilon}$ $\kappa\alpha\grave{\iota}$ $\dot{\alpha}\rho\gamma\upsilon\rho o\tilde{\upsilon}\nu$)：「少量」と断り書きがあるので、アドゥーリスの場合と同様（第6節註16参照）現地人との取引用というより、駐留しているエジプト人の需要を賄うためのものであろう。そして彼らが駐留していたということは、19世紀半ばと異なり当時のマラオーが年間を通じて人の住む交

易地であったことを物語っている。
（5）これらの場所：他の節にも見られる表現で、特定の交易地について記述しているにもかかわらず複数形が用いられている。キャスンが this area と訳しているように、後背地をも含めたあたり一帯の地域を指しているのであろう。
（6）乳香 ($\lambda i\beta\alpha\nu o\varsigma$)：語源はセム系諸語に共通の語根で「白い」という意味の lbn。没薬とともに古くよりソマリアと南アラビアから輸出された樹脂で、乳白色をしているのがその名の由来である。史料中の言及だけでなく研究文献も多いが、概要を知るためには次の3点を参照。Müller, "Weihrauch"; Groom, *Frankincense and Myrrh*; Martinetz *et al.*, *Weihrauch und Myrrhe*. 山田『東亜香料史研究』第1部第2章「乳香と没薬」については第7節註11参照。古典史料の中で最も詳しいのはプリニウス XII. 30. 51 – 32. 65 であるが、参照した文献が前1世紀以前の古いものであったようで、乳香はアラビア以外には産しないと事実に反する記述を行なっているだけでなく、乳香の輸出ルートに関しても臨海の交易地カネーが集散のセンターになっていること（本書第27、28節参照）を知らず、もっぱら内陸の隊商路（いわゆる香料の道）について語っている（詳しくは南アラビア産の乳香について解説した27節註10参照）。ソマリアで乳香を産する地域は、ベルベラから東へガルダフィ岬までの沿岸の丘陵とその背後の山地ということで諸家の意見は一致しており、この点、乳香の輸出がマラオーから香料交易地（12節）までの間で行われるという本書の記事と矛盾しない。「向こう側の乳香」という表現が、本節の他に10節と11節でも繰り返されているので、これでソマリア産の乳香の商品

図版18　ソマリアの乳香樹

図版19　南アラビア、ズファール地方の乳香樹

名（銘柄）として通用していたのかもしれない。乳香は宗教儀礼には不可欠の焚香料であったが、ローマ時代には世俗的な場でも多用された。没薬ほどではないにせよ薬種としての用途もあり、ディオスコリデス『薬物誌』I. 68. 2-4 には詳しい薬効が、『医薬の書』には随所で具体的な用途が記されている。さらに中世の地中海世界における薬種としての用途については Lev & Amar, *Practical* Materia Medica: 168-171 参照。乳香樹の種類（cf. Martinetz *et al.*, *op. cit.*: 78, Tab. 6. 1）を見ると、南アラビア種（*Boswellia sacra* Flueck.）が矮性の灌木（根元で枝分かれして高さは 1.5〜3 m）であるのに対して、他の地域のものは喬木（中央幹があり樹高は 4 m から 10 m 以上にもなる）である点がまず大きな相違点である。ソマリアでは、沿岸部には現地人が Yegaar/Yehar と呼ぶ *Boswellia frereana* Birdw. という種が、その後背地の山地には同じく Moxor/Mohor/Mohr と呼ばれる *Boswellia carteri* Birdw. という種が自生している。前者の樹高は時として 12 m に達するが、後者はせいぜいその半分止まりである。前者より採取される loban maidi と呼ばれる樹脂は、後者より採取される loban dakar と呼ばれる樹脂に比べて、塊が大きく色も白っぽくて、商品として上等品である。Cf. Drake-Brockman, *British Somaliland*: 256-260, 305-306; Hepper, "Arabian and African Frankincense Trees": 68-70. 両者の違いは一見して明らかということなので（Drake-Brockman, *op. cit.*: 257-258, 305）、古代においては別種の香料と認識されていた可能性が高い。そこで試みにここでは「向こう側の乳香」を前者に、第 9 節と 10 節に挙げられている「モクロトゥー燻香」を後者に比定する（9 節註 4 参

照)。なおエリトリアからエチオピア、スーダンにかけて広く分布する Boswellia papyrifea Hochst. という種の樹脂は、品質が劣るため現在では輸出品としての商品価値は低いが、古代エジプト人が陸路これを輸入した可能性が示唆されている (Hepper, *op. cit.*: 68)。また現地では、今でも採取・消費されている。エチオピアやエリトリアでいわゆるコーヒー・セレモニーに際して焚かれる乳香は、たいていがこれである。

(7) *カシア* (*κασσία*)：本節の他に10、12、13節に見え、本節以外では *κασία* と綴られている。シナモン (本書には見えない) とともに一般に「肉桂」と解されているので、**村川、蔀**ともにこの訳語を採用したが、以下に記すように古代のカシアとシナモンは、どうも現在この名で知られている香料とは別種のものであったらしい。そこで前訳を改め、本訳では「カシア」と原語のままにしておく。没薬や乳香とともに香薬としての歴史は古いが、その実体がよく分からない。古代エジプト語史料の現代語訳でカシア、シナモンと訳されている語については、現在この名で知られているものとは別種の香料を指しているのではないかと言われる (Lucas & Harris, *Ancient Egyptian Materials and Industries*: 308-309; Nicholson & Shaw (eds.), *Ancient Egyptian Materials and Technology*: 405)。一方でミイラ加工などに用いられたシナモン (肉桂) 風の香薬の原料となったのは、史料にプントやヌビアからの輸入品として挙げられている tj-šps ではなかったかとする説がある (A. Lüchtrath, "tj-šps, der Kampferbaum Ostafrikas," *Göttinger Miszellen* 101 (1988): 43-48)。これが比定される *Ocotea usambarensis* Engl. (East African

Camphorwood. イーストアフリカクスノキ）については、B. Verdcourt, *Flora of Tropical East Africa: Lauraceae*, Rotterdam, 1996: 10-11 に記事があり、それによれば主産地はナイル川の源流地帯とも言うべきウガンダ、ケニア、タンザニアの山地帯である。プトレマイオスの『地理学』IV. 7. 34 でナイル源流の二つの湖の北に置かれているシナモン産地（*Κιννάμωμοφόρος χώρα*）はまさにこの地を指しており、問題の産物はここからナイル川を下りヌビアを経由してエジプトに運ばれたと推察されている（Lüchtrath, *op. cit*.: 46-47）。

旧約聖書にもシナモン、カシアと呼ばれる香料が登場する。ギリシア・ローマの文献にはさらに記事が多く、当時は一般に南アラビアもしくはソマリアが産地と見なされていた。ところが現在同じ名で知られている香料を産する樹木は、これらの地ではなくもっぱらインド以東に生育し、それは古代においても同様であったと考えられる。では古代世界のシナモンとカシアも実はインド産であったかというと、その場合には本書のインドからの輸出品の中にこれらの香料が挙げられていないのが大きな障害となる。このように古代のシナモンとカシアの実体と産地は大きな謎で、これまで多くの研究者が解明に取り組んできたにもかかわらず、いまだ論争に決着がついたとは言いがたく、古代交易史上の難問の一つであり続けている。関連文献の数は多いが、問題の概要を知るためには次の3点を参照。山田『東亜香料史研究』第3部「肉桂史の研究」; Casson, "Cinnamon and Cassia"; Crone, *Meccan Trade*: 253-263.

今日の肉桂の分類を見ると、中国南部から東南アジアにかけて生育する *Cinnamomum cassia* という種がカシアと通

称されるのに対して、スリランカを中心にインド西南部やインドネシアにも見られる *Cinnamomum zeylanicum* という種がシナモンと呼ばれ、香気が前者に勝ることから最優良品と見なされている。通常これら2種は樹皮や小枝を乾燥させて商品とするが、主に葉が利用されるのがヒマラヤからミャンマーにかけての高地に生育する *Cinnamomum tamala*、およびその代用品となる *Cinnamomum obtusifolium* で、本書の第56、63、65節に見えるマラバトロンはこれに比定される(56節の註3参照)。一方、古代におけるカシアとシナモンの区別はこれと異なり、たとえばローマ人は幹を細長く割いたものや樹皮や根を管状に巻いたものをカシア、若枝や花梗(かこう)あるいは柔らかな皮をシナモンと呼び、特に後者を珍重していた (cf. Warmington, *The Commerce*: 186)。産地は古くはアラビアと考えられたが(たとえばヘロドトスやテオフラストス)、ヘレニズム期にはソマリア説が唱えられるようになった。ストラボンはアルテミドロスを引いて両説を紹介し、南アラビアのサバァ族の国では薪にするほど大量にシナモンやカシアが採れると述べる (XVI. 4. 19) 一方で、アフリカの角の先端部近くの土地を「シナモン産地 (Κινναμωμοφόρος)」と呼んでいる (XVI. 4. 14)。他方で彼はアレクサンドロスの東方遠征に従軍したアリストブロスを引いて、インド南部の土地がアラビア、エチオピアと同様にシナモン、ナルドス、その他の香料類を産すると記し (XV. 1. 22)、さらにカシアの多くはインドから来るという説をも紹介している (XVI. 4. 25)。エジプト商人のインド洋への進出が本格化すると、ソマリアやエチオピアを産地とする説が優勢となった。本書でカシアが言及されるの

はもっぱらソマリア北東部の交易地であり、特に12、13節ではこれがこの地の産物であることが明記されている。またプリニウス XII. 42. 85 – 43. 98 はアラビア産地説を明確に否定したうえで、シナモン、カシアともにエチオピアの山中に生育すると述べている。インドに関する情報が質量とも飛躍的に増したにもかかわらず、インド産地説はストラボン以降現れてこない。

　この産地に関する矛盾の説明として、従来多くの研究者が採用してきたのが産地秘密説とでも呼ぶべき解釈で、ショッフや村川はこの説を支持している。それによると、両香料ももともと産地はインドであったが、アラビアやソマリアを経由して輸入されたので、地中海世界では最初これをアラビアかソマリアの産物と誤解した。その後エジプト商人はインド洋への進出を果たしたものの、インドやソマリアの中継商人が取引の独占を図って真の生産地を秘し続けたため、長らく誤解は解けなかったというのである。しかしソマリアやインド沿岸の交易地をエジプト商人が頻繁に訪れるようになり、本書の著者のようにインド商人の動向にも目を光らす者が現れた時代になっても、なおカシアとシナモンの産地の秘密だけが保持され続けたとは信じがたいし、そもそも産地側にはエジプト商人を排除する動機がなかった。そこでこの説を若干修正したのが、西方人が当時まだ事情に通じていない中国南部か東南アジアに産地を求める説で、キャスンが上に挙げた論文で辿り着いたのも同じ結論であった。産地からソマリア海岸までの商品の転送はもっぱらインド商人の手中にあったため、産地の秘密は保持されたという。他に、インドネシアの人々がア

ウトリガー付きのカヌーを仕立て、貿易風と南赤道海流に乗ってマダガスカル島かザンジバル島あたりまでシナモンを運び、それがソマリアまで転送されてきたのではないかという説も提唱された（Miller, *The Spice Trade*: 153-172）。しかし中国産であれ東南アジア産であれ、これを地中海世界にかなり安定的に供給するルートが、本書よりさらに1,000年以上も前から存在したと想定するのはかなり無理がある。また古代において中国産肉桂が西方に輸出された可能性は、ラウファー（Laufer, *Sino-Iranica*: 541-543）、岡本良知（「肉桂史の一考察」『小川香料時報』第12巻第1号（昭和14年）11-14頁）、山田憲太郎（上掲書、460-465頁）の諸氏により、中国史料に基づいて否定されている。

これら、産地をインド以東に求める説に対して、文献の記載どおりソマリアかその奥地のエチオピアを産地と認めようという説がもう一方にある。本書の12、13節にカシアはこの地方で産出されると記されているだけでなく、6世紀のコスマスの『キリスト教世界地誌』II. 49には、バルバリアー（5節註3参照）の住民たちは奥地へ入って取引を行い、そこから乳香、カシア、カラモス、その他多くの香料を持ち帰り、それをアドゥーリスやアラビアやペルシアに海路輸出すると記されている（それに対して同書 XI. 15-16 のインドとスリランカの輸出品、および中国と東南アジアから送られてくる商品の中に、カシアもシナモンも含まれていない）。本書の著者と同じく元来商人であったコスマスも、エチオピアからソマリアあたりの交易については、自らそれに従事した者でなければ知りえぬ情報を有していたと考えられる。したがって500年近くの歳月を隔

てた両者が揃って、カシアはこの地方の産と述べているのを認めないわけにはいくまい。ただその場合、現在の植生との矛盾が障害になるが、かつて提唱されたソマリア肉桂樹の絶滅説は今では影を潜め、古代のカシア、シナモンと、今日同じ名で呼ばれている香料は別物という解釈が有力である。上に挙げた山田の研究が最も詳しく、香気や用途（古代においては主に香油と香膏の材料で、スパイスとしては使用されていない）、樹容の違いを根拠に、肉桂とは別種の芳香樹皮であろうと推察している。クローネも同意見であるがさらに一歩進んで、後世のアラビア語文献の中で肉桂 (dār ṣīnī) に似てはいるが別種と記されている qirfa と呼ばれる香料のうち、アラビアと東アフリカ産のものがこれに当たるのではないかと述べている (Crone, *Meccan Trade*: 262-263; cf. De Romanis, *Cassia*: 116-117)。それが現在これらの地方に生育するどの植物から採れるのかは依然不明であるとはいえ、ここでは最も説得力のあるクローネの論文の結論に従っておく。但しストラボンの記事から見て、インド産の真正の肉桂も流入しつつあった可能性は否定しきれない。なお Lev & Amar, *Practical* Materia Medica: 143-144 の古代のシナモンに関する解説は、その実体をめぐる上記の論争に全く触れていないだけでなく、qirfa をスリランカ産肉桂の呼称と誤解するなどしていて、史料や先行研究の検証が不十分なことを窺わせる。

(8) ドゥーアカ (δουακα)：本書のこの箇所にしか見えず他書に用例がないため実体未詳。**Casson**: 124 には次の三つの説が紹介されているが、いずれを採るべきかの判断は示されていない。第1はサンスクリットの twak（樹皮）に語源を

求め、ディオスコリデス『薬物誌』I. 13. 2 でカシアの粗悪品の一つとして言及されている *δάρκα/δάκαρ* との関係をも示唆する説で、カシア・インド原産地説を前提としている点で従いがたい。第2の、19世紀後半のアデンでソマリア産の乳香 loban maidi（註6参照）の一種を指すのに用いた duka という語（cf. Hunter, *An Account of the British Settlement of Aden*: 113）に手懸りを求める説も、先に「向こう側の乳香」をこの乳香に比定した私には認められない。第3はソマリア産の Hotai/Hodai と呼ばれる木の樹脂のアラビア語名 dukh（cf. Watt, *A Dictionary*, I: 369, s.v. "Balsamodendron Playfairii"）に着目する説で、おそらくキャスン自身の創案ではないかと推察される。Drake-Brockman, *British Somaliland*: 250–252, 310–311 によると、Hotai/Hodai はベルベラの南から南東にかけて海沿いの山地に生育する学名を *Commiphora playfairii* Hook という木で、樹脂は女たちの洗髪（虱退治に効果があった）や炎症の治療、さらには馬用の下剤として用いられたという。生育地を見るとマラオーからの輸出品としてふさわしい。他に適当な代案もないので、最も受け入れ易いこの第3の説に従う。

(9) カンカモン（*κάγκαμον*）：本書における言及はこの箇所のみ。ディオスコリデス I. 24 には、没薬に似たアラビアの木から採れる樹脂で、燻香として用いられ、没薬、ストラクスと混ぜて衣服に焚き込めると記された後に、薬効が列挙されている。他方、プリニウス XII. 44. 98 には、カシアとシナモンの産地（註7に記したように彼の説ではエチオピア）の境界より cancamum と tarum がもたらされると記してある。アラビア語のみならず古代南アラビアのサバァ

語にも、ある種の香料もしくは香料樹を示す kamkām と ḍirw/ḍarw という語があり、しかもサバァ語の碑文では両語が列挙されている例（CIH 682）さえあるので、ギリシア・ラテン語文献の κάγκαμον/cancamum と tarum の語源をこれらの語に求める説 (cf. Grohmann, *Südarabien*: 114-119; Müller, "Namen von Aromata": 201-202) はおそらく正しいであろう。しかし、カンカモンの実体に関するグローマンとミュラーの説は認められない。即ち前者はこれを *Pistacia lenticus* に、後者は *Pistacia terebinthus* にそれぞれ比定しているが、ディオスコリデスがこれらの植物を σχῖνος (I. 70. 1-2) と τέρμινθος (I. 71. 1-3) という名称でカンカモンとは別種の扱いをしているのを見ると、この比定はともに明らかな的はずれである。それに対して **Casson**: 124-125 は、これをアラビア産というよりむしろ東アフリカ産と考え、ディオスコリデスの記述に合致する植物としてソマリアでは Haddi と呼ばれる *Commiphora erythraea* Engl. に比定する。しかしこれがアラビア産であることを否定するキャッスンの論拠は、極めて薄弱で認めがたい。南西アラビアにも *Commiphora erythraea* Engl. とよく似た樹脂を出す *Commiphora kataf* Engl. が生育するので、双方の樹脂（偽没薬という別名あり）がともにカンカモンと呼ばれたと解する方がよいのではないか。それはさておき、本節に挙げられているソマリア産香料について Drake-Brockman, *op. cit.*: 246-247, 306-307 は、Haddi はソマリアでも西部の奥地に生育し、樹脂を採取した遊牧民が没薬の場合と同様に、山羊の皮袋に詰めて冬季に海岸まで運び下ろすと述べている。また Watt, *A Dictionary*, I: 366 はこれがベルベラからボンベイに

運ばれてくると記しているが、誤ってアラビア産と混同し*Balsamodendron Kataf*と呼んでいる。インドでこの樹脂はbisabolと呼ばれた。

(10) マケイル（μάκειρ）：本書における言及はこの箇所のみ。プリニウス XII. 16. 32 では macir と呼ばれ、インド産の同名の木の根の赤色の皮で、蜂蜜と一緒に煮沸すると赤痢の特効薬ができると記されている。他にディオスコリデス I. 82 に μάκιρ、ガレノス XII. 66 に μάκερ という形で見え、ともに赤痢に効く樹皮と記されているのはプリニウスの記事と変わらないが、産地をガレノスがインドと言っているのに対して、ディオスコリデスはバルバロイの許からもたらされると述べ、この点、本書の著者と同意見である。Lassen, *Indische Alterthumskunde*, III: 31 は、インドのマラバール海岸で現地のバラモンが macre と呼ぶ木の皮がこれに当たるのではないかと推察し、**Casson**: 126 は Watt, *A Dictionary*, IV: 255-259 に詳細な解説のある、赤褐色の根の皮が赤痢によく効くというインド産の *Holarrhena antidysenterica* Wall にこれを比定している。一方、ソマリア産地説を積極的に支持する材料は、今のところまだない。

(11) 奴隷：本節の他、13節にも奴隷の輸出への言及がある。その後も奴隷は、紅海やペルシア湾を含めた広義のエリュトラー海の沿岸各地に輸出される商品であり続け、バートンやクラッテンデンの記録にもあるように（前節註2、本節註1参照）、19世紀半ばにおいてもソマリア海岸では、おそらく昔と大差ないと思われる奴隷売買の光景が繰り広げられた。

第9節

(1) 2日航程：第1節の註5に記したように、船が朝から晩までの間に航行する距離が「1日航程 ($δρόμος$)」で、500スタディオンに相当する。マラオーから先の距離は、13節のガルダフィ岬〜ハーフーン間を除いて、それまでのスタディオンではなく航程数で示されている。

(2) ムーンドゥー ($Μούνδου$)：プトレマイオス IV. 7. 10 では「モンドゥー ($Μόνδου$) 交易地」として言及され〈78°15′/78°, 7°30′/7°〉の地点に置かれている。マラオーとの位置関係や近くに小島があるという地理条件、それにローマ時代の遺物が出土していることなどから見て、ソマリア海岸のヒース (Xiis/Heis: 10°54′N, 46°55′E) に比定する通説は正しいであろう。Cf. *RSP*, 14. 123; *SDRS*, 10. 22; Chittick 1979: 274-275. 海岸沿いに多くの石塚が認められるが住居址は発見されていない。1881年にレヴォワル (G. Révoil) がこれらの石塚で採取したガラス断片の分析結果が刊行され、エジプトからアフリカ東岸の交易地にもたらされたガラス製品の実態に光が当てられた (Desanges, Stern & Ballet, *Sur les routes antiques*)。本書でも言及されている、各種の技法で作られたモザイク・ガラスやミッレフィオーリ・ガラスの断片も多く含まれている。大部分が1世紀前半の作と言われるが (*Ibid.*: 22; Stern, "Early Roman Glass from Heis": 25)、チティックが採取した陶片の年代は2世紀から5世紀頃とされている。

(3) ヒースの北北東2km余りの沖合に同名のヒース島がある。Cf. Chittick 1979: 274, Fig. 2.

(4) モクロトゥーと呼ばれる燻香 ($θυμίαμα\ τὸ\ λεγόμενον\ μοκ$-

ρotoυ）：本書の本節と次節にのみ挙げられていて、他書には見えない香料。南アラビアの乳香産地近辺の方言で、乳香を指す Mghairot/Meghrāt/Mgherót という語に語源を求めるのが通説 (cf. Glaser, *Skizze*: 196; Müller, "Weihrauch": 726-727; id., "Namen von Aromata": 196)。この語がアフリカに伝わり、*Boswellia carteri* Birdw. を指すソマリア語の Moxor、エチオピアでは *Boswellia papyrifea* Hochst. を指すティグレ語の Mägär、ティグリニャ語とアムハラ語の Mäqär となった。前節註6に記したように、前者より採れる樹脂にモクロトゥーを比定したい。**Schoff**: 81 や村川：144/165 が説くところとは逆に、これはソマリア産の乳香のなかでは下等品である。

第10節

(1) 次註に示すようにプリニウスとプトレマイオスが、近くに交易地と同名の岬があると記している。

(2) モスュッロン (*Μόσυλλον*)：プトレマイオス IV. 7. 10 では「モスュロン (*Μόσυλον*) 岬と交易地」として言及され〈79°, 9°〉の地点に置かれている。またプリニウス VI. 34. 174 には「モッスュリテス (Mossylites) 岬」とシナモンが輸出される同名の港の名が見える。本節にはここから多量のカシアが輸出されると記されているが、ディオスコリデス I. 14. 1 では最高級シナモンがモスュロンと呼ばれ、ガレノス XIV. 257 もモスュッロンという種類のシナモンに言及している。カシア/シナモンの積出しセンターの名が、商品のブランド名ともなっていたようである。ムーンドゥーから東に2、3日航程、次節に挙げられている象の岬な

どへは2日航程というおおまかな距離の他に比定の手懸り はない。**Casson**: 127 は距離的にはベンデル・カッシム (Bender Cassim/Boosaaso: 11°17′N, 49°11′E) に比定するの が最適と言いつつも、他に西側のエラユ (Elayu/Ceelaayo: 11°15′N, 48°54′E) と、東側のカンダーラ (Candala/Qandala: 11°28′N, 49°52′E) も候補地として挙げている。いずれにつ いても英海軍水路部作成の海図 *ACh* 2950: Plans on the Coast of Somaliland に詳しい地図がある。Cf. *RSP*, 14. 145-146, 148-150, 157-158; *SDRS*, 10. 26-28.

(3) 貴石 (λιθία):村川:84/107 はそれ以前の訳註者たちに 倣い、ここを ὑάλη λιθία の省略表現と解して「ガラス製品」 と訳したが、**Huntingford**: 24; **Casson**: 57 は字義どおりに precious stones と訳している。ここは後者の解釈に従う (cf. **Casson**: 250)。エジプト産の貴石類には、瑪瑙 (agate)、縞 瑪瑙 (onyx)、赤縞瑪瑙 (sardonyx)、紫水晶 (amethyst)、緑 柱石 (beryl)、玉髄 (chalcedony)、紅玉髄 (carnelian) 等があ った (cf. Frank (ed.), *An Economic Survey*, II: 241; Lucas & Harris, *Ancient Egyptian Materials and Industries*: 386-405)。

第11節

(1) ネイロプトレマイウー (Νειλοπτολεμαίου):ストラボン XVI. 4. 14 に、アルテミドロスを引いて挙げられているソマリ ア北東部の地名のうち、「ネイロス (Νεῖλος) と呼ばれる川 辺の土地 (ποταμία)」「月桂樹の港」「象の山」は、本節の一 連の地名とよく似ている。**Müller**: 266 はこのストラボン の記事を引いて、写本のこの箇所の読みを Νειλοποτάμιον と 改めることを提唱し、**Fabricius**: 48-49; **Schoff**: 26 もそれを

認めて、後者はこれを Little Nile River と訳した。しかしフリスク以降はキャスンに至るまでこの修正を認めていない。他方で村川：145/166 が「Neiloptolemaion（写本）」と記しているのは不可解。村川は写本の実物も写真も見ていないので、写本に関する情報はすべて校訂者の註記に依拠している。この地名については、**Müller**: 265 のテキスト本文は *Νειλοπτολεμαῖον* であるが、註の中で写本の読みは *Νειλοπτολεμαίου* であることが明記されている。おそらくこの註記を読み落としたのであろう。いずれにせよ、象狩りや交易を目的にエジプトから来航したギリシア人の拠点であったことを窺わせる地名である。比定の試みはあるが、ストラボンも記しているようにこの辺りには幾筋もの川がアデン湾に注いでいて、そのいずれかを選べるだけの確かな手懸りはない。

(2) タパテーゲー（*Ταπατηγη*）：ここもフリスク以降は写本の読みをそのまま認めて、沿岸の地名と解されている。但し比定は困難。後に続く月桂樹林との位置関係から見て、バンダル・ムルアーヨ（Bandar Murcaayo: 11°42′N, 50°27′E）かハボ（Xabo/Abo: 11°47′N, 50°31′E）辺りであろうか。*RSP*, 14. 161 によると、前者は夏季には人口稀薄であるが、冬季にはゴム（アカシア属のアラビアゴムノキ、またはその同属近縁植物の分泌物）や燻香（乳香か？）の取引でおおいに賑わうという。

(3) 月桂樹林（*δαφνῶνα*）：「象の岬」の前後に大小二つの月桂樹林があると記されている。月桂樹林と言われるが、この地方の植生から見て実際にはマングローブの林であろう。「象の岬」の比定は確かなので（次註参照）それとの位置関

係から見ると、最初の林は「象の入江 (Qoor Felug/Khōr Filùch: 11°51′N, 50°33′E)」と呼ばれるラグーンの周辺に生い茂るマングローブ林に比定できる。前註で挙げたハボはこのラグーンの入口南側に位置する。註1に引いたストラボンの「月桂樹の港」はハボか、あるいはこのラグーン自体を指していると思われる。Cf. *TPC* K-6C.

(4) 象の岬 (*ἀκρωτήριον Ἐλέφας*)：諸氏一致して、現在も同じ名で呼ばれる岬 (Raas Felug/Capo Elefante: 11°56′N, 50°37′E) に比定。名の由来となった象の姿を想わせる岬の形状は、Salt, *A Voyage to Abyssinia* 所収の挿図 (General Chart of the East Coast of Africa, to face p. 12) の中のスケッチがよくその趣(おもむき)を伝えている。地図については *ACh* 2950 参照。註1に引いたストラボン XVI. 4. 14、およびプトレマイオス IV. 7. 10, 26, 27 に見える「象の山」もこれである。古来、航海者の恰好の目印となってきた。

(5) 写本ではこの部分に「オポーネーから海岸は南へ、次いで南西に向かうと川がある」という、第15節に関連した註記の混入が見られる。**Frisk**: 108-109; **Casson**: 251 に従って翻訳からは除外する。

(6) 象の川：次註に挙げるコール・ガルウェインという細長く延びるラグーンが、川と誤認されたのではなかろうか。さもなければ、このラグーンに南から流入する川があり、乾季には小舟で3～4マイル遡航できるということなので (cf. *RSP*, 14. 171)、その川に比定したい。

(7) アカンナイ (*Ἀκάνναι*)：本節では月桂樹林がアカンナイと呼ばれているが、プトレマイオス IV. 7. 10 ではアカンナイは「象の山」と「香料の岬と交易地」の間に位置する交易

地の名称である。諸氏一致して、交易地アカンナイを港町アルーラ (Caluula/Alula: 11°58′N, 50°45′E) に、月桂樹林をそのすぐ東北方に連なるラグーン、コール・ガルウェイン (Qoor Galweyn/Khōr Galuen: 11°58′N, 50°48′E) のマングローブ林に比定。*ACh* 2950 にこの一帯の詳しい地図あり。19世紀にはここからも乳香が積み出されたが (cf. Glaser, *Skizze*: 199)、1975年にチティックが訪れた時は乳香樹は見当たらず、沿岸部一帯に棗椰子が栽培されていた (Chittick 1976: 125, n. 7)。*RSP*, 14. 171 には主要輸出品としてゴム (註2参照)、皮革、象牙、真珠、海綿が、また輸入品として綿製品、米、砂糖、茶が挙げてある。

第12節

(1) 香料交易地 (Ἀρωμάτων ἐμπόριον)：プトレマイオス IV. 7. 10 にも見える地名。ガルダフィ岬の西方約5kmに位置し、ローマ時代のものと思しき無釉の陶片が表採されているダモ (Damo: 11°50′N, 51°14′E) に比定される (cf. Chittick 1976: 123-124; Chittick 1979: 275; *ACh* 2950)。沖合は特に南風からは掩護された碇泊適地である (cf. *RSP*, 14. 178; *SDRS*, 10. 30)。

(2) アフリカの角の東端のガルダフィ岬 (Gees Gwardafuy/ Capo Guardafui/Ras Asir/Raas Caseyr)。プトレマイオス IV. 7. 10 におけると同様、第30節では「香料の岬」と呼ばれている。一方ストラボン XVI. 4. 14 はこの岬を「南の角 (Νότου κέρας)」と呼び、アルテミドロスを引いて、そこから先の地域については何も知られていないと記している。

(3) タバイ (*Τάβαι*)：本書にしか見えない地名。ショッフ、村

川を含めてほとんどの者が、ガルダフィ岬の南方20km足らずの地点に位置するシャンナギーフ岬（Raas Shannaqiif/Ras Shenaghef: 11°40′N, 51°15′E）に比定。しかし次節には、タバイから次の交易地のオポーネー（ハーフーン）まで400スタディオンと記されているのに、この岬からではその2倍の距離があるうえに、岬の周辺には強風を避けるのに適した碇泊地が存在しない。そこでキャスンは、この海域に詳しく自身も帆走の経験を有した19世紀半ばのギランの説（Guillain, *Documents*, I: 99-100）を掘り起こして、ハーフーン半島の北側の入江（Qooriga Hurdiyo/Chori Hordio）の一角にタバイを比定する（Casson, "The location of Tabai"）。もっともギランが半島の北西突端部（Kartuush/Punta Carducci: 10°32′N, 51°11′E）を明確に指定しているのに対して、キャスンは入江のどこがタバイなのかについて明言していない。しかしいずれにせよ、船が避難したのはこの入江と考えられている。ここから半島を周航して（次節の「半島の傍らへ」を他の訳者たちは「半島に沿って」と訳している。次節註3参照）同じ半島の南西岸にあったとされるオポーネーの交易地までは、確かにギランとキャスンが説くように約400スタディオンの距離である。ハーフーン半島では1975〜76年にチティックの下で発掘を含む調査が行われた結果、入江に臨む西岸と、砂州を挟んで反対側の南西岸で、それぞれ古代の遺跡（West Site: 10°27′N, 51°14′E; Main Site: 10°25′N, 51°16′E）が発見された（cf. Chittick 1976: 120-123; Chittick 1979: 275-277; Smith & Wright, "The Ceramics from Ras Hafun"）。キャスンはウェストサイトを嵐からの待避所、メインサイトを交易地オポーネーの跡と解してい

る。しかし両遺跡から出土した土器片の分析より得られた、前者からの出土品は前1～後1世紀に属し、中には東地中海とナイル流域で製作されたものも含まれているのに対して、後者のそれは2～5世紀で、地中海・ナイル地域に由来するものがほとんどないという結果 (Smith & Wright, *op. cit.*: 124-125, 138-140) は、本書の時代のオポーネーとしてふさわしいのはむしろウェストサイトの方であることを示している。メインサイトはペルシア湾方面やインドからの商船が、風待ちのために碇泊した跡と推察される。とすると、オポーネーから400スタディオン離れたタバイ岬に当たると思われるのは、シャンナギーフ岬とハーフーン半島のほぼ中間に位置するビンナ岬 (Raas Binna: 11°09′N, 51°11′E) である。ここはプトレマイオス IV. 7. 11 に香料の岬/交易地とオポーネー交易地の間で挙げられている「パノー村 (*Πανὼ κώμη*)」があったところとされてきた。プトレマイオス I. 17. 8 には、香料岬から1日航程でパノー村、そこからさらに1日航程 (400スタディオンしか離れていないのであるから、Stückelberger & Graßhoff 版で6日航程となっているのは明らかに間違い) でオポーネー交易地に至ると記され、ガルダフィ岬～ハーフーン半島間を航海する際、一夜を過ごすために碇泊する場所であったことを示唆している。ここであれば、ガルダフィ岬近辺で嵐の襲来を察知して避難することが距離的にも可能である。ビンナ岬は、北側は間違いなく南風から掩護された碇泊適地であるのに対し、南側が強い北風を避けるのに適しているかどうか心許ない (cf. *RSP*, 14. 189; *SDRS*, 10. 32) 点がこの比定の弱点であるが、他説に比べれば諸条件を満たしているの

ではなかろうか。
（4）ギゼイル、アスュペー、アローマ、マグラ、モトー（γιζειρ καὶ ἀσυφη καὶ ἄρωμα καὶ μαγλα καὶ μοτώ）：ギゼイルはディオスコリデス I. 13. 1 にはギズィル（γίζιρ）という形で見え、最高級のカシアで色は濃く紫がかっており、厚みがありバラのような匂いがして薬用として最適と記されている。それに対してアスュペーは、同じディオスコリデス I. 13. 2 によるとカシアの下等品で、色は濃く見た目が悪く、樹皮は薄くて裂け目がたくさんあるという。モトーはガレノス XIV. 72 にやはりカシアの一種として言及され、ダフニーティス（δαφνῖτις）と呼ぶ者もあると記されているが、この後の名はディオスコリデス I. 13. 1 によれば、ギズィルに次ぐ等級のアキュ（ἄχυ）というカシアのアレクサンドリアにおける呼称であった。キャスンはこのダフニーティスをガルダフィ岬の西の「月桂樹の港（Δαφνοῦς λιμήν）」（前節註1、3参照）から輸出されたことに因んだブランド名と解している（Casson, "Cinnamon and Cassia": 229）。ガレノスがモトーにはもう一つアレーボー（ἀρηβώ）という別名があると記しているのにヒントを得たのか、**Müller**: Prolegomena, cvi が写本の「アローマ」の読みが本来「アレーボー」であった可能性を示唆すると、この仮説が独り歩きして、以後の翻訳書や関連の著作の多くには、あたかもテキストのこの部分に「アレーボー」と記してあるかの如き記述が横行している。原則としてフリスクの校訂本を底本としたはずの**村川**も、本節と次節の「アローマ」については写本の読みを尊重するフリスクに従わず、説明註も付さずに「アレーボー」と改めている。それに対して Casson, "*Periplus Maris*

Erythraei: Three Notes": 496 は『ローマ法大全・学説類集』XXXIX. 4. 16. 7 に列挙されている 2 世紀後半のローマの課税品目の中に、諸種の香料と並んで「インドのアローマ (aroma Indicum)」が見えるのに着目し、「アローマ」は香料一般ではなく特定の品種の名称と見なすべきで、本節でともに挙げられている香料のほとんどがカシアの類なので、これもおそらくその一種であろうと推察する。もちろん本書のアローマはインド産ではなく、本節と次節に明記されているようにこの地方で産出したものである。マグラも同様ではないかと思われるが未詳。

第13節

(1) タバイをシャンナギーフ岬に比定するファブリキウスは、そこからオポーネーまでの距離が400スタディオンの約2倍となる矛盾を解消するために、テキストのこの箇所に「パノー村があり、そこから400スタディオンの後に」という語句を補うことを提唱した (**Fabricius**: 50-51. 前節註 3 参照)。ショッフ、村川ともにこれに従っている。

(2) 半島：ハーフーン半島 (Jasiiradsha Xaafuun/Hafun)。本土から東に延びる 25 km ほどの砂州の先に、島がくっついたような形をしている。東端が同名の岬 (Raas Xaafuun) である。砂州の北側に入江状のラグーン (Qooriga Hurdiyo) が、南側には北風を避けるのに適した湾 (Gacanka Xaafuun Koof) がある。また、半島の北側の湾 (Gacanka Xaafuun Waq) は、南からの風を避けて碇泊するのに適している。アフリカ東岸を航行する船の多くはここで風待ちを行なった。本書では、バーブ・アルマンデブ海峡からここまでが

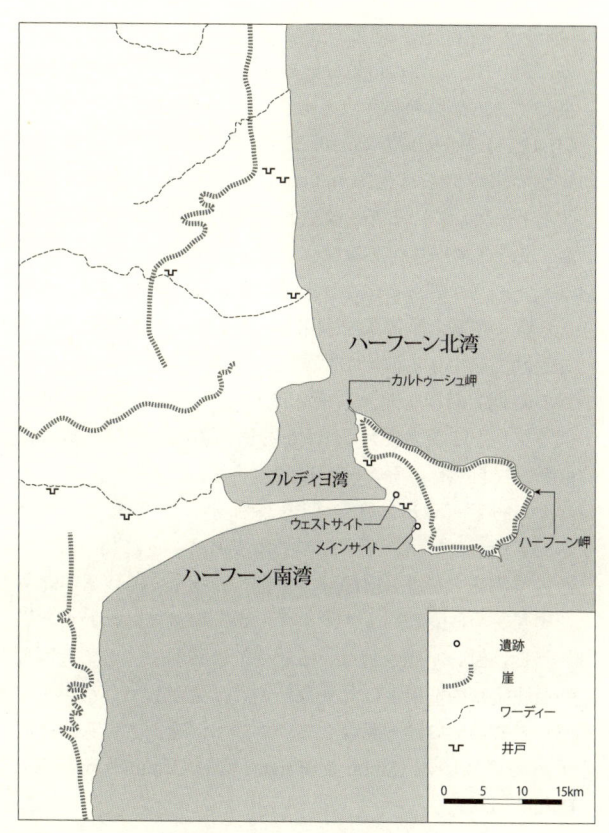

図版20 ハーフーン半島

「別のバルバロイの地方」とか「向こう側」と呼ばれているのに対して、ここから先の地方は「アザニアー」と呼ばれる。東アフリカ航路の結節点とも言うべき重要な場所である。Cf. *AP*, 11. 94-97; *SDRS*, 10. 33; *SDEA*, 7. 18.

(3) 他の訳者たちは動詞 $παραπλέω$ を「(半島に) 沿って航海する」と訳しているが、文脈から見て「(半島の) 傍らへ航海する」とすべきである。

(4) ガルダフィ岬からアフリカ東岸を南下する航海は、北東から吹く冬季の季節風を利用して行われた。季節風の影響を受けて発生する潮流 (吹送流/モンスーン・カレント) はこの時期、沿岸を北から南へ流れているので (家島『海が創る文明』13頁参照)、タバイを出た船はその潮の流れにも乗って自然にハーフーンに到達する。

(5) オポーネー ($Ὀπώνη$)：プトレマイオス IV. 7. 11 にも見える交易地。ハーフーン半島の一角であることに疑いはない。考古学調査の結果 (前節註3参照) から見て、砂州の北側でラグーンに臨むウェストサイトがその跡ではないかと思われる。但し、残されている居住址は貧弱で、とても恒久的な建築物の遺構とは見えないので、果たしてこれをオポーネー交易地の跡と見なしていいのか、発掘者自身が自信が持てずにいる (Smith & Wright, "The Ceramics from Ras Hafun": 139)。

第14節

(1) エジプト暦のエピーピ ($Ἐπῖφι$) はユリウス暦の6月25日〜7月24日に当たるので (第6節註30参照)、これを著者が7月と呼んでいるのはおおむね妥当である。紅海を航行

するには 5 月から 9 月が南下に、それ以外の季節が北上に適した時期であった。エジプトの港を出てバーブ・アルマンデブ海峡までの所要日数は一月弱。7 月に出発すれば、8 月中にはアウアリテースに着いている。そこからアデン湾を東行するには夏季の季節風を利用する。この風は 4 月から 9 月にかけて南西方向から吹いているが、5 月末～6 月上旬から 8 月半ば～後半にかけての約100日間は強すぎて危険なため、インド洋のダウ船が実際にこの季節風を使って航海するのは、4 月から 5 月末までの前期と 8 月下旬から 9 月上旬にかけての後期に限られるという（家島『海域から見た歴史』59-60 頁）。エジプトを 7 月に出航したのは、一つにはこの後期にアデン湾を航行しようとしたためであろう。『博物誌』VI. 26. 104 には、ベレニーケーからインドへ向けての出航は、シリウス星が姿を現す真夏（即ち 7 月18日前後）から始まると記されている。また第 8 節註 1 他で見たように、ソマリア沿岸の交易地に内陸部から商品が集まるのは10月に入ってからであったので、それに合わせたという見方もできる。そして取引を終えた後は、すでに吹き始めた冬の季節風を使って速やかに帰航することができた。因みにオポーネー以南の交易地に赴くのに適した出航時期は、以後の節の中で示されていない。インドを東西に分けるカニヤークマリ（コモリン）岬以東、即ちベンガル湾沿岸の交易地への航海についても、同様にこの点が明記されていない。風待ちの都合で 1 年以内の往復が不可能であったこの両地域への航海は、おそらく他地域とは異なるスケジュールと方法で行われたためではなかろうか。またこの両地域とも本書の記述は曖昧で、他地域に比べ正

確さを欠いており、著者自身が赴いて実見したのではなく伝聞に基づいて記された可能性が強い。
(2) アリアケーとバリュガザ：アリアケーはインド北西部のグジャラート地方と呼ばれている辺り。バリュガザはその中心都市で現在のバルーチ（ブローチ）。詳しくは第41節参照。
(3) ギー（βούτυρον）：用いられているギリシア語は通常はバターを意味する語であるが、ここではインドの食用油ギー。バターを熱して溶かし水分と澱（おり）を除いて作る。産地から見て、最も上質とされる水牛の乳を原料とするものであった可能性が高い。Cf. Watt, *A Dictionary*, III: 491-498, s.v. "Ghí"; *Hobson-Jobson*: 370, s.v. "Ghee."
(4) モナケーやサグマトゲーネー：並質綿布の一種。第6節註25参照。
(5) サッカリと呼ばれる甘蔗糖（μέλι τὸ καλάμινον τὸ λεγόμενον σάκχαρι）：直訳すれば村川訳のように「サッカリと呼ばれる蘆蜜」となる。サッカリの語源はサンスクリットのśarkarā. Cf. *Hobson-Jobson*: 862-864, s.v. "Sugar"; L. Gopal, "Sugar-Making in Ancient India," *JESHO* 7 (1964): 57-72. ディオスコリデス『薬物誌』II. 82. 5には、インドやエウダイモーン・アラビアーで蘆（あし）に見出されるサッカロン（σάκχαρον）は固形の蜜で、塩のように歯で砕けると記されている。プリニウス XII. 17. 32 にも似たような記事があり、アラビアにも産するがインド産の方が評価が高いサッカロン（saccharon）は、蘆の中に溜まる一種の蜜で、大きなものはヘーゼルナッツくらいあり、ゴムのように白く歯で砕けると記されている。これらの記事から、1世紀のローマにイン

ド産（アラビア産というのは、インド産のものがアラビアを経由して輸送されたことによる誤解であろう）の固形の甘蔗糖が入ってきていたことは間違いないが、用途はもっぱら薬用で、甘味料としては従来どおり蜂蜜が用いられていた（cf. Warmington, *The Commerce*: 208-210）。また甘蔗糖がサトウキビの圧搾液から人工的に作られることは、知られていなかったようである。それはともかくとして、「向こう側」の交易地に穀物や食用油などの基礎食糧品とともにインドから送られてくるサッカリは、薬用というより甘味料であった可能性が強いのではないか。さらに **Casson**: 133 はこれがサトウキビを搾った糖液（おそらく濃縮した）であった可能性も示唆している。
（6）インドからソマリア沿岸に来航する商船に、インド洋横断ルートを季節風を利用して往来するものと、沿岸ルートを取り途中の港に寄って取引を行いつつ航海するものとがあったことが窺え興味深い。前者は原則として毎年同じ時期にインドとアフリカの間を往復したであろうが、後者はどのようなスケジュールで航海を行なっていたのであろうか。なお **Casson**: 15-16, 286 が、ここの「あるもの」をエジプトから来航する商船と解しているのは、誤解である。
（7）首長（τύραννος）：本書では「王（βασιλεύς）」の配下の地方支配者と、王の存在しない地域の原住民の首長を τύραννος と呼んでいる。

第15節

（1）アザニアー（Ἀζανία）：本書ではこの語を、オポーネーから次節のラプタまでの沿岸一帯の総称として用いている。

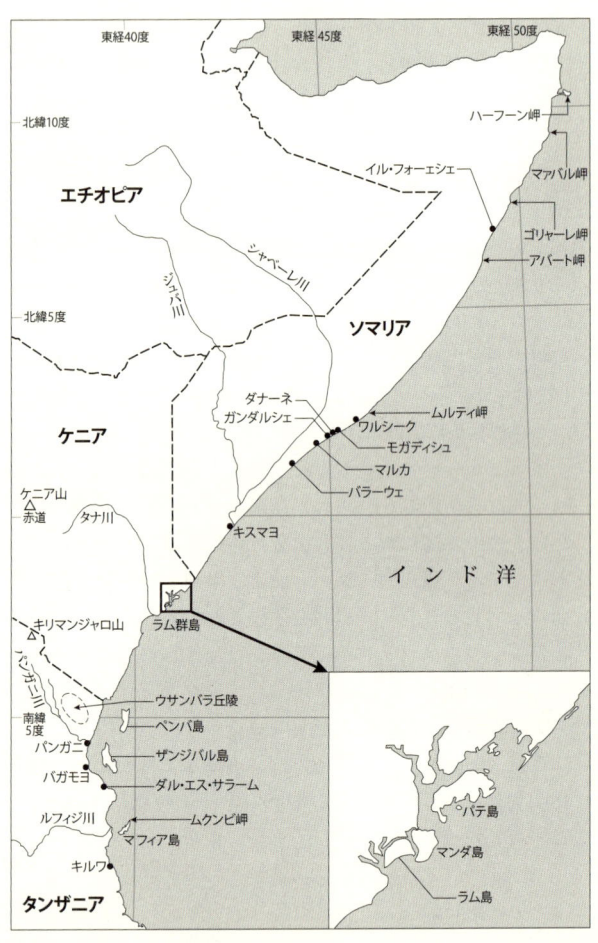

図版21　東アフリカ沿岸図

プトレマイオスの『地理学』ではこの地名は5度言及されていて、そのうちのI. 17. 9ではオポーネーの南からラプタの南のラプトン岬までと本書とほぼ同じ地域を指しているが、IV. 7. 28ではモスュロン岬（第10節註2参照）からラプトン岬までの沿岸部をバルバリアー、内陸部をアザニアーと呼んでいる。この最後の記述については、バルバリアーとアザニアーは逆であるべきで、テキストは誤っていると解釈する説が有力である。その場合、ガルダフィ岬よりも手前のアデン湾に臨む地点から、すでにアザニアー海岸は始まっていることになる。一方、プリニウス VI. 26. 108ではアラビア湾（紅海）に流入する大洋が、またVI. 34. 172ではアドゥーリスの北の海が、それぞれ「アザニウム洋/海」と呼ばれている。上のプトレマイオスの記事から見て、アデン湾がこのように呼ばれていたことはありうるので、プリニウスの最初の言説の信憑性は高い。しかし紅海の中央部がこう呼ばれたという第2の言説は、おそらく何かの誤解であろう。因みに、ストラボンが最初にこの地名に言及したと記したものを見かけるが (Freeman-Grenville, "al-ZANDJ": 445)、『地誌』のアザニアーはギリシアのアルカディア地方の地名で、ここで問題にしている地名とは無関係である。

　この地名の意味・由来については、アザニアーの大部分が非常に乾燥した土地である点に着目した **Huntingford**: 62が、ギリシア語動詞 *αζαίνω* (dry, parch up) の派生語という説を提唱した他は、ほとんどの者がアラビア語との関係の方を重視している。即ち「小断岸と大断岸」に当たる海岸をアラブ人がハザイン（Ḥazain. でこぼこした荒れ地、

岩浜）と呼ぶのに着目し、この語がギリシア語化してさらに広い地域を指すようになったという説、同じくアラブ人が東アフリカの黒人種に用いたザンジュ（Zanj）という呼称との関連を指摘する説、さらにはアラブ人によってこの地方が非アラブの地（Barr al-'Ajam）と呼ばれたのに着目し、アジャムという語との関係の方を重視する説などがある。最初の説は **Müller**: 268 が提唱し、**Fabricius**: 131; 村川: 148/169 はこれに従っている。2 番目の説も Glaser, *Skizze*: 203-204; **Schoff**: 92; **Casson**: 136; Freeman-Grenville, *loc. cit.* 等、支持する者は少なくない。ただこれは、ザンジュにアザニアーという地名の名残（なごり）を認めようという説であって、前者に後者の語源を求めることを主張しているわけではない。ところでこのザンジュという語は、他方で、プトレマイオス I. 17. 9; IV. 7. 11 に見える、オポーネーの南方の岬の名ジンギス（Ζίγγις）、およびコスマス II. 29, 30, 50 に、乳香産地バルバリアーのさらに先に位置すると記されているジンギオン（Ζίγγιον）との関連も主張されている。このジンギオンについてコスマスはまた、アラビア湾とペルシア湾はそこから流入し、インド洋を横断する者はその所在を知っていると記し（29章）、そこのことを「大洋の口（στόμα）」とも言っている（30章）。おそらくガルダフィ岬辺りのことなのではないかと思われるが、正確にどこを指しているかは不明である。いずれにせよ、ジンギス、ジンギオンとザンジュとの間に語源上の関係があるという説にはそれほどの抵抗感を覚えないが、これらの語とアザニアーという地名との関係を認めるのは難しい。これらは同根語というには、形が違い過ぎてはいまいか。プトレマイオス I. 17. 9

はアザニアーとジンギスの両方の地名を挙げているが、両者の関係には全く言及していない。第3のアジャムとの関係説は家島『海が創る文明』320頁が支持している。この説の問題は、アラブ人の「アラブ」としての自己認識とそれに対立する「アジャム」という概念の成立を、果たしてそれほど古くまで遡らせることができるかという点にある。「アラブ」という語はもともと自称ではなく、砂漠のベドウィン（ラクダ遊牧民）を指すのに周辺の定住民が用いた呼称（即ち他称）が起源で、西暦に換算して328年の年紀のあるナマーラ碑文（「全アラブの王」と称するイムルゥ・ル・カイスの墓碑）以前には、これが自称として用いられた例はない。自称としての「アラブ」概念が未成立と思われる『案内記』の時代に、それに対立する「アジャム」の概念が存在したとは考えられないのである。

(2) いわゆる小断岸と大断岸 (τὰ λεγόμενα μικρὰ Ἀπόκοπα καὶ μεγάλα)：オポーネーから先の海岸地帯については本書よりプトレマイオスの方が詳しい。『地理学』I. 17. 9; IV. 7. 11 ではオポーネー交易地の後に、ジンギス岬とファランギス山の南に「断岸 (Ἀπόκοπα)」が見え、そこを通過するには2昼夜要すると記されている。即ち4日航程ということで、本書の記事より短い。しかしその後の小浜と大浜はそれぞれ3日航程と5日航程（計8日航程）と記され、こちらは本書よりも長い。断岸と浜を通過するのに要する合計日数は、本書もプトレマイオスもともに12日である。19世紀にこの沿岸を航行したオーウェンとギランによれば、マァバル岬 (Raas Macbar/Ras Mabber: 9°28′N, 50°51′E) かゴリャーレ岬 (Qoryaale/Ras al-Khyle/el Cheil: 7°46′N, 49°50′E) までは

絶壁も交えた岩がちの海岸で、前註に示したようにアラブ人たちによってハザインと呼ばれていた（Owen, *Narrative of voyages*, I: 354; Guillain, *Documents*, I: 100-101. Cf. **Müller**: 268; **Fabricius**: 131-133; **Casson**: 136-137）。ここがいわゆる「断岸」であろうというのが、諸氏ほぼ一致して認める説である。それに対してこの一帯を陸上からではあるが踏査したチティックは、岩がちの海岸はさらに南のイル・フォーェシェ（Il Foocshe/El Fosc: 7°10′N, 49°28′E）まで続くので、ここまでが「断岸」に含まれると言っている（Chittick 1976: 120）。水路誌（*AP*, 11. 84; *SDEA*, 7. 15）や地図（*TPC* L-6B）にも、確かに沿岸の地勢はそのように表示されている。にもかかわらずアラブ人がゴリャーレ岬を境に南北の海岸を区切ったのは（岬以南については註4参照）、おそらくこの岬が航海者の絶好の目標であった（上記水路誌参照）からであろう。これが、プトレマイオス IV. 7. 11 が「断岸」と「小浜・大浜」の境で挙げている「南の角、岬」に当たる。ここまでの実際の距離は4日航程に相当するので、この点プトレマイオスの方が本書より正確である。

(3) テキストのこの部分の読みは διὰ ἀγκυροβολίων ποταμοί となっているが文意不明。**Müller**: 268 が註において「港はないが（投錨の）場所があるので碇泊には適しており」（村川訳）に相当する語句を補うことを提唱したところ、ファブリキウス以降ショッフ、村川に至るまでの訳者はこれをテキスト本文に取り込んでしまった。本訳ではフリスクとキャッスンに従いこの3語を削除。

(4) 小さな、また大きな浜（Αἰγιαλός καὶ μικρὸς καὶ μέγας）：プトレマイオス（註2参照）によっても挙げられている地

名。ゴリャーレ岬の南には、ギラン（Guillain, *op. cit*.: 134）によれば、アバード岬（Raas Cabaad/Ras Auad/Awath: 6°18′N, 49°05′E）までところどころ3～4mの高さの崖によって縁取られた砂浜が、さらにその先にはやや隆起した海岸が続いていた。前者を「小浜」に後者を「大浜」に比定するのが通説で、ギラン（*Ibid*.: 102）によれば、この「大浜」はムルティ岬（Ras M'routi. 手許の地図や水路誌にこの地名はないが、おそらくCollina Murot: 2°36′N, 46°11′Eのことであろう）まで続くというが、チティックはその先のワルシーク（Warshiikh/Warsheik: 2°18′N, 45°48′E）まで含めている（Chittick 1976: 120）。どの辺から本書の「アザニアーの諸航程」に相当する「バナーディル（Banādir. 諸港）海岸」（港や碇泊地が続くことが呼称の由来）が始まるかがポイントで、*AP*, 11. 68にはCollina Murotからと記してあるが、チティックは最初の港のワルシークの方を重視し、ここを「大浜」とその先の海岸の境と捉えているわけである。因みにアラブ人たちもこの「小浜」と「大浜」に当たる海岸を、オーウェン（Owen, *op. cit*.: 354）によればSef Tweel (bold or declining shore), Herab (mountainous country) と、ギラン（*op. cit*.: 134）によればSîf-et-Taouïl (la longue plage), Djebel-el-Hirabと呼んで区別していた。前者はギランの「長い浜」という訳語が正しく、オーウェン訳は不可解。

(5) サラピオーン（*Σαραπίων*）：プトレマイオスIV. 7. 4には「サラピオーンの碇泊地と岬」として見える。ショッフ、村川、ハンティンフォードのいずれも現在のソマリアの首都モガディシュ（Mogadishu/Muqdisho: 2°03′N, 45°20′E）に比定したが、**Casson**: 138-139はギラン（*op. cit*.: 98, 102-

103) に従ってワルシークに比定している。ハーフーンから南下して最初の碇泊地という点を重視すると、後者の方が有力である。碇泊に適したワルシークの立地条件については Chittick 1976: 120 参照。

(6) ニコーン (Níκων)：サラピオーンをワルシークに比定してそこから 1 日航程というと、ダナーネ (Dhanaane: 1°53′N, 45°01′E. Cf. *AP*, 11. 57; *SDEA*, 7. 05) かガンダルシェ (Gandarshe/Gonderscia: 1°50′N, 44°58′E. Cf. Chittick 1969: 118) 辺りになるが、その先のマルカ (Marka/Merca: 1°43′N, 44°46′E. Cf. *AP*, 11. 50-54; *ACh* 671) の方が港としては勝れている。さらにその先にバラーウェ (Baraawe/Brava: 1°07′N, 44°03′E. Cf. *AP*, 11. 41-45) という良港があり、ニコーンをここに比定する説もある。ショッフとハンティンフォードがここを選んだ理由は明記されていないが、チティックの場合にはこの地の古さを示す 3 世紀前後の土器片（但し輸入品ではなく現地産）を根拠としている (Chittick 1969: 122)。しかしワルシークより手前（南）のモガディシュからでさえ、ここまでの距離は約 2 日航程でニコーンとしては遠すぎる。その後に続く碇泊地の一つであったかもしれない、という程度のことしか言えぬのではなかろうか。プトレマイオス I. 17. 12; IV. 7. 11 では、碇泊地の名はニコーンではなくトニキ (*Toνíκι*) 交易地となっている。

(7) サラピオーンとニコーンをこの数に含めるか否かで説が分かれるが、含めないと見るのが通説。ギランは含めるという立場で (*op. cit.*: 104)、ハンティンフォードは含めないという立場で (**Huntingford**: 95-96)、それぞれ他の宿泊地の比定を試みている。

(8) ピュララオイ諸島といわゆる「運河」まで（μέχρι Πυραλάων νήσων καὶ τῆς λεγομένης Διώρυχος）：諸氏一致してピュララオイ諸島を、南緯2度を南に少し越えた辺りに連なるパテ（Pate）、マンダ（Manda）、ラム（Lamu）の諸島に比定。「運河」と呼ばれているのは、実はこれらの島々と本土とを隔てている海峡と呼ぶにはあまりにも狭い天然の水路である（cf. *ACh* 668, *TPC* M-5B）。この水路は場所によっては干潮時に小舟も通れなくなるほど浅くなるので、マンダ島へは今でも本土から象が渡ってくると、現地で聞かされた。古代の遺物は未発見であるが、中世の港市跡は各所に残され、調査報告書も刊行されている（cf. Chittick, *Manda*; Horton, *Shanga*）。

(9) アウシネイテース海岸（?）：写本には文意不明の *δύσιν εἰτενηδίων* という語句が記されている。これをミュラー（*GGM* II: 506）がプトレマイオス I. 17. 11; IV. 7. 11 のエッシナ（Essina）交易地に関連づけて *Αὐσινείτην ἠιόνα* と改めることを示唆したところ、以後の諸本のテキストはこれに倣って改竄（かいざん）されてしまった。**Frisk**: 5 はさらにこれを若干改めて *Αὐσινίτην ἠιόνα* とし、**村川**はそれに従っている。**Schoff**: 28 はこれを南アラビアの古代国家アウサーンに関連づけて Ausanitic coast と訳している。この最後の解釈に基づいて、アウサーンが紀元前数世紀の昔にアフリカ東岸地方に勢力を有していたことがこの地名の由来であるかのような説が横行しているが、**Casson**: 252-253 が批判するように、根拠薄弱で認めるのは難しい。ミュラーの提唱するテキストの読みの補訂自体が確かなものではないうえに、アウサーンとアフリカとの関係についても傍証は皆無であ

る。
(10) メヌーティアス島：写本の読みは *Μενουθεσιὰς* であるが、諸氏一致してプトレマイオス IV. 8. 2; VII. 2. 1 に見える *Μενουθιάς* に合わせて *εσ* の 2 字を削除。但し本書と異なり、プトレマイオスはこの島をラプタ（次節参照）の南東方向でマダガスカル島の辺りに置いている。両書の間でこのように大きな食い違いが生じた理由について、Horton, "The *Periplus* and East Africa": 98-99 は三つの可能性を挙げているが、いずれも説得力に欠ける。本書のメヌーティアス島は、ピュララオイ諸島からの方角と距離から見て、ペンバ島かザンジバル島に比定するのが適当。さらに南のマフィア島に比定する説もあるが、本書に「昼夜兼行の 2 航程」（2,000 スタディオン、即ち約 370 km）と記されているのから見て遠すぎる。ペンバ、ザンジバルのいずれにも中世以降の港市遺跡は見られるものの、古代のそれは未発見なのが難点であるが、ザンジバル島の洞窟遺跡からはハーフーン半島のウェストサイトからの出土品（第12節註 3 参照）に似たローマ時代の西方起源の遺物の出土が報告されている（Chami, "People and Contacts": 41; id., "The Egypto-Graeco-Romans": 97）。一方ペンバへの比定を川がないという理由で否定する者もいるが（cf. **Casson**: 140）、それは誤解で、長くはないにせよ幾筋かの川が地図にも表示されている（cf. *Pemba 1:100 000*, published by Technische Fachhochschule Berlin for the Commission for Lands and Environment, Zanzibar, United Republic of Tanzania, 1992; Ingrams, *Zanzibar*: Map, to face p. 30）。
(11) 山亀：おそらくゾウガメの一種ではないかと思われるが、

図版22 ペンバ島付近の漁船。三角帆とインドネシア方面から伝来したアウトリガーを装着したことにより、『案内記』の時代とは様変わりしている。

現在はペンバ島、ザンジバル島のいずれにも大型の陸亀は棲息していない。第3節註3参照。
(12) 鰐：現在はペンバにもザンジバルにも鰐はいないが、後者には体長4フィート程度になる大蜥蜴 (*Varanus niloticus*) の一種が棲息している (cf. Ingrams, *op. cit.*: 430; F. B. Pearce, *Zanzibar: The Island Metropolis of Eastern Africa*, London, 1920: 338)。
(13) 縫い合わせて造った小舟や丸木舟 (πλοιάρια ῥαπτὰ καὶ μονόξυλα)：前者は船の外板を接合するのに鉄釘や木釘を用いず、板の端に穴を穿ち、植物繊維を撚った細紐を通して縫い合わせて造る。縫合船として最も有名なのはインド洋の特に西海域で商船として活躍した「ダウ」であるが、この造船法自体はこの海域にだけ見られる特殊な技術では

なく、古代よりかなり広い範囲で普遍的に用いられた。古い例としてはエジプトのクフ王のピラミッドに解体して納められていた船や、イギリスのノース・フェリビー（North Ferriby）で川岸の泥の中から何艘分かが出土した前2千年紀中頃の木造船の遺物が挙げられる。この2例を含め古今東西の縫合船全般については、McGrail & Kentley (eds.), *Sewn Plank Boats* が最も詳しい。インド洋西海域の縫合船については Hourani, *Arab Seafaring*: 89-99; Chittick, "Sewn boats in the western Indian Ocean"、および家島『海が創る文明』381-421頁を参照。メヌーティアス島やラプタの漁師の縫合小舟が、アラブ商人のダウ船から影響を受けたと言えるだけの証拠はない。他方の丸木舟はいわゆる刳り舟（dugout canoe）である。現在同じ海域で漁に使われているそれ（図版22参照）は、ダブル・アウトリガーと三角帆を装着しているが、『案内記』の頃にはアウトリガーはまだ伝わっていなかったはずなので、一口に丸木舟とは言っても現在目にするものとは形が異なっていたであろう。

(14) 籠（*γύργαθοι*）：各種の籠や梁（やな）を使う漁法は東アフリカ沿岸で広く見られるが、ここでは籠の使い方（次註参照）から判断して、ココ椰子の葉柄を編んで作ったムゴノ（mgono）という円錐形の籠（図版23参照）と同じタイプではなかろうか。入口に返しが付いていて、中に入った魚が出られぬようになっている。Cf. Ingrams, *Zanzibar*: 300.

(15) 写本では本節の最後は *περί τὰ στόματα τῶν προραχων* となっていて、この最後の語が意味不明である。幾通りかの復原が試みられているが、**Frisk**: 6 の *τῶν [ποταμῶν] πρὸ [τῶν] ῥαχ[ι]ῶν* に従う。あたり一帯の島の海岸にはマング

図版23 ラム島で使用されているムゴノ

ローブ林が発達し、その間を水路が網の目のように走っている。この水路の出入口に上記の籠をいくつも仕掛け、潮の干満に伴って海から水路へ出入りする魚を捕ろうというのである。**Schoff**: 95 の写真が最もよくこの漁法を伝えているが、残念なことに出典も撮影場所も記されていない。

第16節

（1）ラプタ（*Ράπτα*）：プトレマイオス IV. 7. 12 には「ラプトス川河口〈72°30′, 7°S〉」「海から少し離れてバルバリアの首邑ラプタ〈71°, 7°S〉」「ラプトン岬〈73°50′, 8°25′S〉」の名が挙げられ、I. 17. 11 にも同じ三つの地名が見える。ラプタの比定については、メヌーティアス島とラプトス川をどこに比定するか、また1スタディオンの長さをどう解釈するかによって、北はパンガニ川河口のパンガニ（Pangani:

5°26′S, 38°58′E) から南はキルワ島 (Kilwa Kisiwani: 8°58′S, 39°31′E) までの間で、いくつかの説が分かれる。メヌーティアス島から2日航程（1,000スタディオン、約185 km）という距離から見て、この島をペンバに比定するとバガモヨ (Bagamoyo: 6°26′S, 38°54′E) かダル・エス・サラーム (Dar es Salaam: 6°48′S, 39°17′E) 付近が、ザンジバルに比定するとマフィア島の対岸のルフィジ (Rufiji) 川の河口あたりが有力である。Cf. B. A. Datoo, "Rhapta: the Location and Importance of East Africa's first Port," *Azania* 5 (1970): 65–75; L. P. Kirwan, "Rhapta, Metropolis of Azania." 近年ルフィジ川の河口デルタやマフィア島から、紀元前後の地中海世界に由来する遺物の発見が続いていることを根拠に、チャーミーはラプトス川をルフィジ川に、ラプトン岬をマフィア島の北端に比定し、ラプタは河口デルタの一角にあったのではないかと推察している (Chami, "The Egypto-Graeco-Romans": 97–98, 101)。北から航行してくる船乗りには、ルフィジ川の河口からマフィア島にかけて南に湾曲した弧状に連なる小島が、湾を形成しているように見えるので、マフィア島の北端のムクンビ岬 (Ras Mkumbi/Moresby Point: 7°38′S, 39°55′E) が大陸本土の岬と誤認されたのではないかという推論は、かなり説得力がある (cf. *ACh* 1032: North Mafia Channel to Kilwa Point)。

（2）ラプタ (*Ράπτα*) という地名は、ギリシア語動詞 *ράπτω* (縫い合わす) に由来するというのが『案内記』の著者の解釈である。これに対して Glaser, *Skizze*: 207 は、アラビア語動詞 rabaṭa (結ぶ、括る) 語源説を主張しているが、アラブ人がこの動詞の派生語で縫合船を呼んだという実例は示さ

れていないし、また彼らにとっては珍しくもない縫合船に因んで、この交易地を名付けたとも思えない。

(3) 耕作民（？）：写本では*opatoì* に後世の別の筆跡で気息記号が付けられ *ópatoì* となっている。文脈からも原形は損じていると判断されるので、**Müller**: 271 が註の中で*πειραταί*（海賊たち）と改めることを提唱したところ、他の多くの場合と同じくこの仮説が独り歩きして、以後の諸本のテキストならびに翻訳はほとんどこれに倣ってしまった。**Frisk**: 6 までがこの読みを採用したので、村川 : 88/111 もそれに従い「海賊ども」と訳している。それに対して Giangrande, "On the Text of the *Periplus*": 293-294 は、ミュラー案は文字の綴りから見ても文脈からいっても無理があると批判し、*ἀρόται*（耕作民）という別案を提案した。**Huntingford**: 63-64 は、犂(すき)は東アフリカではこの時代まだ使用されていない（*ἀρόται* は *ἀρόω*「犂耕する、耕す」の派生語）との理由でこの案を退けたが、逆に **Casson**: 253-254 は積極的にこれを採用し tillers of the soil と訳している。Horton, "The *Periplus* and East Africa": 96-97 も同意見で、犂ではなく鍬(くわ)を使った耕作ならありうると述べてこの説を受け入れ、さらにラム諸島と対岸のタナ（Tana）川河口、およびザンジバル海峡の両側の地域における近年の発掘結果を見ると、おそらく南クシュ系の新石器牧畜民（'Pastoral Neolithic' populations）の一派がここで言われている「身体がとても大きな人々」で、沿岸部で耕作を行うかたわら、アラブ人と結んで交易にも手を染めるようになったのであろうと推察している。その場合、遺跡の分布状況から判断して、彼らが奥地から象牙や犀角を入手した経路には、北のタナ川ル

ートと南のウサンバラ（Usambara）丘陵ルートの二つが想定されている。それに対して現地の研究者は、これらの人々はバントゥー系と主張して譲らない（cf. Chami, "People and Contacts": 34）。
(4) 南アラビアの政治勢力がいつ頃からどのような経緯でこの地方に及んだか、史料は全くなく未詳。
(5) アラビアで最初にできた王国に（*τῇ βασιλείᾳ τῆς πρώτης γενομένης Ἀραβίας*）：写本の読み *γινομένης* を **Fabricius**: 54 が *γενομένης* と修正した。この箇所を「アラビアで第1の勢力になった王国に」と解釈する説もあるが、**Casson**: 142 の解釈に従った。アラビアで最初の王国は、現在のイエメンの地に成立したサバァ王国で、『案内記』の頃には南のヒムヤルと結んで連合王国を形成していた。詳しくは第23節註3を参照。
(6) マパリーティスの首長：第22節の註の2と3を参照。
(7) ムーザ：第21節註2参照。

第17節

(1) 鸚鵡貝：写本の *ναύπλιος* を **Müller**: Prolegomena, CVIII–CIX が *ναργίλιος*（椰子油）に改めることを提案すると、以後のほとんどの諸家はこれに従った。村川：151/172 も、プリニウス IX. 49. 94 にも nauplius という語があることを指摘しながら、これは「烏賊のようなもので此処にはふさわしくない」と述べてミュラー説を採っている。それに対して **Casson**, "*Periplus Maris Erythraei*: Three Notes": 496-497 は写本の読みを尊重し、プリニウスの記述を参照しつつこれを蛸舟（paper nautilus）あるいはそれに類するものではな

いかと推察して、問題の語を nautilus shell（鸚鵡貝の貝殻）と訳した。熱帯の海に棲息し貝殻に商品価値があるという点で、ここでは鸚鵡貝の方がふさわしいのではなかろうか。但し、生物学的には蛸舟と鸚鵡貝は別種である。

第18節

（1）エチオピアやリビアやアフリカ：テキストではアイティオピアー、リビュエー、アープリケー。ここではエチオピアはアフリカ大陸の南部、リビアは北西部、アフリカは北東部を指している（cf. **Casson**: 142）。
（2）古代ギリシアの時代よりこの時代に至るまで、アフリカが大洋によって囲まれていることはよく知られていた。それが、2世紀のプトレマイオスの時代になると、アフリカとアジアは南の方でつながっていて、インド洋は大陸に囲まれた内海であるという誤った観念が支配するようになる（第64節註1参照）。

第19節

（1）左手にあたり：第2節註1に記したように、ここはベレニーケーの北方という意味である。
（2）レウケー・コーメー（$Λευκὴ κώμη$）：ギリシア語で「白い村」という意味のこの港市に最初に言及したのはストラボンである。地中海世界の統一に成功したローマのアウグストゥス帝は、香料や貴石の産地として名高かった南アラビア地方を支配下に置こうと企て、エジプト総督のアエリウス・ガッルスに遠征軍の指揮を執ることを命じた。通説によると前25～24年に行われたこの遠征の史料としては、ガ

ッルスの友人であったストラボンのそれ(『地誌』XVI. 4. 22-24)が最も詳しく、この遠征に関連してレウケー・コーメーの記事が見られるのもここだけである。それによると、総勢1万の兵力からなる遠征軍をエジプトからアラビア側に渡すために、ガッルスは現在のスエズ辺りにあったクレオパトリス市の付近で、まず多数の軍船と輸送船を建造させた。そして操船上のミスによって多くの船や兵員を失うという苦難の末に、ようやく15日目にレウケー・コーメーに上陸した。そこはナバテア人の領内にある大きな取引所で、ラクダの隊商が首都のペトラとの間を往復していたという〔以上23節〕。病いに冒された兵士たちの回復を待って、上陸地で夏と冬を過ごした後に南に向かったローマ軍であったが、案内役のナバテア人に騙されて難路に引き込まれ、南アラビアの地に辿り着くまでに6ヶ月を要した。そこでいくつかの都市は陥落させたものの、結局、目的の香料産地を目にすることもできないまま遠征は失敗に終わり、撤退を余儀なくされる。欺かれたことを悟ったガッルスは帰りには往路とは別の道を辿り、ナバテア領内の海に臨む「エグラ村まで($\mu\acute{\epsilon}\chi\rho\iota$ $\overset{\hspace{0.17em}\prime}{E}\gamma\rho\hat{\alpha}\varsigma$ $\kappa\acute{\omega}\mu\eta\varsigma$)」60日かかって到着した。ローマ軍はそこからさらに11日かけて海を渡ってミュオス・ホルモスに上陸し、陸路をコプトスまで進んだ後に、ナイルを下ってアレクサンドリアに生還したのであった〔以上24節〕。このストラボンと本書の記事の他に、レウケー・コーメーに触れた史料がもう1点ある。それはアクスム王国の港市アドゥーリスにあったと伝えられる3世紀半ば過ぎのギリシア語碑文である。その実物は現存しないが、先に言及したコスマス(第4節注3参照)が文面

を写し、それを『キリスト教世界地誌』に収載したものが伝存している。それによると、氏名不祥の主人公（おそらくアクスム王）は、スーダン南部からソマリアへかけての諸地方を征服した後、「同様にして、紅海の彼方に住むアラビタイとキナイドコルピータイに対し、船団と陸上部隊を送って彼らの王を服従させた後、彼らに彼らの土地のための貢物と、陸海における安全な通行を命じた。我はレウケー・コーメーからサバァ人たちの領土に至るまで（の地で）戦った」（同書 II. 62）という。

この港市の比定についても現在に至るまで論争が続き、結論はまだ出ていない。詳細は蔀「ミュオス・ホルモスとレウケー・コーメー」012-019頁に譲るとして、以下にはその要点のみを記す。かつてアラビア西岸の探険者や『案内記』の註釈者に最も支持されたのはハウラー（al-Ḥawrā'）説であった。紅海岸の北緯25度付近にこの名で呼ばれる場所があり、これがアラビア語で「白」に通じる意味を持っていて、ギリシア語のレウケーと同義であることと、近辺に古代の遺跡が残されていることを論拠として、ここが昔レウケー・コーメーのあったところであるという主張がなされた。主唱者の一人のバートンは1878年にここを調査して、一帯が水に恵まれた豊かな農地である点にも注目している（Burton, *The Land of Midian*, II: 132-140）。この点はローマ軍が半年以上滞在できた場所の要件として重要である。1980年に行われた調査の予備報告に、ウンム・ラッジュ（Umm Lajj: 25°01′N, 37°16′E）のすぐ北に、幹線道路沿いに2 kmにわたって広がっていると記されている遺跡がそれであろう（Ingraham *et al.*, "Preliminary Report": 78）。それに

対して『案内記』の記事に照らすとハウラーでは南すぎると批判し、バートンがハウラーより北のワーディー・アルハムド（Wādī al-Ḥamḍ）の河口近くの左岸で発見・調査したローマの神殿風の建物の遺構（Burton, *op. cit.*: 222-233）を、かつてのレウケー・コーメーの名残と推察する説がある。このワーディーはアラビア半島西部では有数の大きなワーディーで、本流は河口から南東に遡りメディナ付近を通っているが、北北西に分かれた支流を辿ると、峠を越えてデダーン（現在のウラー al-‘Ulā）やエグラに達する（図版4参照）。古来、内陸のオアシス都市と紅海を結ぶ天然のルートであったと思われる。因みにこのエグラはナバテア語のヘグラー（Ḥgr’ アラビア語では al-Ḥijr）が、ギリシア語で転訛してエグラ（Ἔγρα）となったもので、ペトラと同じく多くの岩窟墓遺跡が残る現在のマダーイン・サーリフ（Madā’in Ṣāliḥ: 26°48′N, 37°57′E）に比定できる。ナバテア人の南方における重要拠点であった。通説ではここと先に触れた臨海のエグラ村を区別しているが、グルームの解釈は異なる（Groom, *Frankincense and Myrrh*: 261, n. 52）。彼はストラボンが海に臨んでいると記したエグラ村を内陸のエグラ市に読み替えて、ローマ軍はエグラ市を経由して輸送船の待つレウケー・コーメーに戻ったのであろうと推察する。とすると、レウケー・コーメーはペトラのみならずエグラの外港でもあったことになる。では地理的に見てエグラの外港はどこにあったかというと、近現代において機能している港のなかではワジュフ（Wajh: 26°13′N, 36°28′E）が最適ということで衆目は一致している。そこでグルームは一応このワジュフの地にレウケー・コーメーを比定

するが、なおもう一つの可能性も示唆している。それはワジュフの約30マイル南方、ワーディー・アルハムドの河口近くにあるカルクーマー岬（Ra's Karkūmā: 25°51′N, 36°39′E）である。この岬の北側の湾がマルサー・マルタバーン（Marsá Marṭabān）と呼ばれ、ここがかつて碇泊地（＝アラビア語のマルサー）であったことを示唆しているのと、すでに記したようにここからもエグラに道が通じていたことが論拠とされているが、他に、ギリシア人船乗りの使った Leukē Kōmē という呼称が、実は Karkūmā に似たナバテア語の地名からの転訛である可能性を、彼はかなり高く評価しているようである。ともあれ理由は異なるが結果的にグルームも、レウケー・コーメーはワーディー・アルハムドの河口近くにあったかもしれぬと考えているわけである。

近年、バートンがここで発見した上記の遺構がサウディアラビア調査隊の手で発掘調査され、前1世紀頃のナバテア人の神殿址であることが判明した。紅海岸から東へ10kmほど入った地点に位置し、海岸とここを結ぶ道路の跡も確認されたという。この調査の報告は、2000年7月にロンドン大学で開かれたアラビア研究集会（Seminar for Arabian Studies）で、リヤド大学のガッバン博士（Ali Ibrahim Ghabban）が行なった口頭発表（"Akra Komi: Al-Hijr Port on the Red Sea Coast"）があるのみで、まだ刊行はされていない。博士はここが古典史料に Akra Komi という形で言及されていると述べているが、それは誤解で、先に見たようにストラボンはここを（属格形で）Ἐγρᾶς（異本では Ὑγρᾶς または Νεγρᾶς）κώμης と呼んでいる。一方プトレマイオス III. 5. 12 に見える Ἄκρα という地名はアラビアとは無関係な

ヨーロッパの町の名である。それはともかく、博士の主張の骨子は、ここにかつて内陸のエグラ市の外港として機能していたエグラ村があった、という点にある。この説に従えば、ローマ軍はワーディー・アルハムド沿いに北を目指し、エグラ村で海岸に出たことになるので、ストラボンの言と矛盾しない。わざわざ迂回してエグラ市を経由したと想定するグルーム説に比べて、受け入れ易く思われる。

レウケー・コーメーの比定に話を戻すと、近年最も多くの支持者を獲得してきたのがアイヌーナ説である。アイヌーナ（'Aynūnah: 28°06′N, 35°12′E）はアカバ湾を少し出たところにある集落で、やや内陸に位置しているものの近くにフライバ（al-Khuraybah）という良港があり、用水の便に恵まれ農地としても豊か、さらにペトラとの連絡も容易と諸条件が揃っているうえに、ミュオス・ホルモスの最有力候補であったデイル・ウンム・デヘイスの遺跡から見て東北東の位置にあるため、『案内記』の記事とも合致する。前述の1980年の調査で、アイヌーナとフライバの間に古代の遺跡が散在することも確認されている（Ingraham *et al.*, "Preliminary Report": 76-78 & Pl. 66-67）。ここにレウケー・コーメーがあったと考える学者が多いのも当然である。**Casson**: 143-144はこの説に従っているし、ガッバン博士を始めサウディアラビアの研究者も同様である。ところが第1節註4に記したように、最近の研究によって、ミュオス・ホルモスがデイル・ウンム・デヘイスではなく、ずっと南の古クセイルの遺跡に比定されるようになった結果、『案内記』によればミュオス・ホルモスから東へ航行したところにあるというレウケー・コーメーの位置についても再検討

する必要が生じた。クセイルから見てアイヌーナは北北東に近い方角に位置しているので、『案内記』の記述には全く合致しない。この辺りの海域は『案内記』の著者のいわばホームグラウンドで、港相互の位置関係についての知識は正確であったと推察される。北北東の方角にある碇泊地を、東方と誤認する可能性はまずない。したがってアイヌーナは、いかに好条件に恵まれていようとレウケー・コーメーではありえない。クセイルから見て東方という条件に合致しているのは、ワジュフからハウラーへかけての沿岸である。この辺りはアイヌーナに比べてペトラまでの距離はずっと遠くなるが、南寄りに位置しているため、北風に抗して紅海を遡航してくる船を迎える立地条件には勝れている。そしてこの一帯で古代遺跡の存在が確認されているのはカルクーマー岬近くとハウラーで、前者にはエグラ村が比定されるとなると、やはりレウケー・コーメーはハウラーに比定するのが、現時点では最も適切なのではなかろうか。『案内記』によればミュオス・ホルモスとレウケー・コーメーの間は２、３日航程なのに、ローマ軍がエグラからミュオス・ホルモスに渡るのに11日も要したというのが、この比定の障害になるが、レウケー・コーメーに碇泊していた船団をエグラに回航するか、あるいは軍隊の方がレウケー・コーメーに移動するかして、大部隊すべてが海を渡りきるには、その程度の日数がかかるのもやむを得なかったのではあるまいか。

　因みに最近、私同様、ミュオス・ホルモスの比定に関する新知見をもとにアイヌーナ説に異を唱える研究者が、管見の限り二人現れた（Bukharin, "Romans in the Southern Red

Sea": 138; **Bukharin**: 102-104; D. Nappo, "On the location of Leuke Kome," *JRA* 23 (2010): 335-349)。しかし両者ともにグルームと同じく、ローマ遠征軍は内陸のエグラ市を経由して輸送船の待つレウケー・コーメーに戻ったと考え、これをワジュフに比定している。但しグルーム説に全く言及していないところを見ると、おそらく先行研究を十分に参照することなく同じ結論に達してしまったのであろう。それもさることながら、内陸に位置するエグラ市をストラボンがレウケー・コーメーと混同したと憶測し、その仮定に基づいて立論している点と、ワジュフからは古代の遺物や遺跡が未発見であること (Ingraham *et al.*, "Preliminary Report": 78) を軽視しているのがこの説の難点で、ハウラー説に比べて説得力に欠ける。

(3) ペトラ (*Πέτρα*)：ペトラはギリシア語で「岩」を意味する。文字どおり岩山で周囲を囲まれた中に築かれた、古代アラビアの代表的な隊商都市。最後の王ラベル2世が北のボストラ (ブスラー) に遷都するまで、ナバテア王国の首府として栄えた。現在のヨルダン南部に残る遺跡は特に岩窟墓で有名であるが、神殿、街路、ローマ時代の円形劇場などの跡もよく残っている。参照文献は数多いが、以下に4点だけ挙げておく。J. McKenzie, *The Architecture of Petra*, Oxford, 1990; M. Lindner (ed.), *Petra und das Königreich der Nabatäer*, 6th ed., München, 1997; M. G. Amadasi Guzzo & E. E. Schneider, *Petra*, tr. L. G. Cochrane, Chicago & London, 2002 (Originally publ. in Italian, Milano, 1997); L. Nehmé & L. Wadeson (eds.), *The Nabataeans in Focus: Current Archaeological Research at Petra* (Supplement to the *PSAS* 42), Oxford,

2012.

(4) ナバタイオイの王マリカス（*Μαλίχας*）：40～70年に在位したナバテアの王マリク（Maliku）/マリコス（*Μάλιχος*）/マルコス（*Μάλχος*）2世に比定され、これが本書の作成年代を推定するうえで最重要な決め手となっていることは、解題に詳しく記した。ナバテア人の起源と原住地については諸説あって定まらないが、一般にはアラブ系の遊牧民が隊商交易に手を染めて次第に財をなし、隊商路の要所となるオアシスに定着して都市を営んだものと考えられている。遊牧民であった頃より砂漠の貯水技術に秀でていることで名高く、後にこの技術を活かしてネゲブ砂漠を灌漑し、農民としても優れた能力を有していることを示した。史料的には前169年頃に最初の王アレタス1世の名が確認でき、以降最後のラベル2世に至るまでの一連の王名が知られている。ペトラを中心に北はシリアのボストラから南はヘグラー（エグラ）やレウケー・コーメーあたりまでを領域とし、西はシナイ半島方面にまで発展した。106年にローマに併合され王国としての独立は失ったが、その後も3世紀半ば過ぎまでは民族としての独自性を保持したようである。参考文献を数点挙げておく。A. Negev, "The Nabataeans and the Provincia Arabia," *ANRW* II. 8 (1977): 520-686; id., *Nabataean Archaeology Today*, New York & London, 1986; Bowersock, *Roman Arabia*; R. Wenning, *Die Nabatäer: Denkmäler und Geschichte*, Freiburg, Schweiz & Göttingen, 1987; D. F. Graf & T. Fahd, "NABAṬ," *EI*² VII (1993): 834-838; F. M. Al-Otaibi, *From Nabataea to Roman Arabia: Acquisition or Conquest?*, Oxford, 2011.; T. Terpstra, "Roman Trede

図版24 ナバテア王国、ペトラの岩窟墓

with the Far East: Evidence for Nabataean Middlemen in Puteoli," in De Romanis & Maiuro (eds.), *Across the Ocean*: 73-94. 最後の論文では、ナバテア商人の活動がアラビア半島に止まらず、エーゲ海の島々やローマにまで及んでいたことが示されている。

(5) 写本では εἰς Πέτραν πρὸς Μαλίχαν βασιλέα ἀναβαταιως の最後の語が後世の別の筆跡で Ναβαταίων と修正されている。さらに **Müller**: Prolegomena, CXLIII がこの後に ἀνάβασις (「上り」の義) という語を補い、**Frisk**: 6 も **Casson**: 6 もこれに従っている。紅海岸の港から内陸に通じる道はヒジャーズ

図版25 ナバテア王国、ヘグラー（現マダーイン・サーリフ）の岩窟墓

　　北部の峠を越えていくことになるので、「上る」という表現は適切である。
(6) ここの「アラビア」は第21節以降で言及される南アラビアの諸港を指している。当時レウケー・コーメーに碇泊したのは主にアラブ商人の船で、エジプト船がここで取引することはあまりなかったのであろう。そのため、他の交易地では必ずある輸出入品への言及が、ここでは全くない。
(7) 四分の一税（τετάρτη）：商品の４分の１を徴収するという高率の関税。第１節の註２に記したように、海上ルートを通じてエジプト経由でローマ帝国内に輸入される商品はアレクサンドリアで徴税された。一方、西暦換算で161年の紀年のあるパルミュラ碑文（*Inv*. X. 29）によれば、パルミュラ経由で帝国内に輸入される東方物産には、アンティオキアにおいてやはり４分の１の税が課されていたようで

ある (cf. Young, "The Customs-officer": 267; id., *Rome's eastern trade*: 149, 152, 164, 193)。レウケー・コーメーでその同じ税を徴収したのがローマの役人であったのか、それともナバテアの現地政府の役人であったのか、次註に記すように説が分かれている。

(8) ここの徴収官 (παραλήπτης) と百人隊長 (ἑκατοντάρχης) がナバテア王国の役人なのか、それともローマ側から派遣されたのかという点について、多くの議論が交わされてきた (cf. Raschke, "New Studies in Roman Commerce": 982, n. 1350; Sidebotham, *Roman Economic Policy*: 106-107)。近年ナバテア人の残した遺跡や刻文、特にサウディアラビア領内のそれの調査・研究が進み、ナバテアでプトレマイオス朝やローマの軍人称号が借用されていたことが明らかになった。たとえばローマ軍は百人隊長を centurio と呼んだが、ナバテアではこれをそのまま採用して qntryn' という称号を用いていた。そのことなどを根拠に、ヘグラーやレウケー・コーメーまでナバテア王の支配が堅固に及んでいて、『案内記』で言及されている役人や軍人もナバテア王の配下であったと主張する説 (ex. Bowersock, *Roman Arabia*: 70-71; **Casson**: 145) が唱えられたが、その一方で、これらはローマの役人や軍人で、ローマ政府は属国の港に入るアラブ商船といえども、舶載された商品の大部分が帝国内に転送、販売されることに鑑み、入口の港でアレクサンドリアやアンティオキアにおけると同率の税を徴収しようとしたと説く者も依然存在する (ex. Young, "The Customs-officer")。しかしナバテア王国領の南端に位置し、この当時はほとんどアラブの小型船しか入港しなかったレウケー・コーメー

に、ローマがわざわざ守備隊と徴税官を配置したとは思えない。アレクサンドリアとアンティオキアで四分の一税が徴収されていることから見て、アラビア方面より帝国内に流入する物産からの税の徴収は、レウケー・コーメー経由の海上ルートのみならず、陸上ルート（香料の道）を通じて搬送されてくる商品からも効果的に徴税できるよう、地中海への入口であるガザにおいて行われた可能性の方が高い。プリニウス XII. 32. 65 の記事もそれを示している。

第20節

（1）古代のアラビア半島では南西セム語派に属す諸語が使用されていた。北部と中部のそれを北アラビア語、南部のそれを古代南アラビア語と呼んで区別する。前者のうち、ヒジャーズ地方で使用されたデダーン語とリフヤーン語（『案内記』の頃にはすでに死語）、北部から中南部へかけてのサムード語、北部からシリアにかけてのサファー語は、それぞれの文字で記された刻文が残されている。この他、北部から中南部へかけての広い地域に、後の古典アラビア語につながる北アラビア語を話す人々がいたことを示す資料が、わずかではあるが存在する。ナバテア人は書き言葉としてはアラム語系のナバテア語を使用したが、母語はこの種のアラビア語であったと推察される。一方、古代南アラビア語には大別してサバァ語、カタバーン語、ハドラマウト語、マザーブ語（ミナ語）の4種があった。但し『案内記』の頃には、おそらくマザーブ語はもはや使用されなくなっていたと考えられる。Cf. W. Fischer (ed.), *Grundriß der arabischen Philologie*, I, Wiesbaden, 1982: 17–36 (W. W.

Müller); Robin, "Les langues de la péninsule Arabique"；柘植洋一「古代南アラビア語」『言語学大辞典』第1巻、三省堂、1989年、1714-1720頁。
(2) 苫屋：第2節註3参照。
(3) 上手 (ἐπάνω)：海岸地帯から見て上手とは、ヒジャーズやアシール ('Asīr) の山地帯と、それを越えた彼方の内陸地域のことである。
(4) 山地帯や砂漠のオアシスで主に農業を営む定住民と、砂漠でラクダの放牧を行う遊牧民を指しているのであろうが、生業の違いと言葉のそれとは必ずしも一致しない。ここで区別されている2種類の言葉が何を指すのか正確には分からないが、おそらく註1で述べた北アラビア語と古代南アラビア語の違いに言及しているのではなかろうか。
(5) アラビアの首長や王：本節の対象となっているのは、北のナバテア王国と南のサバァ王国との間の、ヒジャーズ中部からアシールへかけての一帯である。後のアラブの発展の温床となった重要な地域であるにもかかわらず、歴史研究上はほとんど空白と言っても過言ではなく、各地に残された岩壁刻文の今後の研究に俟つ他ない。したがってここで言及されているのが、具体的にどの都市なり国なりの支配者かは未詳。ナバテア王やサバァ王も通商路の治安には心を砕いたであろうが、『案内記』の時代に彼らが紅海沿岸部へ遠征を行なった記録は残っていない。3世紀になると対岸のエチオピアからアクスム王の派遣した軍勢が到来し、まさにこの地方一帯を征伐している（前節註2、ならびに次註参照）。
(6) カンラエイタイ (Κανραεῖται)：この写本の綴りを **Müller**：

273 と **Frisk**: 7 は *Καυραῖται*（カンライータイ）と修正し、**Casson**: 62 もこれに従っている。カンラエイタイにせよカンライータイにせよ他の史料に見えない族名なので、註釈者たちからさらなる修正が提案された（cf. **Schoff**: 105）。プトレマイオス VI. 7. 6, 20 が紅海沿岸のティハーマ南部からアシール辺りに置いたカッサニータイ（*Κασσανῖται*. 後にシリア方面に移住して王朝を開くガッサーン族に比定される）に改める説、それより北方のティハーマ北部からヒジャーズ辺りにいたキナーナ族（cf. W. M. Watt, "KINĀNA," *EI*² V (1986): 116）に比定しようと *Καυανῖται*（カナニータイ）に改める説、さらには古代南アラビアのマイーン（ミナ）王国の首都カルナウ（Qarnaw）と関係づけるため *Καρυαεῖται*/*Καρυαῖται*（カルナエイタイ／カルナイータイ）と改める説などがある。第 2 の説は Sprenger, *Die alte Geographie Arabiens*: 33 が唱えた説で、**Fabricius**: 58 はこれに従っているが、近年はあまり支持する者がいない。キナーナ族は通説では、プトレマイオス VI. 7. 5, 20, 23 とコスマス『キリスト教世界地誌』II. 62、それにエジプト東部砂漠の宿駅マクシミアノンの遺跡ザルカー（第 1 節註 4 参照）出土の 2 世紀半ば頃の陶片（cf. Cuvigny & Robin, "Des Kinaidokolpites": 697-699）に名称が記されているキナイドコルピータイ（*Κιναιδοκολπῖται*/*Χινεδακολπῖται*）が比定される種族で（cf. Sprenger, *op. cit.*: 31-32）、プトレマイオスによれば 1、2 世紀の頃には上に記した辺りにいた。またアドゥーリス碑文によれば、3 世紀の半ば過ぎにおそらくアクスム王の派遣した遠征隊の討伐を受けている（前節註 2 参照）。3 番目は Glaser, *Skizze*: 40, 165-166 が提案し、

Schoff: 30, 105 と村川: 91/113, 155/177 が支持する説である。**Casson**: 62, 146 はテキスト本文はカンライータイと読みながら、註釈では第3の説にのみ言及しているのを見ると、多少なりともこの説に共鳴しているのかもしれない。しかしティハーマの住民がイエメン山地を挟んで反対側の内陸の都市カルナウに因む名で呼ばれたとは考えにくいし、碑文史料にもマイーン人やその従属民がカルナウ人と呼ばれている例は皆無である。またそもそも『案内記』の時代、マイーン王国はすでに滅亡して存在せず、その遺領の大半はサバァ領となっていた。そのような点から第3の説も成り立ちがたい。

近年、ロシアの研究者ブハーリンによって、カンライータイとキナイドコルピータイ(の一部)を、ともにキンダ族に比定する説が提唱されている (Bukharin, "Romans in the Southern Red Sea": 67-71; id., "Mecca on the Caravan Routes": 123)。キンダは3世紀初頭の南アラビア碑文の記事から、アラビア半島中央部のカルヤト・アルファーウ (Qaryat al-Fāw: 19°47′N, 45°09′E) を中心に王国を築いていたことが知られるアラブ種族で、その後南下して南アラビアのヒムヤル王国軍の一翼を担うようになったが、5世紀に入るとヒムヤルの支援を受けて再び中央アラビアに進出して王国を築き、イラクのラフム朝、シリアのガッサーン朝という、いずれも北方のアラブの王国に対抗した (蔀「碑文史料から見た古代南アラビア諸王国とアラブ・ベドウィンの関係」164-165、172-173頁参照)。このキンダ族が1世紀には紅海の沿岸部にまで勢力を有していたとなると、古代のアラビア半島史にとって極めて重要な事実であ

るが、如何せん傍証に欠ける。
(7) アラビア地方に向けて（εἰς τὴν Ἀραβικὴν χώραν）：**Frisk**: 7 はこの部分の削除を主張し、それに従った村川：91/113 の訳文にはこれらの語がない。しかし **Schmid**: 790-791 が指摘し、**Casson**: 254 も同調しているように、削除の必要は特に認められない。前節と同様に、ここの「アラビア」も南アラビア地方を指している（前節註6参照）。
(8) カタケカウメネー島（Κατακεκαυμένη νῆσος）：プトレマイオス VI. 7. 44 にはこれと同名で、プリニウス VI. 34. 175 では Exusta という名で言及されている。いずれの場合も語義は「焼け島」。諸氏一致してターイル山もしくはターイル島（Jabal al-Ṭā'ir/Jazīrat al-Ṭā'ir: 15°33′N, 41°50′E）と呼ばれる紅海南部の火山島に比定している。この島はアラビア半島とアフリカのほぼ中間に位置し、現在でも航行する船舶の目標となっている（cf. *RSP*, 4. 4; *SDRS*, 3. 02）。現在はイエメン領となっていることからも窺えるように、ここら辺から先はサバァ王国の領域で、沿岸部の安全も保障されていたのであろう。

第21節

(1) 法定の：第1節註2、第4節註2参照。
(2) ムーザ（Μούζα）：プトレマイオス VI. 7. 7、プリニウス VI. 26. 104 にも名を挙げられていて、当時、南アラビアの紅海岸で最も重要な交易地であった。プリニウスは、ここにはインドへ航海するものは寄港せず、アラビア産の香料を取引する商人だけが訪れると記しているが、これは、ローマ時代のエジプト商船が、目的地別に特化していたこと

を示す重要な指摘である。後にコーヒーの積出し港として名をなし、イエメン産コーヒーのブランド名にまでなった、今日のモカ (Mocha/Mokha/al-Mukhā': 13°19′N, 43°15′E) に比定するのが通説。そこから東方すなわち内陸に約30 km入ったところにあるマウザァ (Mawzaʻ: 13°16′N, 43°31′E) という村が、古名を伝えている。当時は現在のモカもこの名で呼ばれていたのであろう。但しモカ、マウザァのいずれからも、古代の港市の遺構は未発見である。少数意見として、モカの北方約44 km地点の村マウシジュ (Mawshij: 13°43′N, 43°17′E) に、ムーザを比定する説 (H. von Wissmann, Endpaper Map in Grohmann, *Arabien*; R. B. Serjeant, "Supplementary Note," *Arabian Studies*, VII (1985): 51) があるが、次節のサウエー市が比定されるサワーとの位置関係から見ても、モカ説の方が有力である。因みにモカという名称は、Mḫwn (-n はアラビア語定冠詞 al- に相当) という形で、4世紀前半の南アラビア語碑文 (Ir 28) に初めて現れる。ムーザについては第24節の註1、2も参照。
(3) 12,000スタディオン：実際には約8,000スタディオン。現実の距離以上の距離感があったということは、内海とはいえ紅海を南北に航行するのが、実はかなり難しかったことを物語っているのであろう。
(4)「向こう側」：第7節註3参照。
(5) バリュガザ：インド北西部グジャラート地方の中心都市。ナルマダー川に臨む現在のバルーチ（ブローチ）。詳しくは第41節参照。

図版26 イエメン、海岸から高原に向かうルート沿いの景観

第22節

(1) サウエー市 (πόλις Σαυή): プリニウス VI. 26. 104 はサウェー (Save)、プトレマイオス VI. 7. 42 は王都サベー (Σάβη βασίλειον) と呼んでいる。後者は写本により Σαύη, Σάββη とも綴られる。南アラビア碑文の中では S³w (S³aww サッウ？) と呼ばれている。遺跡は、タァイッズ市 (Ta'izz) から南のトゥルバ市 (al-Turbah) に向かう道路の西側の、タァイッズから南南西に約 22 km の地点で、1987年にサヌアー大学の大学院生アブドゥルガーニー・アッシャルアビーが発見した。現在でも、この遺跡のあるサワー (al-Sawā') というウズラ ('uzlah. イエメンの行政区分では郡のレベルに相当) 名と、このウズラにある同名の山 (Jabal Ḥiṣn al-Sawā') が古名を伝えている。下記の地図によるとこの山はナシャマ (al-Nashamah: 13°23′N, 43°58′E) の南西約

7.4 km の地点に位置するが、その南麓のブライダ（Buraydah）村の近くで発見された1碑文（Shar'abī-as-Sawā 1）に、『案内記』のコライボスに当たると思われる人物の名とサッウ市の名がともに見える（註3参照）。Cf. *Wādī al Barakānī, Ḥajarīyah, Yemen Arab Republic. 1975 Photomap, approx. 1:25,000.* Produced by the Dept. of Geography, University of Zurich, for the Food and Agriculture Organisation, Rome. 今日のタァイッズがそうであるように、かつてのサッウ/サウエーもイエメン高原最南部の中心都市であった。3世紀前半の碑文（Ja 585）からは、当時この都市が、南アラビアに侵入し沿海部を中心に広い地域を占領していた、エチオピアのアクスム軍の重要拠点となっていたことが窺える（蔀「古代南アラビア碑文に現れるアビシニア人（2）」203-204頁参照）。ムーザからサッウ/サウエーに向かうには、おそらく現在のモカとタァイッズを結ぶルートではなく、その南のワーディー・バニー・ハウラーン（Wādī Banī Khawlān）を遡行したと推察される。1763年に前者のルートを取ったニーブールの一行は、モカからタァイッズに至るのに4日強を費やしたが（Niebuhr, *Reisebeschreibung nach Arabien*, I: 373-376）、ワーディー・バニー・ハウラーンルートはそれよりかなり短いので、『案内記』にこれを3日行程と記してあるのは妥当である。

(2) マパリーティス（Μαφαρίτις）：南アラビア碑文の中では紀元前より族名として幾度か言及され、イスラーム期には族名としてだけでなく、タァイッズを中心とするイエメン南西部の地方名としても用いられたマアーフィル（Ma'āfir）に比定される。

図版27　マアーフィルの族長クライブ・ユハァミンの碑文

（3）コライボス（*Χόλαιβος*）：碑文 Shar'abī-as-Sawā 1 には、マアーフィル族の首長クライブ・ユハァミン（Kulayb Yuha'min）が、サッウ市の下手（しもて）の平地に神殿を築いたと記されている。町や村の建物は小高い場所に築かれ、周囲の平地もしくは斜面に耕地が広がっているのは、現在のイエメンでもよく目にする光景である。この場合には、山麓に神殿が築かれたのであろう。碑文に年紀はないが、文字の書体は前1世紀末〜後2世紀初頭のものと見なせる。そこで『案内記』のコライボスをこのクライブに比定する説が提唱され、今日一般に認められている。Cf. Robin, "L'Arabie du Sud et la date du *Périple*": 10-12; id., "Kulayb Yuha'min est-il le *Χόλαιβος* du *Périple de la mer Erythrée*?"

第23節

（1）9日（行程）：現在のルートを進んだ場合、これほどの

日数を要したとは思えない。現在とほぼ同じルートでタァイッズからサヌアーに向かったニーブールの一行は、病人を伴い道中随分難渋したにもかかわらず、ヤリーム（次註参照）まで実質6日しかかけていない（Niebuhr, *Reisebeschreibung nach Arabien*, I: 394-399）。サッウ/サウエーからタァイッズまではおよそ1日行程の距離なので、ヤリーム近くのザファール/サパルまでは7日程度で行けたはずである。Sprenger, *Die alte Geographie Arabiens*: 184 は、険しい山岳路を嫌った隊商が迂回路を取ったため、これだけの日数を要したのであろうと推察している。サッウ/サウエーから北のタァイッズ方面へは向かわずに大きく東へ迂回し、アデンからザファール/サパルに向かうルートに合流したのかもしれない。

(2) 首都の［サ］パル（[Σ]αφὰρ μητρόπολις）：写本の読みはαφὰρであるが、シグマを補って読むことに異論はない。プリニウス VI. 26. 104 は王都のサッパル（Sapphar）、プトレマイオス VI. 7. 41 も首都のサッパル（Σάπφαρ）と呼んでいる。ヒムヤル王国（次註参照）の首都ザファール（Ẓafār）のことで、現在ヤリーム市の南南東およそ8 kmの地点（14°13′N, 44°24′E）にある同名の寒村の周辺に、遺構が認められる。**Casson**: 149 がその位置について、ヤリームの南東およそ20マイル（14°13′N, 44°31′E）と述べているのは間違い。Cf. W. Radt, "Bericht über eine Forschungsreise in die Arabische Republik Jemen," *Archäologischer Anzeiger* 1971: 268-271; R. D. Tindel, "Zafar: Archaeology in the Land of Frankincense and Myrrh," *Archaeology* 37-2 (1984): 40-45; Müller, "Ẓafār." アデン湾に注ぐワーディー・バナー（Wādī

Banā') の源頭近くに位置していることから見て、おそらく元来は紅海岸の港よりも、南のアデンとのつながりの方が強かったと推察される。しかし第26節に記されているように、たまたま本書成立当時はアデンが交易港としての機能を停止していたために、ムーザ/モカよりサッウ/サウエーを経由してザファール/サファルに至るルートが、主要交易路として利用されていたのであろう。1998年から2010年にかけてハイデルベルク大学の調査隊が遺跡の発掘と遺物の整理を行い、2013年に報告書が刊行された：Yule (ed.), *Late Antique Arabia — Ẓafār, Capital of Ḥimyar*.

（3）2種族——ホメーリタイとその隣のいわゆるサバイオイ——の合法の王カリバエール（Χαριβαήλ, ἔνθεσμος βασιλεὺς ἐθνῶν δύο, τοῦ τε Ὁμηρίτου καὶ τοῦ παρακειμένου λεγομένου Σαβαίτου）：ホメーリタイとサバイオイはヒムヤル（Ḥimyar）とサバァ（S¹aba'）のことで、当時たまたま連合王国を形成していた。カリバエールは、この頃この連合王国を支配していたカリブイル・ワタル・ユハンイム（Karib'il Watar Yuhan'im）に比定される。サバァが遅くとも前8世紀には王国を築いていたのに対してヒムヤルは新興の勢力であった。プリニウス VI. 26. 158, 161 では Homeritae と呼ばれ、特に161節では南アラビアで最も人口の多い種族と記されているが、これはアエリウス・ガッルス率いる南アラビア遠征軍（第19節註2参照）が持ち帰った情報に基づく記事と考えられる。プトレマイオスも2度（VI. 7. 9, 25）ホメーリタイ（Ὁμηρῖται）に言及している。因みに、古代南アラビア語においても後のアラビア語においても、この語の綴りは Ḥmyr であるが、これを「ヒムヤル（Ḥimyar）」と読むの

はアラビア語流である。しかし上に示したギリシア語やラテン語の文献の綴りから見ると、音韻変化の起こる前の本来の名称は「フマイル (Humayr)」ではなかったかと推察される。古典文献における言及は『案内記』やプリニウスが最初で、プトレマイオス朝期に遡ることはない。他方、古代南アラビア碑文における言及も、前1/後1世紀のRES 2687に、この勢力のハドラマウト攻撃に触れた記事があるのが初出例で、それ以前の碑文には全く登場しない。後に制定されたいわゆるヒムヤル暦が、前110年を紀元としていることも勘案すると、おそらく前100年前後に新勢力として台頭し、この頃よりインド洋世界と地中海世界を結ぶ交易ルートとして、アラビア半島の内陸隊商路よりも紅海を通る海上路の重要性が高まった状況に適応して、沿岸の諸港への支配を強める一方で、南部の高原地帯の諸部族を統合して大勢力に発展したようである。註2に記したように首都はザファールで、そこにライダーン (Raydān) という王の居城があった。

このヒムヤルとサバァが連合王国を形成するに至った経緯は不明であるが、王がヒムヤル側から出て、首都もサバァの首都のマーリブではなくザファールに置かれているのを見ると、主導権がヒムヤル側にあったことは明らかである。史料的に、連合王国の存在はカリブイルの2代前の王までしか遡れない。またカリブイルの次の代になると連合は瓦解し、以後約200年間にわたって対立する両王国はしばしば戦いを交えた。つまりわずか半世紀余りしか持続しなかった両国の連合時代が、たまたま『案内記』の記述が行われた時代に当たっていたということになる。またカリ

ブイル王の時代に、王の名と肖像を刻印した銀貨がライダーンで鋳造されていることから、この王の治世が、6世紀まで続くヒムヤルの歴史の前半期のピークであったことが窺える。ともあれ、『案内記』の作者は当時の南アラビアの政情にある程度通じたうえで、カリブイルを両勢力の合法的な支配者と呼んでいるのである。「合法」の正確な含意は不明だが、当時は両勢力の連合に亀裂が見えず、サバァ側もカリブイルの支配を当然のこととして受け入れていたのではあるまいか。なお、古代南アラビア史の概要については、佐藤次高編『西アジア史 I』(新版世界各国史 8) 山川出版社、2002年、115-124頁 (蔀勇造) を参照。またザファールの調査を行なっているドイツのユールが、ヒムヤルの歴史と文化を独・英の2語で概説した啓蒙書 (Yule, *Himyar: Spätantike im Jemen/Late Antique Yemen*) を刊行している。

(4) 諸皇帝と親しい (*φίλος τῶν αὐτοκρατόρων*)：ここで「皇帝」が複数形になっているのは、カリブイルの治世がローマの複数の皇帝の在位期にわたることを示していると解するのが通説。年代的に見て、クラウディウス (在位41〜54)、ネロ (54〜68)、ガルバ (68〜69)、オト (69)、ウィテリウス (69)、ウェスパシアヌス (69〜79) のいずれかであろう。プリニウス XII. 31. 57 には、彼の時代にアラビアから、乳香樹の小枝を土産として携えた使節がローマを訪れたことが記されている。しかしその木の様子が、それまで伝わっていたのとは随分違うので、ローマの人々はおおいに戸惑ったらしい。後漢代に洛陽を訪れたと言われる大秦王安敦の使節と同じく、このアラビアからの使節というのも、真に当時のヒムヤル・サバァ連合王国の使節であったのか、

やや疑わしい。

第24節

(1) *SDRS*, 7. 36 にも、モカで船が碇泊するのは、東風以外は遮るもののない、いわば吹き曝しの投錨地 (open roadstead exposed to all but E winds) と記されている。特に10月から4月にかけては、日中は遅くなるほど強風が吹き波も荒くなるので、荷役作業は朝のうちに限られるという。私がここを訪れたのも秋の午後であったので、海岸では砂が飛ぶほど強い風が吹いていて、こんなところが本当に帆船の碇泊地でありえたのかと思ったことを記憶している。

(2) この点については1769年7月29日にモカに寄港したブルースも着目し、碇綱を切る珊瑚礁もなく投錨に最適の砂地だと記している (J. Bruce, *Travels to Discover the Source of the Nile, in the Years 1768, 1769, 1770, 1771, 1772, and 1773*, I, Edinburgh, 1790: 310)。モカ湾 (Al-Mukhā Bay) の南に隣接するラグーン (Khawr al-Zayādī) は、現在では干潮時には干潟になってしまうので碇泊地には向かないが、ことによると『案内記』の時代にはここにも船が投錨したかもしれない。Cf. *ACh* 1955: Ports in the Yemen.

(3) パープル染めの品 (πορφύρα)：原語は貝紫染料を指すが、ここは文脈から見て、その染料で染めたおそらく毛織物製品。貝紫による染色業はフェニキア経済を支えた一つの柱として有名で、「フェニキア」という民族名 (他称) もギリシア語で「紫」を意味する φοῖνιξ (phoinix) という語に由来する。考古学的にこの染色の起源は前17世紀にまで遡るという。原料はアクキガイ (悪鬼貝) 科に属する巻貝の鰓下

腺（パープル腺）の分泌液で、乳白色もしくは淡黄色のこの液が、紫外線に晒されると酸化して紫系統の色に変色するのを利用した染色法である。原料とする貝の種類によって、赤色系と青色系の２種の染料が得られた。前者の主な原料となったのは、学名を *Bolinus* (*Murex*) *brandaris* というシリアツブリボラ（英語名は spiny dye murex/purple dye murex）であったが、地中海に広く分布する学名を *Thais* (*Stramonita/Murex*) *haemastoma* というレイシガイの仲間の貝も使用された。ここから得られた帯紫紅色の染料が、主産地のティルス（Tyrus）に因んで Tyrian purple とも呼ばれる、古代を通じて最も珍重された貝紫である。もう一方の貝紫の原料となったのはツロツブリボラ（英語名は banded dye murex）という貝であるが、こちらの学名は研究者によって *Hexaplex* (*Trunculariopsis/Phyllonotus/Murex*) *trunculus* といろいろな呼び方がされている。これからできる染料は、英語でヒアシンス色（hyacinth）という水色を帯びた菫色であった。考古資料から見てシドン（Sidon）とサレプタ（Sarepta）が主産地であったというから、おそらく原料となる貝の分布状況によって、産地ごとに産出する染料の種類は異なっていたであろう。この区別は旧約聖書の時代からあり、たとえば「出エジプト記」XXV. 4 で「青、紫、緋色の毛糸」と訳されている箇所の原語 těkēlet, 'argāmān, tôla'at šānî が指すのは、最初の二つはツロツブリボラとシリアツブリボラから採った貝紫で染めた色、3番目はカーミンカイガラムシの雌から作るケルメス（kermes）という赤色染料で染めた色と解されている。1個の貝から採取できる染料はわずかなので、これによる染色を産業として成立させ

るためには膨大な量の貝が必要であったことは容易に想像がつく。フェニキア人が地中海沿岸各地に進出して植民市を建設したのは、一つにはこの貝の新たな漁場を求めてのことであったと言われるほどである。

　フェニキア諸都市が滅びた後もその故地で、織物業と結びついたこの染色産業は存続し、ローマ帝政期に至ってこの染料で染めた衣類への需要はいよいよ高まった。元来は貝紫で染められたのは毛織物で、染料の稀少価値の故に高価であったが、東方より流入した絹をこれで染めた布が出現するに及んで、さらに驚くほどの高値を呼んだという。プリニウス IX. 60. 125 – 63. 137 には、この貝の習性や染料の採れる種類、貝の採集法、さらに続けて染料の製造法、ローマにおける貝紫使用の歴史などが詳しく記されている。彼によれば上記の貝以外にも染料の採取できる類似の貝は他にもあったようで、染料を混合して色を調整することも行われた。それによって品質と価格の異なる製品が作られたのである。時代によって流行色が変化したことも窺える。最終的に人気を博した二度染めの Tyrian purple は、それより青みを帯びた Violet purple の10倍の金を出しても買えなかったという。Cf. I. I. Ziderman, "Seashells and Ancient Purple Dyeing," *Biblical Archaeologist*, June 1990: 98-101; C. J. Cooksey, "Making Tyrian purple," *Dyes in History and Archaeology* 13 (1994): 7-13; K. Gratton, "Production et échange de la pourpre au Proche-Orient aux époques grecque et romaine," *Topoi*, Supplément 8 (2007): 151-172. なお C. J. Cooksey, "Bibliography of Tyrian purple" (http://www.chriscooksey.demon.co.uk/tyrian/cjcbiblio.html) も参照。

(4) 衣服（*ἱματισμός*）：ヒマティスモスという語は本書の中で、アラビアとインドに輸出される衣類一般を指すのに頻繁に用いられている。アフリカ向けの衣類にこの語が用いられていないのは、おそらくより細分化された呼称が使用されているからであろう。そしてその理由は、アフリカ東岸の住民が衣類の多くを輸入に頼っていて、エジプト側でも彼らの需要を用途や好みの細部に至るまで把握し、それに応じて多種多様な衣類を生産・輸出していたからではあるまいか。

(5) サフラン（*κρόκος*）：サフランの花の赤くて長い3本の雌しべを乾燥させたものは、黄色染料、香料、薬品の原料となった。小アジア産の、それも栽培種ではなく野生のものが最も優秀であった。ディオスコリデス I. 26とプリニウス XXI. 17. 31-34に用途や効能についての詳しい記事がある。中世地中海世界においても重要な薬種として広く用いられた（cf. Lev & Amar, *Practical* Materia Medica: 270-273）。

(6) キュペロス（*κύπερος*）：カヤツリグサ科のハマスゲ（学名は *Cyperus rotundus*）。畑や海岸などに生育する多年生の草で、地下茎を伸ばして繁殖し駆除が容易でないことから、我が国では厄介な雑草と見なされることが多い。しかし塊茎に抗炎・鎮痛・子宮弛緩効果のある薬用成分が含まれているので、月経不順や月経痛、神経症、胃痛・腹痛に効く香附子という漢方薬として使用される。ディオスコリデス I. 4とプリニウス XXI. 70. 117-118によると、シチリア、ロドス、キュクラデス諸島といった地中海の島々やシリア、エジプトに産し、ヘビやサソリに咬まれた時の解毒、排尿

困難や結石、さらには子宮閉塞などの婦人病の治療に用いられたという。
(7) 布 ($\partial\theta\acute{o}\nu\iota o\nu$)：キャスン以外は皆これを綿布と誤解。しかし本書ではインドからの輸入品は必ずその旨明記されているのに、ここにはそれがない。列挙されているのはいずれも地中海方面からの輸入品なので、**Casson**: 153 が主張するように、これはおそらく亜麻か毛織りの布であろう。
(8) グラデーションがかかった縞模様の ($\sigma\kappa\iota\omega\tau\acute{o}\varsigma$)：**Casson**: 255 の説明が詳しい。他の訳者たちも帯の色や模様を示す語と解しているのに、村川：93/115 だけがこれを「縁つきの」と訳しているのは不可解。
(9) 香油 ($\mu\acute{\upsilon}\rho o\nu$)：各種の香料を混合して作られた。詳しくはプリニウス XIII. 1. 1 – 5. 25 を参照。特に 2. 8-18 に香料の調合についての記事がある。ギリシア語の $\mu\acute{\upsilon}\rho o\nu$ もラテン語の unguentum も、ともに液状の香油であってクリームではない。その点で、『博物誌』の邦訳本がこれを「軟膏」と訳しているのは正しくない。これは原語のラテン語からの翻訳ではなく、ロエブ古典叢書の英訳からの重訳なので、英語の unguent をそのまま日本語に直した結果、こうなったのであろう。この訳書には、同様の原因によると思われる誤訳が間々見られる。
(10) 十分な量の貨幣 ($\chi\rho\hat{\eta}\mu\alpha\ \hat{\iota}\kappa\alpha\nu\acute{o}\nu$)：第 6 節（アドゥーリス）と 8 節（マラオー）に記されていた貨幣の輸入が「少量」で、現地人との取引用というより駐留エジプト人の需要を賄うのが目的と思われるのに対して、ここではわざわざ「十分な量」と断ってあるので、取引用であろう。とはいえ、後述するインドの場合と同様に、これで取引の決済

をしたというのではなく、商品の一つとして輸入されている。南アラビア側が、北西インドにおけるようにこれを熔融させて自前の貨幣を鋳造するための材料としたのか、あるいは南インドにおけるように地金の価値をもとにそのまま秤量（称量）貨幣として用いたのか、それとも計数貨幣としてエジプト商人との取引に用いたのかという点に関しては未詳。

(11) 南アラビアの高原地帯で古くから葡萄の栽培が行われていたことは、当時の碑文に葡萄畑に関する記事が散見することから見て確かである。したがって、葡萄酒の醸造が行われていたことは、当然予想できる。第49節によれば、インドのバリュガザではイタリア産やシリア産に混じってアラビア産の葡萄酒も輸入されていた。海外に輸出できるほど大量に生産していたわけである。イスラーム期に入っても現在に至るまで葡萄栽培そのものは盛んで、収穫期にサヌアーのスークを訪れてその種類の多さに驚くのは、18世紀のニーブール（Niebuhr, *Reisebeschreibung nach Arabien*, I: 420）だけではない。収穫期以外でも、スークに並ぶ干し葡萄の種類の多さを見れば、そのことは十分に窺える。Cf. Grohmann, *Südarabien als Wirtschaftsgebiet*: 234-238. なお **Casson**: 154 が南アラビアにおける葡萄酒生産を示す資料として、上記2書を挙げているのは不適。両書ともに、記しているのは葡萄酒生産ではなく、葡萄およびその栽培についてである。

(12) ストラボン XVI. 4. 2 には、前3世紀のエラトステネスを引いて、南アラビアには馬もラバも豚もいないと記されている。ではストラボン自身の時代にはどうであったかとい

うと、前25/24年にこの地方に遠征した友人のアエリウス・ガッルスがもたらした情報の中に、当地の馬に関するものは見当たらない。同上章の第24節に現地人の軍勢への言及があるが、そこでも騎馬兵の存在を示唆する記事はない。他方、同じ章の第26節では、半島北西部にいたナバテア族の家畜に言及して「羊は毛並みが白く牛は大型だが、この地方では馬を産しない。そしてラクダが馬の代わりの役をする」と記している。この地方に関するストラボンの知識の多くは、首都のペトラに在住していたことのある知人で哲学者のアテノドロスから得られたというのが、一般の理解である。要するにストラボンを読む限り、紀元前後の時代には、現在のヨルダンからイエメンへかけての地域の広義のアラブ人の間では、馬はまだ家畜として使用されていなかったようである。ところが本書のこの節には、王と首長への献上品の筆頭に、馬と駄役用のラバが挙げられている。さらに第28節に列挙されているハドラマウト王国のカネー港における交易品の中でも、王への献上品に馬が含まれている。このように、ストラボンの『地誌』の記事と『案内記』のこれらの記事とを読み合わせると、南アラビアの諸王国には1世紀半ば頃ようやく、エジプトから来航した商人の手を通じて馬が移入されつつあったことが窺える。但しこの段階では、馬は通常の交易品とは区別された支配者への献上品として記載されていて、いまだ貴重な品であったことが推察される。因みに、『案内記』の中で馬に関する記事はこの2ヶ所だけである。

　一方この地方に残されている碑文史料からも、上記の事実の裏付けが得られる。古代南アラビア語で馬は faras[1]

(複数形 afrās[1]) と呼ばれたが、この語はまた文脈によっては「騎馬兵」をも意味した。管見の及ぶ範囲でこの語の初期の用例は、いずれも西暦100年前後の作と思われる Ja 643 + 643 bis と Ja 644 の2碑文に見出せる。Ja 643 にはサバァ王麾下の軍勢の中の「騎馬隊」が、また Ja 643 bis と Ja 644 にはそれぞれ敵軍から奪った戦利品として「馬」がラクダやロバとともに挙げられている。戦いの相手は前者ではハドラマウト軍、後者ではシャダド族というサバァの南にいた部族である。これらの記事から、『案内記』以降の半世紀間に南アラビアでも馬が相当に普及し、軍勢の中で騎馬兵がすでに一定の役割を担うようになっていたことが推察できよう。近年発見された、これらの碑文よりも若干古い1世紀末の碑文 MB 2001 I-101 (cf. *PSAS* 32 (2002): 213) の中にも faras[1] という語が見出せるが、そこでは「馬の像」の意味で用いられている。なお、増えた馬の一部はエジプトからもたらされた馬をもとに現地で再生産されたものであろうが、それだけでは短期間に各地に普及した理由は説明できない。別稿(蔀「碑文史料から見た古代南アラビア諸王国とアラブ・ベドウィンの関係」)において示したように、南アラビア碑文には1世紀になってようやく、アラブ人を指す 'arab や、ベドウィンを指す a'rāb という語が現れ、その後その使用例は急増する。おそらくこの前後の時期より、北方(それがどこであるかが問題なのだが現段階では不明)からアラブ・ベドウィンが波状に南下・侵入した結果ではないかと考えられる。南アラビア碑文に 'arab/a'rāb という語と faras[1] という語がほぼ同時期に出現するというこの事実に着目するならば、南アラビア諸国に普及した馬

の少なくとも一部は、アラブ・ベドウィンによってもたらされたという推測も可能であろう。なお、アラビア半島への馬の導入時期とその契機の問題についてさらに詳しくは、蔀「文献史料に見る南東アラビア (2)」20-22頁を参照。

他方のラバは、雄ロバと雌馬の交配から生まれる繁殖力のない（したがって再生産できない）一代雑種なので、雌馬が相当数存在しないところでは、採算のとれる生産は難しい。

(13) 精選された没薬とスタクテー（σμύρνα ἐκλεκτὴ καὶ στακτή）：没薬については第7節の註11をまず参照。概要はそこに記した。ソマリアと並んでアラビア半島南西部が、この香料の特産地であった。19世紀以降の現地調査によって、現在のサウディアラビア最南西部のアシール地方から南のイエメンにかけてのほぼ全域で、この香料を産する木の存在が確認されている。但し『案内記』の中で、アラビアからの没薬の輸出が言及されているのは、この箇所のみ。南アラビア産没薬は、主に現地人が Qafal と呼ぶ木（*Commiphora abyssinica* Engl. および *Commiphora simplicifolia* Schwf.）から採取される。しかし本書やプリニウスによれば、古代においては主に産地を基準にして種類が細かく分かれ、それぞれが一種のブランドと化していたのが見て取れる。

一方、スタクテーという語は元来は「滴状の」という形容詞なので、村川：94/115 はこの箇所を「優秀な、また滴状の没薬」と訳している。しかしこの語は、没薬樹脂に含まれる油脂成分を搾出した、いわばエッセンスとしての「没薬油」を指す語として古代地中海世界で通用していた。

ただその採取（あるいは製造）法に関する説明は文献によって異なる。プリニウス XII. 35. 68 には、樹液を採るため木に刻み目を入れる前に木から自然に滲み出てくる液をこう呼び、没薬のうちでも最高級と記されているが、テオフラストスの『香りについて』VI. 29（ロエブ版テオフラストス第 2 巻 350-351 頁所収）やディオスコリデスの『薬物誌』I. 60; 64. 1 によれば、凝固した樹脂を砕いて圧搾して得られた精油と説明されている。この点について **Casson**: 155 がプリニウスの説明を誤りと断じているのに対して、Groom, *Frankincense and Myrrh*: 13 は、プリニウスが記しているような樹液は一旦凝固しても、油脂成分が多いためスタクテーの製造に好んで用いられたと思われるから、彼の説明は必ずしも間違ってはいないと述べている。いずれにせよ、極めて濃厚で香り高い香油であったため、他の香料や油と調合せず生のままで香水や薬として使用されることもあった。

(14) アベイ［ライアと］ミナイア（Ἀβειρ[αία καὶ] Μιναία）：写本では ἀβειρμιναία となっているが、複数の文献（プリニウス XII. 35. 69；ディオスコリデス I. 64. 2；ガレノス XIV. 68）を通じてミナイア／ミナエアという没薬の存在が知られているため、諸氏一致してテキストをこのように補訂して読んでいる。サバァ王国の北に栄えたマイーン（Maʻīn）王国の民をギリシア語でミナイオイ（Μιναῖοι）、ラテン語でミナエイ（Minaei）と呼ぶので、これがこの没薬のブランド名の元になっているのであろうと推察されているが、その理由については意見が分かれる。即ち、マイーン領内産の没薬がこう呼ばれたという説がある一方で、産地の如何

によらずマイーン商人によって地中海世界の市場に運ばれた没薬をこう呼んだのがこの名の由来、という説もある。南アラビア産の香料を輸出する隊商交易で最も活躍したのがマイーンの商人であったのが、このような説の生まれる理由である。他方のアベイライアについては、ディオスコリデス I. 64. 1 にスタクテーが大量に採れる品種として挙げられているガビレア（$Γαβιρέα$）に同定する説が唱えられている（**Müller**: 275; **Casson**: 156; Sprenger, *Die alte Geographie Arabiens*: 167）。「ア」と「ガ」の違いについては、セム系の言語でしばしば観察される、アラビア語のアイン（ʿ）とガイン（ġ）に当たる子音の交替現象の一例として説明される（Sprenger, *Ibid.*）。**Müller**: 275 はさらにこれを、オマーン地方の Wādī Gabir と結びつけようとしているが、そのように遥か東方で採取された没薬が、直近の港ではなくムーザまで送られ輸出されるのは不自然で受け入れがたい。

(15) 白大理石（$λύγδος$）：組成が $CaCo_3$（炭酸カルシウム）の純粋な方解石の結晶のみからなる大理石。ディオドロス II. 52. 9；プリニウス XXXVI. 13. 62 ともに、アラビア産の白大理石を地中海のパロス島産のそれと並べて賞賛しているが、特にディオドロスは、有名なパロス島の大理石もその白さや光沢においてアラビア産には比すべくもない、とまで述べている。両者とも、これがアラビア半島のどこで産出されるかについて記していないが、本節よりイエメンがその産地の一つであったことが確認できる。19世紀においてもサヌアー周辺で石膏やアラバスターとともに大理石の産出が報告されている（C. Millingen, "Notes of a Journey in Yemen," *JRGS* 44 (1874): 121）。ところでプリニウスが上記

の箇所で、白大理石について皿や杯を作れる程度の小塊しか入手できないと述べる一方で、アラバスターについて記した前章 (12.59-61) では、器のみならず寝台や椅子の脚、果ては大きな円柱までもがこの石材で作られると述べているのは、両石材の用途に関する通念に反しているようで、やや意外である。しかしプリニウスがアラバスターは蜂蜜色のものを以てよしとすると述べているところから見て、白大理石と混同しているとは思えない。雪花石膏と呼ばれる現代のアラバスターは、鉱物組成が爪でも傷のつく軟らかな二水石膏（$CaSO_4 \cdot 2H_2O$）で、英語で "alabaster skin" とか "alabaster arms" という表現に用いられるように白い色をしているが、淡い黄みを帯びた古代のアラバスターは、白大理石と同じく方解石でできていたので、家具類の材料ともなりえたのであろう。産地の南アラビアでは、小品の制作には大理石よりもアラバスターの方が好まれたらしく、古代遺跡からの出土品を見ると、後者の方がはるかによく使用されている。遺跡からは確認できないが、後世の建物ではアラバスターの半透明の薄板を窓に張ることも行われた。アラバスター製の窓が主に建物の西側に見られるのは、夕日は有害というイエメン人の信念に基づいており、室内に射し込む柔らかな光が月明かりを連想させることから、アラビア語で「月」を意味する qamar と呼ばれている (cf. *Western Arabia*: 527)。

(16) 対岸のアドゥーリからの（*ἀπὸ τοῦ πέραν Ἀδουλεί*）：アドゥーリスとムーザの間の取引の記事はないのに対し、第7節のアウアリテースからは対岸のムーザやオケーリスに、筏で香料類、象牙、亀甲、没薬が運ばれてくることが記さ

れている。そこで村川：94/115 は **Schoff**: 31 に従い、テキストの読みも「アウアリテース」と改めている。他方、ムーザが「向こう側」の交易地と取引を行なっているという第21節の記事に着目したデ・ロマニスは、テキストのこの箇所に接続詞を補って $\dot{\alpha}\pi\dot{o}$ $\tau o\hat{v}$ $\pi\acute{e}\rho\alpha v$ $<\kappa\alpha\grave{\iota}>$ $A\delta ov\lambda\iota$（「向こう側」とアドゥーリからの）とすることを提唱している（De Romanis, "Patterns of Trade in the Red Sea": 33-34）。この解釈に従えば、アドゥーリスやアウアリテースだけでなくソマリアのアデン湾岸の諸交易地から、輸出品として挙げられていた品々がムーザに集荷されていたことになる。いずれにせよ、ここではアフリカからの輸入品がそのまま転売されている点が重要。そこに着目すれば、特にアウアリテースの場合、外国船の到来を待って取引するより、商船の寄港が頻繁なアラビア側の交易地に渡って商品を売りさばく方が手っ取り早かったという事情は、十分理解できる。
(17) 第 6 節註30に記したように、エジプト暦のトート月は、8月29日～9月27日に当たる。ここで推奨されているムーザに向けたエジプト出航の時機は、アドゥーリス向けの場合とほぼ同じ。この時機がお勧めの理由については、第 6 節註31参照。

第25節

(1) 今日のバーブ・アルマンデブ（Bāb al-Mandeb）海峡。Cf. *ACh* 2588: Red Sea-Straits of Bab El Mandeb. マンデブはアラビア語で「悲嘆」を意味するので、これを訳せば、さしずめ「涙の海峡」とでもなろうか。
(2) ディオドーロス島（$v\hat{\eta}\sigma o\varsigma$ $\dot{\eta}$ $\Delta\iota o\delta\acute{\omega}\rho o v$）：今日のペリム島

(Perim/Barīm: 12°40′N, 43°25′E)。実際には海峡の真ん中ではなく、アラビア半島寄りに位置している。
(3) 言うまでもなく、第22節で言及されているコライボスである。
(4) オケーリス (Ὄκηλις)：海峡の北側に位置するホール・グライラ (Khawr Ghurayrah) というラグーンの入口の北岸にあるシャイフ・サイード (Shaykh Saʻīd: 12°43′N, 43°28′E) という村に比定するのが通説。ただ、この村の名をグライラと表記した地図もある (cf. *ACh* 2588)。19世紀前半にここを訪れたウェルステッドは、"a small harbour remains, but we discovered no ruins, or other traces of antiquity" と書き残している (Wellsted, *Travels in Arabia*, II: 466)。しかし *RSP*, 11. 98 によれば現在ではこのラグーンの入口はほとんど閉じていて、内部の水深も 0.9 m 程度しかないという。ストラボン XVI. 4. 5 はアルテミドロス (前100年頃没) を引いて、デイレー (第7節註2参照) の対岸のアラビア側の岬をアキラ (Ἀκίλα) と呼んでいるが、これがオケーリスの古名と考えられる。一方プリニウスの伝える情報は錯綜している。インド航路を解説するに際しては、『案内記』と同じくここをオケーリス (Ocelis) と呼び、インドへの最適の出航地と記しているが (VI. 26. 104)、ペルシア湾のアラビア岸の解説をしている別の箇所でも、同じくインドへの出航地としてアキラ (Acila) という地名を挙げている (VI. 32. 151)。さらに XII. 42. 88 にはゲッバニタエ族の港としてオキリア (Ocilia) の名が挙げられている。後の二つの地名も、実はいずれもオケーリスと同じ港を指しているにもかかわらず、依拠した史料がヘレニズム期の古いものであ

ったために、プリニウスはそれと気づかずこのような混乱が生じたのであろうと考えられる (cf. Dihle, "Die entdeckungsgeschichtlichen Voraussetzungen des Indienhandels": 562)。『案内記』の作者もプリニウスも、オケーリスのインドへの出航地としての役割を強調しているが、外国船が寄港すれば当然そこに取引の機会も生まれる。第7節に、対岸のアウアリテースから特産品を積んだ筏が訪れると記してあるのは、それを示しているのであろう。プトレマイオス VI. 7. 7 で「オケーリス交易地 (Ὄκηλις ἐμπόριον)」と呼ばれているのを見ると、1世紀の後半から2世紀にかけて、この地における取引がいっそう盛んになったことが窺える。しかし、ムーザ (モカ) やエウダイモーン・アラビアー (アデン) に比べて高原部の都市との交通が不便で後背地に恵まれていないため、その後、交易地として大きく発展することはなかった。ウェルステッドが古代の遺跡を発見できなかったのも、宜なるかなである。

(5) (外海の) 中へと渡航する人々のための (τοῖς ἔσω διαίρουσιν)：即ち、バーブ・アルマンデブ海峡を通ってアデン湾の中へと乗り出していく航海者たちのための。Cf. **Casson**: 255.

(6) インド行きの船は、エジプトを出航した後、紅海内の交易地 (たとえばアドゥーリスやムーザ) に寄港することなくオケーリスへ直航し、ここで暫時碇泊して飲料水その他の補給を行なったのである。

第26節

(1) イエメンの南岸とガルダフィ岬に至るソマリアの北岸に

図版28　アデン

（写真中の注記）
バンダル・タッワーヒー
アデン半島
シャムサーン山
クレーター地区
リトル・アデン半島
シーラ島

挟まれたアデン湾。

(2) エウダイモーン・アラビアー（*Εὐδαίμων Ἀραβία*）：諸氏一致して、現在もイエメン南部の港市として繁栄するアデン（'Adan/Aden）に比定。プトレマイオス VI. 7. 9 では「アラビアー交易地（*Ἀραβία ἐμπόριον*）」と呼ばれている。しかし古くから現地名はアデンであったことを示す史料は少なくない。コプトスで出土した西暦70年8月9日に当たる年紀のあるギリシア語碑文の著者は、「エリュトラー海のアデン市民（*Ἀδανείτης Ἐρυθραῖος*）」と名乗っている（G. Wagner, "Une dédicace à Isis et à Héra de la part d'un négociant d'Aden," *BIFAO* 76 (1976): 278）。現地の南アラビアの史料では、3世紀後半の2碑文（MAFRAY-al-Mi'sāl 5 & 6）に、南アラビアのヒムヤル軍とエチオピアのアクスム軍がアデン（'Adan）の支配をめぐって交戦した記録が残っている。プリニウス VI. 32. 159 の「アテナ市（oppidum Athenae）」が果たしてアデンなのかは疑問であるが、フィロストルギオ

註 第26節　205

スが『教会史』III. 4において、ローマ皇帝コンスタンティウス2世（在位337〜361）がヒムヤル王国にテオフィロスを派遣して布教を行わせたことを記すに際し、教会建設地の一つとして挙げているアダネー（$A\delta άνη$）は間違いなくアデンのことであろう。「エゼキエル書」XXVII. 23の「エデンとシェバの商人たち」のエデン（'Eden）をアデンに比定する説がもし正しければ、この地名の起源は一挙に数百年遡ることになる。本文のこの後に続く「碇泊地」と「給水地」がいずれも複数形で記されていることからも窺えるように、多くの船を受け入れ可能な天然の良港としての条件を備えていた。またエジプトとインドの両方からの船が入るだけでなく、イエメンとシリアやペルシア湾岸を結ぶ隊商路の起点の一つでもあったため、ここが港市として発展・繁栄するのは必然であった。本書やプトレマイオスの伝える呼称からも、ここがアラビアを代表する港市と見なされていたことが分かる。本書執筆当時はたまたま寒村となっていたようであるが、早くも次世紀のプトレマイオスの時代までには交易地として復興を遂げた。

　アデンは元来は火山島であったが、現在は本土と陸続きになっており、このアデン半島とその西南西のLittle Adenと呼ばれる半島が形成する湾（Bandar Tawwāhī）に、現在は多くの船が入る。しかしかつては、アデン半島の東に浮かぶシーラ島（Ṣīrah: 12°47′N, 45°03′E）とその対岸のクレーターと呼ばれる地域が、主な碇泊地で町の中心でもあった。ここは背後に屏風のように連なるシャムサーン山（Jabal Shamsān）によって、夏季の南西モンスーンの強風から守られている。Cf. *Approaches to Bandar At Tawāhī* (*Aden*

Harbor) *1:75,000*（DMA Chart 62097）, 2nd ed., 1984; *Bandar At Tawāhī* (*Aden Harbor*) *1:20,000*（DMA Chart 62098）, 2nd ed., 1985. 14世紀にここから船出してサイラァに向かったイブン・バットゥータ（第7節註2参照）は次のように書き残している。「山々がアデンの周囲を取り囲んでいるために、ただ一方の側を除いてそこに至る入口は無い。そこは大都会であるが、農耕地、樹木や飲料水も無い。そこには、雨季に雨水を溜める幾つかの貯水ダム（サフリージュ）がある。…（中略）…そこは、酷い暑さのところである。そこはインド人たちの港であって、クンバーヤト（カンバーヤ）、ターナ、カラウム、カーリクート、ファンダラーヤナ、シャーリヤート、マンジャルール、ファーカヌール、ヒナウル、スィンダーブールなどから大型船がそこにやって来る。インド商人たちは、エジプト商人たちと同様にその居留民である。…（後略）…」(『大旅行記』III. 132-134)。古代の港市の遺構は現在の町の下に埋もれているのではないかと思われるが、それを確認するための本格的な調査が行われたとは聞かない。

　ところで、エウダイモーン・アラビアーという地名がアデンを指すのに用いられているのは実は本書のみで、本来はアラビア半島もしくはその一部を指す呼称である。直訳すれば「幸福なアラビア」という意味で、ラテン語では Arabia Felix となる。この名の由来についてプリニウス XII. 30. 51 はアラビアが特産の香料に恵まれていることを挙げていて、経済的繁栄に着目して説明しようとする点では、本書の著者と同じである。これは如何にももっともらしい説で、今日「幸福なアラビア」といえば、香料交易で繁栄

図版29　17世紀後半のアデン。左手前景がシーラ島、奥に見えるのがクレーター地区。その背後にシャムサーン山が屛風のように連なっている。古代よりアデンと言えばこの一帯を指した。

した現在のイエメンを指すと考える人がほとんどであろう。しかしギリシア・ローマの学者たちは、アラビアの南西部に限らず半島全体を指してこの語を用いている（cf. H. I. Macadam, "Strabo, Pliny the Elder and Ptolemy of Alexandria: Three Views of Ancient Arabia and its Peoples," in Fahd (ed.), *L'Arabie préislamique*: 289-320）。ストラボンにとってエウダイモーン・アラビアーの東西は、ペルシア湾と紅海で明確に区切られていた（『地誌』II. 5. 32; XVI. 3. 1）。北の境界はやや曖昧であるが、シリアからメソポタミアへかけて広がる砂漠地帯の南が、エウダイモーン・アラビアーと認識

されていたようである。同書 XVI. 4. 21 にはエウダイモーン・アラビアーに住む種族として、サバイオイと並んでナバタイオイが挙げられている。前者はいいとして、北の砂漠地帯の住人であるはずの後者の名が挙げられているのは、いささか奇妙な印象を受けるが、彼らの領域が南のヒジャーズ地方にまで及んでいたことの反映なのであろう（第19節註4参照）。プリニウス VI. 31. 138 はペルシア湾頭のカラクス（Charax. 第35節註8参照）の南に広がる地方を Arabia Eudaemon と呼んでいる。Arabia Felix と言わずギリシア語の呼称をそのまま用いているのは、まだこの語が通称として一般に使用されていたことを示している。プリニウスの理解では、このカラクスとアカバ湾頭のラエアナ/アエラナ（Laeana/Aelana. 現アカバ）を結ぶ線から南が Arabia Eudaemon であったという指摘（Macadam, op. cit.: 292）は正しい。他方、プトレマイオス VI. 7. 1 には、エウダイモーン・アラビアーの北を限るのは「岩のアラビア（Πετραία Αραβία）」と「砂漠のアラビア（Ἔρημος Αραβία）」の南側、と記されている。「岩のアラビア」と「砂漠のアラビア」の位置については、それぞれ V. 16. 1 と V. 18. 1 に詳しく説明されているが、要するにその南に広がるエウダイモーン・アラビアーの範囲は、ストラボンやプリニウスの場合と同じくアラビア半島全域に及んでいる。因みにアラビアをこのように3分したのはプトレマイオスが最初で、ラテン語の Arabia Petraea, Arabia Deserta, Arabia Felix という呼称は、現在でもよく用いられる。

ところで Glaser, *Skizze*: 170-171 には、地名の由来に関する異説が挙げられている。古代南アラビア碑文の中で、イ

エメン南部のおそらくアデン湾沿岸と思われる地方はヤマナ（Yamanat. Glaserによれば Yemnat）と呼ばれていた。この語源が「右（yaman）」なのか「幸運（yumn）」なのかの議論は措くとして、ギリシア人やローマ人には後者の意味で受け取られ、さらに港市の名アデンが「創世記」のエデンの園を連想させることにより、イエメンやアデンを「幸福なアラビア」と呼ぶようになったというのである。アラブ人を含めてオリエント世界の人々は東を基準に方位を決めるので、南方に位置する（どこから見てなのかという点については複数の説あり）南アラビアは右手（yaman）に当たり、これがイエメン（al-Yaman）という地名の由来であるとはよく言われる。しかし、ギリシア人やローマ人などの外国人が、yamanに「幸運」という意味のyumnという同根語があると知ったうえで「幸福なアラビア」という地名を発案したというのは、どうもできすぎた話のように思える。これに比べれば、ギリシア語でも「右（δεξιός）」という語に「幸運な」という語義があるので、それがこの呼称の由来になったという説の方が、まだしももっともらしい。近年の研究では、「幸福なアラビア」という語は元来は古代メソポタミア史料に登場するディルムン、即ち現在のバハレーンとその対岸のハサー地方を指していたが、前3世紀のエラトステネスを境にアラビア半島全域を指すようになり、さらにその後巷間では、半島の地形に関する知識の不正確さと、アエリウス・ガッルスの遠征失敗（第19節註2参照）を糊塗しようとしたアウグストゥス帝のプロパガンダも相俟って、イエメンを指すようになったと主張されている（J. Retsö, "Where and what was *Arabia Felix*?" *PSAS* 30

(2000): 189-192; id., "When did Yemen become *Arabia felix*?" *PSAS* 33 (2003): 229-235)。

(3) ずっと甘い（いくつかの）給水地（ὑδρεύματα γλυκύτερα κρείσσον）: 写本のこの箇所を **Müller**: 277; **Fabricius**: 62; **Frisk**: 8 が γλυκύτερα [καὶ] κρείσσον[α] と補訂したのを受けて、**村川**: 95/116 は「甘く（且つ）良質の給水地」と訳している。しかし Drakonaki-Kazantzaki, "Textual Problems": 48-50 によりこの補訂は不要なことが示されたので、**Casson**: 64 と同じく本訳でも写本テキストの読みを尊重した。なおアデンの給水事情については次の書が詳しい。Hunter, *An Account of the British Settlement of Aden*: 9-21. この町の水源は雨水と地下水しかなく、これを利用するための貯水池と井戸が数多く掘られた。アデンの貯水池の数は約50に上り、そのいくつかは古代に造られたものと言われる。註2に引いたイブン・バットゥータも、この地の貯水ダムに触れていた。シャムサーン山から流れ下るワーディーを何段にもわたって堰き止めた石造りのダム（ハンターの書に添付されたアデンの地図参照）が特に有名で、現在はアデンでも指折りの名所ともなっている。

(4) 写本のこの前後の読みは Εὐδαίμων Ἀραβία. εὐδαίμων δὲ ἐπεκλήθη となっている。解釈に窮した校訂者や訳者の多くは、**Frisk** を含めて Εὐδαίμων Ἀραβία を後世の加筆と考えて削除してきた。村川もそれに従っている。しかし Giangrande, "Three Passages": 47 によってテキストの修正が不要なことが示されたのを受け、**Casson**: 64 はこの「エウダイモーン・アラビアー」を主語として、それに続く文を訳している。またそれ以前に **Huntingford**: 35 も同じ解釈を採

っていた。本訳もそれに従う。
(5) (外海の) 内部の諸地方へ ($\varepsilon\iota\varsigma$ $\tauο\dot{\upsilon}\varsigma$ $\check{\varepsilon}\sigma\omega$ $\tau\acute{o}\pi ο\upsilon\varsigma$): **Fabricius**: 64; **Frisk**: 8 ともに「中へ」という意味の $\check{\varepsilon}\sigma\omega$ を文脈に合わぬと判断して $\check{\varepsilon}\xi\omega$「外へ」に改め、**村川**: 95/117 もそれに従い「外洋の諸地方に」と訳している。しかし前節末尾に同じような表現 (第25節註 5 参照) があり、ここも同様に解釈すればテキストの修正は不要なことが Giangrande, "Textual Problems": 154-155 によって示され、**Casson** はそれに従っている。本訳もそれに倣った。
(6) アデンが時代を越えてインドとエジプトの両方面から来訪する商人の最も重要な交易地であったことは、註 2 に引用したイブン・バットゥータの言葉からも窺える。同じく註 2 で言及したフィロストルギオスも、ここにはローマの交易地があってローマ領から来訪するすべての人はここに上陸する習わしであると記している。対岸のソマリアやペルシア湾方面からも船が来航したことは言うまでもない。文字どおりインド洋屈指の国際交易港であった。それはともかくとして、インドから来るものもエジプトから来るものも、ともにさらに先へは進まずアデンでの取引に甘んじていたというのは、一体いつの時代のことなのであろうか。解題に記すように、エジプト商人はすでに前 2 世紀の前半にはインド北西岸の港を訪れていたのではないかと思われるし、インド商人も同様にかなり早くから紅海に進出していたと推察されるので、そのようなことがあったとしても『案内記』から見て300年近く昔の話である。アデンをエウダイモーン・アラビアーと呼んでいるのが本書の著者だけであることも考え合わせると、著者のこの港市の歴史や呼

称に関する認識と解説は多分に伝説的である。
(7) カイサルがここを攻略した（*Καῖσαρ αὐτὴν κατεστρέψατο*）：
後にも先にもローマ軍の南アラビア遠征については、アウグストゥス帝時代に行われ失敗に終わったアエリウス・ガッルスの遠征しか知られておらず、ローマ軍によるアデン攻略の記録はない。したがってこの一節は、古来、研究者を悩ませてきた。この解釈をめぐる研究史と諸説の概要については、村川: 28-31/47-51; Rodinson 1975: 233-237 が詳しい。解釈は大きく三つに分けることができる。第1はテキストの *Καῖσαρ* を誤写と見なす解釈で、第23節の *Χαριβαήλ*（カリバエール）の誤写とする説と、原典に記されていたはずの *ΕΛΙΣΑΡ*（エリサル）が *ΚΑΙΣΑΡ*（カイサル）と誤写されたとする説がある。後の説はさらに想定上の *ΕΛΙΣΑΡ* の同定をめぐって解釈が分かれ、ストラボン XVI. 4. 24 にガッルスの遠征時に南アラビアのマルシアバ市（*Μαρσίαβα*. サバァ王国の首都マーリブ Mārib ?）を支配していたと記されているイラサロス（*Ἰλασάρος*）、あるいは第27節に見えるハドラマウト王国の支配者エレアゾス（*Ἐλεάζος*）、さらにはムーザからバーブ・アルマンデブ海峡へかけての沿岸を含むアラビア半島最南西部に居住していたアシュアル族（al-Ashʿar. 古代南アラビア碑文では As²ʿarān。プトレマイオス VI. 7. 7 は彼らの居住地をアリサル/エレーサル族の地方（*Ἀλισάρων/Ἐλησάρων χώρα*）と呼んでいる）にそれぞれ比定する説が主張されている。第2は、記録には残っていないものの、カイサル即ちローマ皇帝によりアデン攻略が実際に行われたに違いないという解釈で、間接的な証拠をもとに、問題の「カイサル」をアウグストゥスからセプティミウ

ス・セウェルス（在位193〜211）までの歴代皇帝のいずれか、もしくはアウグストゥスの養子で東方遠征時にアラビア湾（紅海）で活動したという記事（プリニウス II. 67. 168）のあるガイウス・カエサルに比定する多様な説が提唱された（cf. Raschke, "New Studies in Roman Commerce": 872, nn. 909-912）。因みに村川：31/51 は結論としてクラウディウス（在位41〜54）説に与している。第3の、私の目から見て最も無理がないと思われる説は、往時の面影もなく寂れたアデンの様子を見た著者が、ガッルスの南アラビア遠征をアデンに向けられたものと誤解してこのような説明をしたという解釈で、その場合のカエサルはもちろんアウグストゥス帝になる。誤解の生まれた原因は註2にも記したように、元来はアラビア半島（もしくはそのペルシア湾岸）を指したエウダイモーン・アラビアーという語が、アデンという都市を指すのにも用いられた（特に『案内記』の場合）という点に求められている（cf. J. H. Mordtmann, "Anzeige von E. Glaser's *Skizze der Geschichte Arabiens von den ältesten Zeiten bis zum Propheten Muhammad*," *ZDMG* 44 (1890): 180; K. Wellesley, "The Fable of a Roman Attack on Aden," *La parola del passato* 9 (1954): 401-405; Seland, *Ports and Political Power in the Periplus*: 21-22)。ガッルスの遠征は、香料産地の征服という所期の目的を達成できずに多くの兵を失って撤退したので失敗と言うべきであるが、アウグストゥス帝が自らの業績録の中で偉大な功績の一つとして誇っている（スエトニウス（上）：221-222）のを見ると、『案内記』の時代の特に巷間では軍事的成功として華々しく喧伝されていて、それも誤解を助長する一因となったということは

考えられる。

　著者の誤解の理由とは別に、当時アデンが何故そのように寂れていたかは大きな問題である。インドとエジプトを結ぶ交易ルートの中継地としての役割をアデンが失ったから、という著者が挙げている理由は、近現代の多くの研究者によっても支持されている。しかしインド洋と地中海を結ぶルート上における位置や港湾としての条件において、南アラビアの他の港に対するアデンの優位性は誰の目にも明らかである。であるからこそ、複数の史料から窺えるように、この後間もなく交易の拠点としての地位を取り戻したのである。ムーザやカネーが活気に満ちた商いで繁栄している一方で、単に経済的理由だけでアデンが寒村に落魄(おちぶ)れ、そこでの取引が全く行われていなかったとは到底考えられない。これはやはり背後に政治的・軍事的ななんらかの事情があったと推察せざるをえないのである。ただそれが何であったか、誰あるいはどの勢力が一時的とはいえアデンの機能を麻痺させたのかを究明しようにも、ローマ側だけでなく現地の南アラビアにも全く手懸りがなく、憶測に頼る他ない。

　因みに紅海におけるローマの軍事的プレゼンスについて、ベレニーケーよりも南には及んでいないという Raschke, *op. cit*.: 647 にも記された見解が一般的であったが、近年、サウディアラビア南端の紅海岸の町ジーザーン (Jīzān: 16°53′N, 42°33′E) の西南西約 60 km の海上に浮かぶファラサーン (Farasān) 島で発見されたラテン語碑文から、西暦144年の時点で、エジプトに本拠を置くローマ軍の駐屯部隊がこの島に配備されていたことが判明した (Cf. Phillips,

Villeneuve & Facey, "A Latin inscription from South Arabia"; Villeneuve, Phillips & Facey, "Une inscription latine de l'archipel Farasān")。このことは『案内記』にもプリニウスの『博物誌』にも記されていないので、おそらく部隊は1世紀の末から2世紀にかけてのある時期に配備されたのであろう。その目的をめぐって Bukharin, "Romans in the Southern Red Sea" と Villeneuve, "Farasān Latin inscriptions and Bukharin's ideas" の間で解釈が分かれているが、私は、紅海南部の海賊取り締まりが目的であったという後者の見解に同意する。またこの島は、アフリカ側のアドゥーリス港を出てアラビアの特にナジュラーン方面に向かうルート上に位置している。したがって、ここにローマ軍が駐留している限り、アクスムが海を越えて南アラビア進出を企てることは難しかった。よって2世紀末にアクスム軍のアラビア侵入が始まった時には、ローマ軍はすでに島から撤退していたに違いない。

第27節

(1) 写本では $A\pi\grave{o}$ $\delta\grave{\varepsilon}$ $\tau\hat{\eta}\varsigma$ $E\dot{v}\delta\alpha\acute{\iota}\mu o\nu o\varsigma$ $A\rho\alpha\beta\iota\kappa\hat{\eta}\varsigma$ となっている最後の語が $A\rho\alpha\beta\acute{\iota}\alpha\varsigma$ であるべきことを諸氏一致して認め、然るべく訳している。

(2) アデンから、次の「突き出た岬」に比定されるヒスン・アルグラーブ(註4参照)までの距離と地勢は、おおむねここに記されているとおりである。Cf. *RSP*, 12. 67-87; *SDRS*, 9. 01-03.

(3) アデン湾の沿岸の様子は昔も今もほとんど変わらない。小さな入江のあるところには漁民の集落があり、その背後

の砂漠の縁辺部には遊牧民がテントを張って暮らしている。飲料水の得られる場所は限られているのと、相互依存的な生活をしているために、漁民の生活圏に比較的近いところに遊牧民のテントを目にすることができる。この地方を訪ねた多くの旅行者が注目し記録を残しているように、今でも漁民たちは海岸の砂浜の上に小魚をたくさん広げ、ラクダの餌となる干し魚を作っている。昔から、これを食べたラクダは乳の出がよくなると言われている。

(4) 海岸から東に突き出た岬の先端に、黒い火山岩からなる海抜139mの台形の丘が聳えていて (14°00′N, 48°20′E)、その形状からヒスン/フスン・アルグラーブ Ḥiṣn/Ḥuṣn al-Ghurāb (烏す砦) と呼ばれている。本書に記されているようにこの岬の北東に入江があり、船はここに碇泊すれば夏季の南西モンスーンの強風を避けることができる。なお現在はこの入江の北岸にビゥル・アリー (Bi'r 'Alī) 村がある。

(5) カネー (Κανή):プリニウス VI. 26. 104 はインド航路を説明するにあたり、ベレニーケーから約30日航程のアラビアの乳香産地にある港としてオケーリス (第25節註4参照) と並べてカネー (Cane) を挙げ、さらに第3の港としてムーザに言及したうえで、ここにはインドへ向かう船は寄港しないと断っている (第21節註2参照)。しかし第26、27節の記事から明らかなように、オケーリスとカネーは3,200スタディオン余り離れていて、これは6日半の航程に相当する。ムーザまでも含めて一絡げにした記述は、あまりにも大雑把である。一方プトレマイオス VI. 7. 10 には「交易地で岬のカネー (Κάνη ἐμπόριον καὶ ἄκρον)」と記され

図版30 カネー（ヒスン・アルグラーブ）遠景

ている。ヒスン・アルグラーブの北麓の浜辺に、かつての港市の遺跡が展開している。丘の斜面に麓から頂に至る道が造られ、かなり広い丘の上にも砦や灯台その他の建造物の遺跡が点在する。カネーの遺跡は1834年にウェルステッドが発見し（Wellsted, *Travels in Arabia*, II: 421-427）、彼が丘の頂近くで見つけた磨崖碑文（CIH 621）は、古代南アラビア文字解読の最初の手懸りとなったことで名高い。6世紀前半のこの碑文によると、その当時この丘は砦として防備が施されていたというから、「鴉の砦」というアラビア名にはそれなりの歴史的由来があることになる。複数の碑文の中でQn'と記され、従来はこれをカナァ（Qana'）と読んでいたが、近年はカーニゥ（Qāni'）と読まれることが多い。

遺跡は Doe, "Ḥuṣn al-Ġurāb and the site of Qana'" により

概要が紹介されていたが、本格的な発掘調査はようやく1985年よりソ連（1991年以降はロシア）の調査隊によって始められた。私が1990年12月1日にここを訪ねた時には、5シーズンに及んだ同隊の調査がちょうど終了した後で、砂の中から掘り出された建物の遺構がまだそのまま残っているのを見ることができた（蔀「イエメン・レポート」167-168頁参照）。その後1994年まで続けられた同隊の調査の報告書が Salles & Sedov (eds.), *Qāni': Le port antique du Ḥaḍramawt* である。フランスやイタリアの研究者による調査も実施され、成果の一部が刊行されている。B. Davidde & R. Petriaggi, "Archaeological surveys in the harbour of ancient Kané," *PSAS* 28 (1998): 39-47; B. Davidde, R. Petriaggi & D. F. Williams, "New data on the commercial trade of the harbour of Kane through the typological and petrographic study of the pottery," *PSAS* 34 (2004): 85-100; M. Mouton, P. Sanlaville & J. Suire, "A new map of Qāni'," *AAE* 19 (2008): 198-209.

　これらの調査によると、遺跡は古い方から前1世紀後半〜後1世紀末、2〜5世紀、6〜7世紀初頭の3層から成り、それぞれの層から多くの土器片や貨幣、それに複数の言語で記された碑銘文の断片などが出土したという。注目すべきは、カネーの建設の時期がローマ帝国の繁栄に伴うインド洋交易の発展期と一致していることである。ギリシア系エジプト商人のインド洋への進出を契機として、紅海ルートがインド洋と地中海を結ぶメインルートとなり、その結果これと競合するアラビア半島縦断路と隊商中継交易が大きな打撃を受けたことは知られているが、その反面、

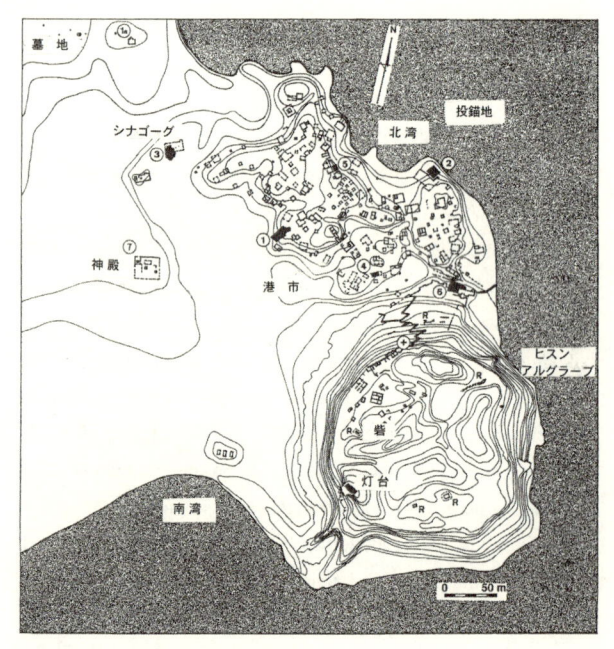

図版31　カネー遺跡図

　特産品の積出し港や寄港地はこの機を捉えておおいに発展・繁栄したことが明らかにされつつある。一方、海外各地で製作された土器の破片や、ギリシア語・パルミュラ語・シリア語等の外国語で記された碑銘文の存在は、カネーの貿易の国際性を如実に示している。しかしこの点についても時代による変化が見られ、最も古い層では地中海諸地方産のものが多いのに対して、その上の層になると、これに替わってアフリカの北岸や北東部に由来する品の割合

が増え、この時期の終わり頃にはアクスム土器が初めて姿を現す。また貨幣の出土が多いのもこの時期の特徴であるが、現地の貨幣に混じってアクスム貨幣が出土するという。これはローマの影響力が後退し、ギリシア系エジプト商人に替わってアクスム商人が紅海経由のインド洋交易の実権を握ったことによるのであろう。一方でメソポタミア・ペルシア湾沿岸・インドとの交易は活発で、カネーの港市としての発展は前代よりもむしろこの時期以降に顕著であるという。これは、ともすればローマ支配下の地中海世界との関係を中心に論じられがちな、この時期のインド洋交易の本質を考えるうえで極めて重要な知見である。このような傾向は第3の層でますます顕著となり、大量の日用エチオピア土器が出土するところから見て、この時期にはエチオピアからカネーへのかなり大規模な人口流入が推察されるという。他方で、東地中海地方(特にパレスチナ)や、前代に引き続きメソポタミア・ペルシア湾沿岸との交渉は観察されるのに、インドとのそれは後期のカネーでほとんど認められないというのも注目に値する。おそらくこれは、この時期のインドとの交易の実権がペルシア商人とアクスム商人に握られていたことの反映ではないかと思われるが、海上交易をめぐるインド側の事情の変化にも注意を払う必要がある。

(6) エレアゾス ($Ἐλεάζος$):ここで言及されている王国がハドラマウト王国で、エレアゾスがハドラマウト王イリーアッズ (Ilīʿazz/Ilīʿaḍḍ) であることは諸氏一致して認めている。しかし1世紀前後のハドラマウト王国の編年が難しいことと、碑文には在位年代を異にする(前1/後1〜3世紀)同

名異人の複数のイリーアッズが登場することとが相俟って、エレアゾスの比定について定まった説はない。モスカに比定されるスムフラム市の再建と植民を命じたイリーアッズ・ヤルト (Ilī'add Yalut) に比定することは、現時点で推測されているスムフラム遺跡の年代に照らせば（詳細は第32節註4参照）不可能ではないが、この年代自体がいまだ確定したものではないので、王名の比定についても断言は避けるべきであろう。

(7) オルネオーン (Ὀρνέων)：ギリシア語で「鳥島」を意味する。ヒスン・アルグラーブの周辺にはいくつかの島があるが (cf. *Southern Arabia 1:500,000*, Sheet 2, compiled by H. von Wissmann and published by the Royal Geographical Society, [London], 1958)、諸氏一致してそのうちのシハー島 (Sikhā. 別名 Gibus/Jibus: 13°56′N, 48°23′E) に比定。海抜約111mの単峰ラクダの瘤のような形の島で、多くの鳥が棲息して糞で白く覆われているのが比定の理由であるが、その点ではトルーッラスが比定されるバッラーカ島も同様。どちらをどの島に比定するかの根拠はそれほど明確ではない。『案内記』の中での言及の順序とヒスン・アルグラーブからの距離をもとに、とりあえず先に出てくるオルネオーンをより近いシハー島に比定しておく。Cf. *RSP*, 12. 91; *SDRS*, 9. 04.

(8) トルーッラス (Τρουλλάς)：**Müller**: 278; Sprenger: 83; **Huntingford**: 102; 村川：163/185 はヒスン・アルグラーブから目と鼻の先のヒッラーニーヤ島 (Ḥillānīyah: 13°59′N, 48°19′E) に比定した。しかし Beeston 1981: 356 はこれではカネーからの距離が120スタディオン（約22.2 km）という『案

内記』の記事にそぐわないと批判し、シハー島よりさらに遠いバッラーカ島（Barrāqah: 13°59′N, 48°28′E）への比定を提案、**Casson**: 161 もこの説に同意している。それでもヒスン・アルグラーブからの距離は 20 km に満たないが、これより遠くには適当な島はない。Cf. *RSP*, 12. 93; *SDRS*, 9. 04. プトレマイオス VI. 7. 10 にはカネーの北にトルーッラ港（$Τρούλλα\ λιμήν$）が挙げられている。島ではなく本土の港と誤解され、位置的にも正しくない。

(9) 首都のサウバタ（$μητρόπολις\ Σαυβαθά$）：写本の読みについて説が分かれているが、その点の解説が十分でないので誤解を生みやすい。**Müller**: 278 は、写本のテキスト本文は $Σαββαθά$ だが欄外に $Σαυβαθά$ という書き込みがあると註記している。**Fabricius**: 64 も註の中で、本文の読みは $σάββαθα$ で欄外に $σαυβαθά$ という書き込みがあると記している。それに対して **Frisk**: 9 は両者の読み方には触れず、欄外の書き込みにも言及しないでここを $Σαυβαθά$ と読んでいる。写本を見ていないはずの村川: 163/185 が「サッバター Sabbatha. Frisk に従わず一般校訂者とともに写本に従う」と記しているのは、ミュラーとファブリキウスの註記を鵜呑みにしたまでのことであろう。一方 **Huntingford**: 102 と **Casson**: 66 はフリスクの読みに従っている。私自身が写本の写真で確認したところ、本文には小文字で $μητρόπολις\ σαυβαθά$、欄外にはアンシアル書体で $σαυβαθὰ\ μητρόπολις$ と記されている。この写本で用いられているベータとユプシロンは形状が似ていて識別しにくいが、問題となる 3 番目の文字は次のベータと繋がずに記されているので、写本の綴りの特徴から見て間違いなくユプシロンである。よっ

註 第27節 223

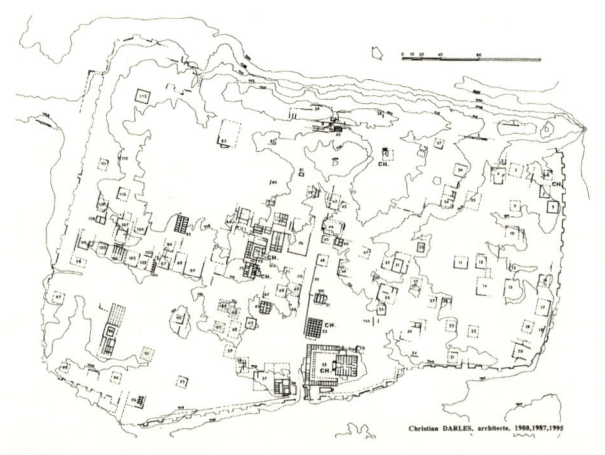

図版32　シャブワ遺跡図

てサウバタと読むのが正しい。ストラボン XVI. 4. 2 にカトラモーティータイ (Χατραμωτîται) の都市サバタ (Σάβατα)、プリニウス VI. 32. 155; XII. 30. 52 にはア(ス)トラミタエ (A(s)tramitae) の首都サボタ (Sabota)、またプトレマイオス VI. 7. 38 では首都サッバタ (Σάββαθα) という形で言及されている、ハドラマウト王国の首都シャブワ (S²abwat/ Shabwah) のことである。城壁内の神殿は60を数えるとプリニウス VI. 32. 155 が記した都市の遺跡は、カネーから北西方向に山を越え、200 km ほど内陸に入った地点 (15°22′ N, 47°01′E) に残されている。紀元前1千年紀に南アラビアで栄えた他の多くの重要都市と同じく、サブアタイン砂漠 (Ramlat al-Sab'atayn. 別名 Ṣayhad) の縁辺に位置するオアシスから発展した都市である。背後の山から流れ下るワ

224

ーディー・イルマー（Wādī 'Irmā'）の谷口を堰き止めて行う灌漑農業がそもそもの経済的基盤で、その後周辺で産出される乳香の集散地となることにより大きく発展した。東方のワーディー・ハドラマウトの流域に沿って主要都市が連なるハドラマウト王国の最西端の、王国の中ではむしろ僻地とも呼べる地にあるシャブワが首都と定められたのは、他の諸王国に近く交通の便のよいことや、乳香を北に輸送する隊商路の起点として適していたことによるのであろう。後にカネーがハドラマウト王国の海の玄関口となったのも、シャブワとの交通の便のよいことが最大の理由である。さもなければ、現在そうであるように、ワーディー・ハドラマウト沿いの諸都市に近い東方のムカッラあたりが、主要交易港となったはずである。

　遺跡の発掘は1975年よりフランス調査隊の手によって15年近く続けられ、かつての都市の全貌がおおよそ明らかにされている。*Fouilles de Shabwa* と題された3巻本の報告書のうちの第1巻（Pirenne, *Les témoins écrits de la région de Shabwa et l'histoire*）は、シャブワに言及した文字史料を整理し発掘に至る経緯を説明した予備的な内容であるが、第2巻（Breton (ed.), *Rapports préliminaires*）と第3巻（id., *Architecture et techniques de construction*）は発掘結果の報告である。さらに2000〜02年に新たな発掘が行われた（cf. Breton & Roux, "Preliminary report on new excavations in Šabwa"）。町は長辺約500 m、短辺が約250 mと350 mの四角形の城壁で囲まれ、中に神殿址を始め多くの建物の跡が確認されているが、神殿が60もあるというプリニウスの記事はもちろん誇張である。

(10) 乳香 ($\lambda i\beta \alpha v o \varsigma$)：乳香については第8節の註6をまず参照。概要はそこに記した。南アラビア種 (*Boswellia sacra* Flueck.) の乳香樹は矮性の灌木で、喬木のアフリカ種とは見た目で明確に区別できる（図版18、19参照）。後出のソコトラ島にも数種の乳香樹が自生しているが、いずれも喬木である。古代においても南アラビアにおける乳香生産の中心が、ハドラマウトから見て東方の、現在はオマーン領となっているズファール/ゾファール地方であったことには、異論がない。意見が分かれるのは、果たしてハドラマウト地方にも乳香樹が自生していたか否かという点である。この点について **Casson**: 119（Map 6), 162 は、乳香の最上品はペルシス地方のそばで採れるというストラボン XVI. 4. 25 の記事や、乳香産地はサボタから8日行程離れているというプリニウス XII. 30. 52 の言葉、さらには Hepper, "Arabian and African Frankincense Trees": 66-67 を根拠に、乳香産地をズファール地方のごく限られた地域としている。しかしハドラマウト地方にも乳香樹の生育が見られることは、モノーの以下の調査研究によって明らかである。Th. Monod, "Les arbres à encens (*Boswellia sacra* Flückiger, 1867) dans le Hadramaout (Yémen du Sud)," *Bulletin du Muséum national d'Histoire naturelle, Paris*, 4ᵉ sér. 1 (1979), section B, n° 3: 131-169. したがって本書の著者がハドラマウト王国を乳香産地と呼んでいることは、事実に反していない。

第8節の註6にも記したように、プリニウスが記す乳香の産地と輸送ルートに関する記事は、依拠した史料が古かったと見えて、1世紀の状況を正しく伝えていない。特に、収穫された香料がすべて一旦サボタに運び込まれた後に、

もっぱら内陸の隊商路を通じて北方へ輸送されると記しているのは、カネーが乳香取引のセンターとなり、ここから主に海路を通じて香料が各地へ輸出されているという状況と大きく異なる。とはいえ、一昔前の紀元前1千年紀における乳香の収穫と輸送を伝える史料として見れば、この記事は非常に興味深いだけでなく貴重である。村川：164-166/187-189 がこれを訳出していて、転載したいという誘惑に駆られるが、長くなりすぎるので以下に要点を記すにとどめる。

　乳香産地はサボタから8日行程離れたところにあるという。そこで乳香を採集し輸送するのはミナエイ（Minaei）という種族で、彼らに因んで乳香はミナエウム（Minaeum）とも呼ばれた。第24節の註14に記したように、ミナエイ族とは南アラビア産の香料を輸送する隊商交易で最も活躍したマイーン人のことである。24節では彼らの名に因んだと思われるミナイアという没薬が挙げられていたが、プリニウスによれば乳香も彼らの名に因んで呼ばれていたことになる。集められた乳香はラクダでサボタへ運ばれ、まずサビーン（Sabin）という神の神官たちがその10分の1を徴収した後に、売買が許されたという。サビーンはハドラマウトの国家神 S¹yn（かつてはシン S¹in と読まれたが、近年はサイーン S¹ayīn と読むことが多い）に比定される。その後、商品は隣国のカタバーン王国の首都トムナ（Thomna）を経由して北方へ運ばれた。トムナから地中海岸のガザまでの距離はラクダで65日行程であった。神官連や王の書記たち、さらには護衛兵や門番たちが分け前を要求するうえに、道中の水や食糧の購入、関税のために多くの支払いをしなけ

ればならないので、最終的に乳香は随分と高価な商品になったとプリニウスは記している。宜なるかなで、一般に陸路輸送は海路に比べて日数がかかるだけでなく費用がかさんだ。

ところでプリニウスを引用・訳出した後で村川：166/189 は、紀元前 2 〜 1 世紀には南アラビアの乳香産地の大部分は Habashat 即ちエチオピア人によって支配されていたが、その後彼らはアフリカに移り、『案内記』の時代にはハドラマウト地方の王エレアゾスがこの一帯を支配していたと記している。典拠は記されていないものの、村川が他所で引用している文献から判断して、Glaser, *Skizze*: 179 の記事に依拠していることはまず間違いがない。アビシニア人が元来は南アラビアに居住していたというこの説は、後に Glaser, *Die Abessinier in Arabien und Afrika* において詳しく開陳されることになるが、もちろん現在では否定されている。南アラビアに残る彼らの痕跡は、本節の註5でも触れたように、4世紀以降のエチオピアからの移住者によるものと解される。

(11) カネーを指している。**Schoff**: 32 がここを "All the frank-incense produced in the country is brought *by camels to that place* (シャブワであろう) to be stored, and *to Cana on rafts held up by inflated skins after the manner of the country, and in boats*" と訳しているのは、深読みしすぎた誤解である。

(12) 筏：第7節註5参照。空気を入れて膨らませたいくつかの皮袋の上に板を渡して作った筏で、古くから世界の各地で用いられた。Cf. Hornell, *Water Transport*: 20-34; M.-Ch. de Graeve, *The Ships of the Ancient Near East (c. 2000-500*

B. C.), Leuven, 1981: 79-85.
(13) バリュガザ：すでに第14節と21節においても言及されていた。詳しくは第41節参照。
(14) スキュティアー：ほぼ現在のシンド地方に相当する。この地方における交易地とはバルバリコンのことか。詳しくは第38節参照。
(15) オマナ：第36節に挙げられている交易地のオマナ/オンマナ。同節には、カネーからオマナへ乳香が送られると記されている。
(16) 近隣のペルシス：第33節によれば、オマーン南部のクリーヤー・ムリーヤー諸島あたりから先はペルシス（同節註4参照）の領域で、マシーラ島に向けてカネーから小舟や軽舟が送られることが記されている。そこから見て、ここでペルシスと呼ばれているのはイラン本土ではなく、当時イランの勢力の影響下に置かれていたオマーンあたりのことではないか。ただ、ここの「近隣のペルシス」が地域ではなく特定の交易地を指すとすると、第35〜36節でオマナとともにペルシスの両交易地と呼ばれているアポログーが該当するであろう。

第28節

(1) 錫：第7節註7参照。
(2) 珊瑚（*κοράλλιον*）：本節の他に、インド諸港の輸入品について記した第39、49、56節にも珊瑚が挙げられている。詳しくは39節の註4参照。Warmington, *The Commerce*: 263によれば、カネーに輸入された珊瑚はこの地で需要があったわけではなく、インドに転売することを目的として買い

付けられたものであった。
(3) ステュラクス (στύραξ)：香料や薬品として用いられ中国では蘇合香（油）と呼ばれた芳香樹脂。カネーの他にインドのバルバリコン（第39節）とバリュガザ（第49節）にも輸出されている。ステュラクスの調査・研究については Hanbury, *Science Papers*: 127-150 が最も詳しく定評があり、研究者の多くがこれに依拠している。山田憲太郎『東亜香料史研究』第1部第5章「蘇合香油」は特に中国に伝播したこの香料について詳しいが、この書を参照できなかったので Flückiger & Hanbury, *Pharmacographia* に依拠したと註記（166頁註6）している。ところで地中海周辺にはステュラクス（英語では storax）の名で呼ばれる樹脂を産する2種の樹木（*Styrax officinalis* L. と *Liquidambar orientalis* Miller）があるため、本書のステュラクスがそのいずれに当たるのかをめぐって、研究者の間で意見の相違がある。前者はギリシア、小アジア、シリア、それに現代ではイタリアや南仏にも生育するエゴノキ科の落葉樹で、生長すると固形樹脂を採取できるが、多くの地方で薪用に伐採したため、樹脂の分泌が見られるほど生育した木は稀になったという。一方後者は、小アジア南西部にのみ生育するマンサク科の樹木で、リキッド状の樹脂が採取できる。前者がほとんど姿を消した後は、こちらがステュラクスと通称されてきた。ともに1世紀に生きたプリニウス XII. 55. 124-125; XXXIV. 15. 24 とディオスコリデス I. 66. 1-3 が、当時のステュラクスの産地・特性・効能などについて詳しい記述を行なっている。それによると、この樹脂が採取されるのは、北シリアを中心に小アジア南岸やキプロス島、クレタ島に自生す

るマルメロに似た木で、分泌される露滴は刺激性の芳香がする。セイヨウスギの樹脂、ゴム、蜂蜜、ビターアーモンドなどで混ぜ物がされるが、味で見破ることができる。薬用としては、咳や痰などの症状がある喉や胸の病気、そして子宮の閉塞や硬化の治療に効果があり、通経剤・緩下剤としても用いられた。これらの記事、特に生育地をもとにHanbury, *op. cit.*: 148 は、このステュラクスは *Styrax officinalis* L. と断じているが、同じく1世紀の作である『案内記』のステュラクスには言及していない。ところが同人が共著者となっている Flückiger & Hanbury, *op. cit.*: 272 には、根拠が示されないまま『案内記』のステュラクスはほとんど疑いなく *Liquid Storax* であると記されているために、研究者の間に混乱が生じている。**Schoff**: 128 はこれをフリュキガーの見解と受け取ったうえで、それに従っている。**Casson**: 163-164 はこれがフリュキガーとハンベリーのいずれの見解かについての判断は示していないが、『案内記』のステュラクスがプリニウスやディオスコリデスが解説しているのと同じものであったのは当然という立場である。それに対してハンベリーの単著の方を参照できず、したがって彼のステュラクス研究の詳細を知りえなかった山田は、フリュキガーとの共著に示された見解をハンベリーの説と理解した。そのうえで、西方で流動蘇合香の最初の記述は6世紀のアエチオスとされているし、蘇合香（油）が中国に伝播した時代は、だいたい5世紀をそう遡るものではないと考えられるので、1世紀にエジプトからアラビア南部に輸入されていた『案内記』の蘇合香が流動体の蘇合油であったとは考えないと記している（上掲書、167頁

註13)。村川：168/191の記事はこの問題について参考にならない。以上の議論を踏まえたうえで、私としてはキャスンと同じく、『案内記』のステュラクスは *Styrax officinalis* L. から採取された固形樹脂であったと考えたい。Flückiger & Hanbury がこれをリキッド状のものと判断したのは全く不可解。因みに山田、村川両氏がプリニウスの記事を引いて、ステュラクスの産地をシリアの南方と記しているのは誤り。プリニウスが挙げているのはいずれも北シリアの地名である。

(4) 貨幣が王への献上品の中に数えられているのは、本書では他に例がない。

(5) 彫像への言及は本書ではこの箇所だけであるが、ギリシア・ローマ風の彫像がアラビアやインドで愛好されたことは、各地の遺跡の出土品から窺える。神話上の神や英雄のブロンズ像が多く、その多くはエジプトからの輸入品であろうが、なかには完成品ではなく鋳型を輸入したり、職人が移住して現地で製作したものもあったと推察されている。最も目を惹くのは、上下エジプトの統一支配を示す複合冠を戴き、右手の食指を唇に当てる沈黙のポーズをとった、かわいらしいハルポクラテス（ホルス神の幼名ハル・パ・ケレドのギリシア名）の小像である。ハルポクラテスは幼児ホルスを神格化した神で、アレクサンドリアを中心に崇拝されたが、その像はローマやシリアだけでなく、アラビアや遠くインドにまで輸出された。サウディアラビアのカルヤト・アルファーウ（第20節註6参照）やパキスタンのタクシラ、アフガニスタンのベグラームなどの遺跡から出土したハルポクラテス像は、エジプトから海上輸送された

図版33　カルヤト・アルファーウ出土のハルポクラテス像

後に、港から遠く離れた内陸の町まで陸上ルートを取って運ばれたのであろう。

(6) アロエー ($\dot{α}λόη$)：アロエ科（分類体系によってはユリ科）の多肉植物で多くの種類がある。我が国で広く栽培されているのはキダチアロエ (*Aloe arborescens*) で、昔から俗に「医者いらず」と呼ばれるように民間薬として用いられてきた。葉肉の内服は健胃・便秘に、外用は皮膚の傷や火傷の治療に効果がある。ケープアロエ (*Aloe ferox*) は日本薬局方に載っている医薬品原料専用のアロエで、キダチ

アロエに比べて作用が強い。食用や化粧品の原料として最近普及してきたアロエ・ベラ (*Aloe vera*) は、表皮を剝ぎ取ってゼリー状の葉肉部だけを利用する。アロエの医薬品としての効能は古代よりよく知られていて、ディオスコリデス III. 22. 1-5 とプリニウス XXVII. 5. 14-20 に詳しい記事があるが、記述内容から見て、言及されているのはソコトラ・アロエ (*Aloe perryi* Baker) というのが通説である。中世から近代にかけて、ソコトラ産アロエはインド洋における重要交易品の一つとして有名であった。ところが本書ではこれがカネーから輸出されると記されているだけで、肝心のソコトラからの輸出品には含まれていない（第30節参照）。一般には、おそらくハドラマウトの商人がソコトラから独占的に輸入し、カネーにおいて地元の産物と称して転売していたのであろうと解されているが、カネーから輸出されたのはハドラマウトで自生しているアロエ・ベラ、という説もある (J. Scarborough, "Roman Pharmacy and the Eastern Drug Trade: Some Problems as Illustrated by the Example of Aloe," *Pharmacy in History* 24 (1982): 135-143 at 140)。いずれにせよ、古典語文献に拠る限り、アロエが薬品として地中海世界で使用されるようになったのは比較的新しく、アウグストゥス帝時代になってからであろうと言われる (*Ibid.*: 138, 140)。商品となるのは葉から出た液汁を乾燥させたもので、19世紀の末にソコトラを訪れたベント夫妻が、その製造法を観察して記録に留めている (Bent, *Southern Arabia*: 381)。それによると、採集者は地面に掘った穴に獣皮（おそらく島内に多数棲息する山羊の皮）を敷き詰め、その上に切り取ったアロエの葉を積み上げる。する

と葉は自重で潰れて液汁が染み出てくるので、それをそのまま日光で6週間乾かし、固まったものを皮に包んで船積みするという。古代においても同様の方法が採られたのではないかと推察される。なお、中世地中海世界におけるアロエの用途と交易については Lev & Amar, *Practical* Materia Medica: 94-97 参照。

(7) 第57節によればカネーはインドを目指して大洋を横断する船の出航地であった。また第27節末尾の記事は、こことペルシア湾岸やインド西岸の交易地との間で盛んな取引が行われていたことを示している。一方、カネーの輸入品として列挙されている銅、錫、珊瑚、ステュラクス（いずれもムーザには輸入されていない品目）は、第39、49、56節によればインド諸港でも輸入され、彼の地で需要のあったことが窺える。そこで **Schoff**: 127; Warmington, *The Commerce*: 387, n. 21; **Casson**: 165 は、カネーに輸入されたこれらの商品の一部は転売され、アラブやインドの商人によってインドへ運ばれたこともあったのではないかと推察している。これらの著者はエジプトから将来した品のインド方面への転売しか念頭に置いていないが、逆にインドやペルシア湾岸からもたらされた商品が、乳香の買い付けにエジプトからやってきた商人に転売されたケースも少なくなかったはずである。

(8) ムーザに向けてエジプトの港を出航するのは、第21節の註2に記したようにアラビア産香料の取引を目的とする船だけであって、インドを目指す船はここには寄港しなかった。それに対して、エジプトからカネーに来航する船には、ムーザにおけると同様カネーでの取引を目的とするものと、

カネーは単なる寄港地でインドでの取引を主目的とするものとがあった。ここで『案内記』の著者の念頭にあるのは前者で、ムーザへの航海とスケジュール的には、そう大きな差はない。他方、インド諸港を目指す場合には、ムーザ向けより約2ヶ月早く7月の出航が、第39、49、56節で推奨されている。

第29節

(1) サカリテース（$\Sigma\alpha\chi\alpha\lambda\acute{\iota}\tau\eta\varsigma$）：モスカ・リメーン（第32節註4参照）に比定されるホール・ローリーの遺跡より出土した複数の碑文に、地域名として記された S¹'klhn（S¹a'kalān サァカラーン）のギリシア語転訛。碑文からはこの地域の正確な広がりは読み取れない。本節ではカネーの東方に長く延びる湾の名として現れるが、32節では乳香産地の名称である。6世紀前半の碑文 BR-Yanbuq 47/5 と CIH 621/6 に族名として挙げられている S¹'kln は、この地方の住民（プトレマイオスの言うサカリタイ族）と理解してよいであろう。カネーの東ではミジュダハ岬（Ra's Mijdaḥah: 13°59′N, 48°28′E）より海岸線が東よりやや北向きに変わり、さらにカルブ岬（Ra's al-Kalb: 14°02′N, 48°40′E）で一層北向きになるので、ここら辺りからサカリテース湾が始まると考えられる（図版16参照）。そして次節によればスュアグロス岬（今日のファルタク岬）はこの湾の中の岬という扱いなので、湾はさらに東に延びていることになる。但し32節ではスュアグロス岬に続く湾はオマナという別名で呼ばれている。サカリテースという大きな湾の中に、オマナという小さな湾があるということなのであろう。一方のサカリテ

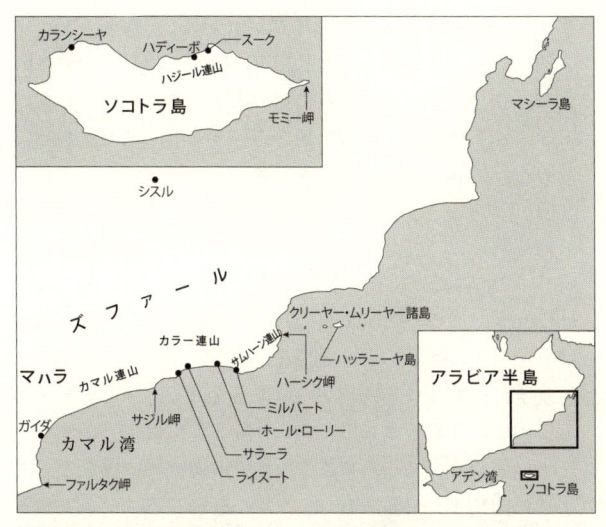

図版34　オマーン南部沿岸図とソコトラ島略図

ース地方はというと、同名の湾に沿って続く乳香産地が広くこの名で呼ばれているように見えるが、その境界は曖昧である。このように本書の著者がサカリテースという語の指す範囲をかなり広く捉えているのに対して、プトレマイオスはより厳密である。彼はテュロス（ティルス）のマリノスの知見を批判する中で、誤りの一例として、マリノスによればサカリテース湾はスュアグロス岬の西に置かれているが、自分たちはサカリティス地方も同名の湾もこの岬の東にあると考えており、これはこの方面を航海した人皆が例外なく認めるところであると記している（『地理学』I. 17. 2）。即ちプトレマイオスによれば、『案内記』の著者

がオマナ湾と呼んでいる今日のカマル湾こそがサカリテース湾ということになる。そして VI. 7. 11 には、この湾に臨んで居住するサカリタイ族の村の名が列挙されている。
(2) サカリテース湾に沿った地方ということであろうから、今日のハドラマウト、マハラ、ズファールの諸地方に相当する。
(3) 海岸沿いにハドラマウト、マハラの山地が連なり、ズファール地方に入るとさらにこれに続いて、カマル (Jabal al-Qamar)、カラー (Jabal al-Qarā')、サムハーン (Jabal Samḥān) の山地が西から東に連なる。
(4) 夏季には南西モンスーンの影響を受けて、ズファール地方の山地は霧に包まれ雨がかなり降る。気温も下がってラクダの健康を害するため、この地方の遊牧民は現在でも雨季には山を下って海岸沿いの平地に移動する。そして9月になって雨季が明けると、ラクダを伴って一斉に山に戻っていく。雨季明けの山地はまるで日本の信州の高原のように草木が青々としていて、その中に散らばって草を食むラクダの姿を目にすることができる。
(5) 第8節註6や27節の註10に記したように、南アラビア種の乳香樹は矮性の灌木なのが特徴である。
(6) アラビアゴムノキ *Acacia senegal/Senagalia senegal*、またはその同属近縁植物の樹幹や枝の表面に滲出して凝固した分泌物を採取する。**Casson**: 166 はエジプトで一般に見られる *Acacia nilotica* と、これよりは稀な *Acacia arabica* を挙げている。
(7) 正しくは樹皮の上ではなく、樹皮を削り取った後の幹や枝の表面に滲出してくる樹液が凝固するのである。

（8）ソマリアの場合と同様に、乳香の採集はもともとは産地周辺の遊牧民が行い、季節的に来訪する商人に売り渡していたと思われる。しかし需要が増大するに伴い、ハドラマウト王が採取・流通の両面を管理するようになった。第32節に登場するモスカはそのために築かれた施設であり、首都のシャブワから植民の行われたことが、遺跡から出土した碑文に記されている。碑文の文面からは、送り込まれたのが奴隷や徒刑囚であったことは窺えないが、乳香の採集は労働集約型の季節労働で、しかも1年のうちで最も暑い季節に行われる厳しい仕事だったので、本書に記されているようなことがなかったとは言えない。前世紀の中頃のズファールにおける乳香経済の諸側面を調査した研究 (J. Janzen & F. Scholz, "Die Weihrauchwirtschaft Dhofārs (Sultanat Oman)," *Innsbrucker Geographische Studien* 5 (1979): 501-541) によると、採集が始まる4月末から5月初めにかけての時期になると、周辺の遊牧民だけでなく、ソマリアやマハラ、さらにはオマーン北部からも季節労働者が集まったという。

（9）南アラビアの他の地域に比べて、この一帯が特に不健康というわけではない。研究者はおおむね (ex. **Müller**: 280; Müller, "Weihrauch": 717; **Casson**: 166)、これは外来者を産地に近づけないために意図的に流された噂であろうと考えている。

第30節

（1）スュアグロス (Σύαγρος)：プリニウス VI. 26. 100 とプトレマイオス VI. 7. 10 にも見える岬で、ファルタク岬（Ra's

Fartak: 15°38′N, 52°13′E) に比定される。西からの海岸線がここでほぼ直角に北に向きを変える断崖絶壁の岬で、航海者のよい目印となった。スュアグロスはギリシア語で「野猪」を意味するが、これは南西もしくは東方20〜30マイルの沖合からこの岬を望見すると、猪の頭の形に似ていることに由来する地名のようである (cf. *RSP*, 12. 134; *SDRS*, 9. 10)。岬の背後にはファルタク連山 (Jabal Fartak/Fartak Range) と呼ばれる標高610 mから915 mの険しい岩山が連なっている (cf. *RSP*, 12. 132)。村川：170/193に2,500メートルと記されているが、これは2,500フィートの誤り。プリニウスVI. 26. 100-101によると、ヒッパルスの風を利用した航海の初期の頃には、インドに向かう船はこの岬までは海岸沿いに進み、ここからパタラやシゲルスを目指して大洋横断に乗り出していたという。

（2）ファルタク岬の近くに該当するような施設の遺構は未発見。**Casson**: 167は、*RSP*, 12. 132によれば岬の西のワーディーの河口近くに位置して、かなりの量の交易が行われているというハイサイト (Khayṣayt/Khayṣayb: 15°38′N, 52°13′E) に比定することを提唱している。但しここは臨海地ではなく、沿岸航行する船が投錨する地点からは少し離れている。第32節の註4で詳しく述べるように、プトレマイオスVI. 7. 10はスュアグロス岬のすぐ西にモスカ・リメーンを置いているが、ことによると『案内記』がここで言及している砦と乳香の集積所をモスカと誤認したのかもしれない。

（3）香料の岬：ソマリアのガルダフィ岬。第12節の註2参照。

（4）ディオスクーリデース (Διοσκουρίδης)：現在のソコトラ

島（Suquṭrā/Socotra）。ガルダフィ岬の東北東240 km（以下、数値はいずれも概数）、ファルタク岬の南南東300 kmの海上に位置し（したがって、香料の岬よりスュアグロス寄りという本書の記事は誤り）、おおよそ東西130 km、南北40 kmの大きな島である。私は1990年11月に、当時東京外国語大学教授であった中野暁雄氏とともに、日本人の研究者として初めてこの島を訪れた。そしてそれを機会に「ソコトラ——その歴史と現状」を発表、次いで「ソコトラ島のキリスト教について」と「イスラム以前のインド洋世界——ソコトラ島から垣間見る」を著した。しかしその後相次いで発表された新研究に鑑みると、これらの拙稿はいくつかの点で補訂が必要と認めざるをえない。アラビア南岸とインド西岸を結ぶルートと、ペルシア湾岸とアフリカ東岸を結ぶルートがちょうど交差する地点に位置するソコトラ島は、インド洋を航行する船にとって最も重要な寄港地の一つであった。したがってこの島に言及した文献は、古代から近代に至るまで数多く残されている。その中で、この島について記した最初の史料と一般に認められているのは、アガタルキデス『エリュトラー海について』V. 105である。そこにアラビアの南の海に浮かぶ νῆσοι εὐδαίμονες（幸福な島々）についての記事があり、諸地方、ことにアレクサンドロス大王がインダス河岸に築いた港（即ちパタラ）から商人たちが訪れるところとして描かれている。これがソコトラ島とその近辺の島々と解されるのは、アガタルキデスが伝える島名が、従来この島の名の語源とされてきたサンスクリットの dvīpa sukhādhāra（幸福の島）のギリシア語訳と考えられる点が大きい。因みに古典史料の中のこの

図版35　ソコトラ島、ハディーボ近くのワーディー

　島の一般的呼称 Dioskūridēs は、このサンスクリット名の転訛に、ギリシア神話で船乗りの守護神とされる Dioskūroi（双子神 Kastōr と Polydeukēs）の名が作用してできたのであろうというのが大方(おおかた)の解釈であった。他方、Suquṭrā が sukhādhāra の転訛であることは、明白であるように思えた。ところが近年は、これと全く異なるミュラー説（Müller, "Zeugnisse über Sokotra": 183-189) に従う者が少なくない。それによると、6世紀前半の南アラビア碑文 BR-Yanbuq 47/5 と CIH 621/6 に、S¹'kln（前節註1参照）とともに族名として挙げられている S³krd こそが Suquṭrā という島名の語源である。サンスクリット語源説は、インドの文献の中でこの島を実際に dvīpa sukhādhāra と呼んだ例がないという理由で退けられる。一方、Dioskūridēs という呼称の由来はといえば、現地人がこの島を S³krd、もしくは代名詞の ḏ (ḏī) を付けて ḏ-S³krd と呼んでいるのを耳にしたギリシア人の船乗りたちが、彼らの守護神 Dioskūroi を想起して、双子神に因んでこの島を呼ぶようになったのが始まりと説明される。地名の語頭にḏを付けるのは、今も昔も南アラビアでは珍しいことではない。また南アラビアにおける証拠こそ未発見であるものの、双子神崇拝は東方世界にも広がっていた (cf. Ch. Augé & P. Linant de Bellefonds, "Dioskouroi (in periphelia orientali)," in *Lexicon iconographicum mythologiae classicae*, III-1, Zürich & München, 1986: 593-597)。近年ペルシア湾のバハレーン島で出土した前2世紀後半のギリシア語碑文は、カラケーネーの王ヒュスパオシネス（第35節註8参照）治下のこの島で、双子神が守護神として祀られていたことを示している (cf. Gatier, Lombard & al-Sindi, "Greek Inscriptions from Bahrain": 223-226)。

さらに近年、ソコトラ島東部の鍾乳洞から複数の言語で記された碑文や香炉が発見され（図版36参照）、ここで船乗りたちが航海の安全を祈願していたことが明らかになった。なかでも注目に値するのは、パルミュラ語で祈願文の記された木板で、セレウコス暦で西暦258年に当たる年が記されている。パルミュラ人がペルシア湾を出て、インド北西部の港に航海して交易を行なっていたことはよく知られているが、アデン湾における彼らの活動を示す史料はこれが初出である。祈願を受けている神は、固有名によらず'lh'（神）と呼ばれているだけなので、これが双子神なのかどうか不明なのは残念である。時代は下り6世紀のコスマス『キリスト教世界地誌』III. 65. 6-13 によると、島民はかつてプトレマイオス朝の諸王によって植民させられた者た

図版36　ソコトラ島の鍾乳洞より発見された香炉とパルミュラ語祈願文

ちで、ギリシア語を話しており、その中には多くのキリスト教徒とペルシアで叙任された聖職者たちがいたという。島にギリシア人がいるのは『案内記』にも記事があるので不思議ではないが、彼らがエジプトから植民者として送り込まれたというのは、コスマスの誤解ではなかろうか。しかしそれよりも重要なのは、これがソコトラ島のキリスト教徒について触れた最初の史料で、しかもペルシアのネストリオス派教会の管轄下にあったことを記している点である。おそらく布教は4世紀頃に行われたのではないかと思われるが、それはイエスの弟子の聖トマスによってなされたという伝説（年代的にはアナクロニズム）が後々まで根強く残っていた。880年から1283年にかけての時期には、確かにこの島にネストリオス派の主教が任命されていたという（J.-M. Fiey, "Diocèses syriens orientaux du Golfe Persique," in: *Mémorial Mgr Gabriel Khouri-Sarkis (1898-1968)*, Louvain, [1969]: 177-219 at 208)。上掲拙稿の中では言及していない近年の主な研究を挙げておく。Doe, *Socotra, Island of Tranquility*; V. Naumkin, *Island of the Phoenix: An Ethnographic Study of the People of Socotra*, Reading, 1993; Wranik (ed.), *Sokotra: Mensch und Natur*; A. G. Miller & M. Morris, *Ethnoflora of the Soqotra Archipelago*, Edinburgh, 2004; Cheung & DeVantier, *Socotra: A Natural History of the Islands and their People*. また、上記の鍾乳洞の調査から得られた知見については、Robin & Gorea, "Les vestiges antiques de la grotte de Ḥôq (Suquṭra, Yémen)" と H. Dridi, "Indiens et Proche-Orientaux dans une grotte de Suquṭrā (Yémen)," *JA* 290 (2002): 565-610 を参照。

(5) ソコトラ島の山地や高原には多くのワーディーが刻み込まれていて、雨季にはそこを激流が走る。一部の流れは海岸にまで達する。気候的にはモンスーンの影響が大きい。11月から翌年2月にかけての北北東季節風は、北部海岸地帯や山地に降雨をもたらす。6月から8月にかけての南西季節風は非常に激しく、北部海岸地帯では突風が吹き荒れる。南部海岸地帯の風は北部ほど強くはないが、島の南半にはこの時季に雨が降る。山地は1年中緑に覆われているものの、その他の地は乾季の乾燥が厳しい。季節風の変わり目には風が落ちて高温多湿の不健康な気候となり、マラリア蚊が発生する。

(6) 現在の島内には、ここに記されているような爬虫類はもはや棲息していない。鰐や大蜥蜴の分布から見て、鰐はナイルワニ (*Crocodilus niloticus*)、大蜥蜴はサバクオオトカゲ

(*Varanus griseus*) かナイルオオトカゲ (*Varanus niloticus*) であったのではないかと推測されている (Forbes (ed.), *The Natural History of Sokotra*: 83, 93)。

(7) 今も島民の多くは北部に点在する集落に住み、漁業や商業、それに小規模の農業に従事している。山地には山羊や牛を飼う牧畜民がいて、かつては岩室で穴居生活をおくっていた。南部海岸地帯は不毛の地で人口も少ない。

(8) 本節の Ἕλληνες を村川はそのまま「ヘルレーネス」と音訳しているが、他の訳者たちに倣って「ギリシア人」と訳す。第52、54節の「ギリシア船」についても同様。エジプトから来航したギリシア系の商人のインド洋における活躍ぶりが偲ばれる。彼らの活動はおそらくプトレマイオス朝期に遡るものであろう。とはいえ彼ら外来の商人たちはどのようにして厳しい自然条件の中で暮らしていけたのであろうか。『案内記』でも触れられているようにこの島は牧畜・農業ともに生産性が低く、また海の荒れる季節は漁業も島外からの食糧輸入も困難になるので、近年に至るまで島民は慢性的な食糧不足に曝されていた。それに加えて季節的なマラリアの蔓延という問題があった。ここにインド洋支配の拠点を築こうとして1507年にはポルトガルが、また1835年にはイギリスがこの島を占領したものの、いずれも占領後間もなく撤退を余儀なくされた。それというのも、守備隊員が食糧不足とマラリアという二つの原因で次々と斃（たお）れてしまったのである。『案内記』の時代の外来商人たちは、どのようにしてこの難問を克服したのであろうか。

(9) 亀については第3節の註3参照。そこにも記したように、「本物」はタイマイ、「陸亀」はヒョウモンガメ、「白っぽい

色」のはケヅメリクガメ、そして巨大な「山亀」はゾウガメに比定できる。

(10) 現在では商品価値のある亀甲はほとんどタイマイのそれに、また用途も細工物に限られるが、ローマ時代には他の海亀や陸亀の甲羅にも大きな需要があり、今日的な用途の他に、ベッドやサイドボード、食事用の寝椅子などの家具を亀甲で化粧張りすることが流行した（プリニウス『博物誌』IX. 12. 39; XXXIII. 52. 146；マールティアーリス『エピグランマタ』IX. 59. 9; XIV. 87)。そのような用途に向く亀甲は、当然、細かく裁断されることはなかったわけである。なお訳文の「その腹側の部分は」から「裁断される」までのテキストを、従来の校訂者や訳註者たちは写本の読みをかなり自由に修正して解釈してきた。その結果、村川 : 99/120 の「その腹に沿うた部分は堅すぎるので裁断を許さない。しかし（背中は）全部切り刻んで小箱や小札や小皿やその他この種の容器に作られる」というような訳文が生まれた。しかし亀の腹甲が背甲よりも硬いというのは、常識的に見ても変である。ここは、テキストの修正を批判し写本の読みを尊重する Casson, "*Periplus Maris Erythraei*: Notes": 205 に従う。

(11) 「インドの」と呼ばれるキンナバリ（*κιννάβαρι τὸ λεγόμενον Ἰνδικόν*）：ソコトラ島のシンボルともなっている龍血樹（英名 dragon tree または dragon's blood tree）から採取される麒麟竭（英名 dragon's blood）と呼ばれる樹脂。龍血樹というのは、本来カナリア諸島を原産地とするユリ科リュウゼツラン亜科ドラセナ属の常緑高木 *Dracaena draco* の和名であるが、ソコトラ島の高原の各所に群生する近縁種

Dracaena cinnabari も通常この同じ名で呼ばれる。ちょうどおちょこ傘のような特徴のある樹形で、幹頂で放射状に分かれてやや上向きに張り出した枝に、長さ約 50 cm、幅約 3 cm の披針状の葉が多数密生している（図版37参照）。この木の濃紅色の樹脂が、薬用および着色剤として、古来、島の特産品となってきたキンナバリ/麒麟竭である。ところがこれと辰砂（水銀と硫黄の化合物）の色と用途が似ているために、両者がともにキンナバリと呼ばれたことによって混乱が生じていたことがプリニウス XXXIII. 38. 115-116 によって伝えられている。前者が特に「インドのキンナバリ」と呼ばれたのは辰砂と区別するためであった。「インドの」と言われたのは、おそらく当時の地中海世界の人々がこれをインド産と考えたか、あるいはインド商人の手によってこの商品が運ばれてきたことによるのであろう。但し『案内記』ではインドのキンナバリはソコトラ島から輸出されるだけで、肝心のインドの諸港からの輸出品には含まれていない。一方プリニウスはこれがインドで象によって押し潰された大蛇（draco）の血と、この蛇によって吸われた象の血が混ざった血の塊であると述べるのみで、産地についての正確な情報は伝えていない。**Casson**: 168-169 が推察するように、後述するマレー・スマトラ産の別種の麒麟竭がインド経由で将来されるということがすでにあったかもしれないが、いずれにせよ西方の人々は、この商品の産地や由来について曖昧な知識しか有していなかったようである。因みにプリニウス VIII. 11. 32 – 12. 34 には、インドの象と大蛇の闘いについての詳しい記述がある。それによると、象の隙を狙って身体に巻きついた大蛇は、そ

図版37　龍血樹

の一番柔らかく弱い部分に噛みついて血を吸い尽くすが、倒れた象の下敷きになり、その重みで押し潰されて自らも血を流して死ぬという。これがインドの説話にでも遡源する話なのか、それとも「インドのキンナバリ」の由来を説明するためにギリシア商人あたりが作り出した話なのか、にわかには判断がつかないが、ともかくこれが英語を始め西欧諸語におけるこの樹脂の「龍の血」を意味する名称の起源となったことはおそらく間違いあるまい。ところで、欧米語で「龍の血」と呼ばれる樹脂には、龍血樹のそれの他にも数種ある。その中で最も重要なのが、マレー半島やスマトラを始めとする東インド諸島に産する、ヤシ科キリンケツ属の蔓性の籐 *Daemonorops draco* の果実から採れる紅色の樹脂で、今日では産出量の点で他を圧倒しているため、品種や産地を特定せずにただ dragon's blood とか麒麟

竭と言った場合には、むしろこちらを指すほどであるという (cf. Watt, *A Dictionary*, II: 17-19, s.v. "Calamus Draco"; E. H. Schafer, "Rosewood, Dragon's Blood, and Lac," *JAOS* 77 (1957): 132-134)。一方この樹脂のアラビア語名としては、「龍の血」を意味する dam al-tinnīn と dam al-thu'bān の他に、樹脂が幹を滴状にしたたることに由来する al-qāṭil、色がサフランや蘇芳(すおう)に通じることに由来する ayda' や 'andam があるが、それに加えて dam al-akhwayn、すなわち「(二人の)兄弟の血」という極めて特異な呼び名がある。しかもこれは麒麟竭一般ではなく、元来はソコトラのそれに特有の名であったらしい。註4に挙げた拙稿「ソコトラ島のキリスト教について」の中で、私はこの名称がこの島にキリスト教を布教したという聖トマス伝承に由来するのではないかという仮説を提唱したが、註4に記したような東方世界における双子神信仰の広がりを考慮すると、こちらの伝承とのつながりの方を重視すべきかもしれない。

第31節

（1）第16、23節参照。
（2）当時はハドラマウト王国のエレアゾス王がこの島を領有・支配していた。歴史的には、地理的に近いソマリアよりも南アラビアの影響が強い。対岸のマハラの支配を受けることが多かったが、東のオマーン、西のハドラマウトの勢力が強くなると、マハラともども支配下に置かれた。現在はイエメン領。詳しくは前節註4に挙げた拙稿「ソコトラ——その歴史と現状」303-309頁参照。
（3）リミュリケーはインド南西部のマラバール地方。詳しく

は第53節参照。バリュガザについては第41節参照。バリュ
ガザとの交易関係については、すでに14節（ソマリア海岸）、
21節（ムーザ）、27節（カネー）で言及されていたが、リミ
ュリケ地方からの商船の来航について触れているのは、
この節と次節（モスカ）のみ。これだけを見ると、インド
南西岸の商人の活動範囲はソコトラ島やズファール地方よ
り西には及んでいなかったように思えるが、ミュオス・ホ
ルモスやベレニーケの遺跡からタミル語など南インドの
言語が記された1世紀頃の土器片が出土しているので、実
際には南インドの商人がエジプトの諸港を訪れていたこと
は間違いないと考えられている（cf. R. Salomon, "Epigraphic
Remarks of Indian Traders in Egypt," *JAOS* 111 (1991): 731-
736; I. Mahadevan, "Tamil-Brāhmi graffito," in Sidebotham &
Wendrich (eds.), *Berenike 1995*: 205-208; Tomber, *Indo-Roman
Trade*: 73-74）。

（4）インドの布（*ὀθόνιον Ἰνδικόν*）：第6節註24に記したよう
に、綿布のことである。

（5）王たちにより（*ὑπὸ τῶν βασιλέων*）：写本の読みはこのよ
うに複数形になっているが、**Müller**: 282 は正しくは単数
形の *τοῦ βασιλέως* ではないかと註記している。当時のハド
ラマウト王がエレアゾス一人なのを考慮したのであろう。
村川：172/195 もこの読みを採用して「王により」と訳して
いるが、大部分の訳註者たちは写本の読みをそのまま受け
入れている。**Casson**: 170 が推察するように、ソコトラ島
に対する現行の政策をとるようになった、ここ数代の王を
指しているのであろう。

（6）アザニアー地方のラプタとの通商権を、ムーザの商人た

ちが貢納と引き換えに王から獲得しているという記事が第16節にあったが、ソコトラ島の経営も同様の方法で行われていたのではあるまいか。おそらくハドラマウトの商人たちがこの島における取引を管理する権利を手中に収めて、亀甲やキンナバリだけでなくアロエや乳香、龍涎香などの特産品は、彼らの手を通じて輸出されていたのであろう。商品のかなりの部分は、ソコトラ島よりも多くの商人が集まって取引の機会が多いカネーに運ばれ販売されたと思われる。

第32節

(1) オマナ (Ὄμανα)：ファルタク岬と東のサジル岬 (Ra's Sajir: 16°45′N, 53°35′E) の間のカマル湾 (Ghubbat al-Qamar) に比定される。

(2) 「その次には」と記されていることから見て、**Casson**: 170 や**村川**: 172/196 が比定するカマル連山 (Jabal al-Qamar) だけではなく、**Schoff**: 140 が言うようにそれに連なるカラー連山 (Jabal al-Qarā') までを指していると捉えるべきである。海岸に並行して 900～1,200 m の高さの険しい山々が連なっている。

(3) マハラからズファールを経てオマーンさらにはソコトラ島の牧畜民の中には、天然の洞穴や石を積んで造った岩室で穴居生活をおくる者が多かった。この地方には石灰岩質の洞窟が少なくないこともあり、季節風による夏の雨や冬の寒さを避けて、家畜ともども穴居した。Cf. *RSP*, 13. 34; *Western Arabia*: 409.

(4) モスカ・リメーン (Μόσχα λιμήν)：語義は「モスカ港」。

ズファール地方のホール・ローリー（Khawr Rawrī/Khōr Rōrī: 17°02′N, 54°27′E）の遺跡に比定するのが通説。1895年にベントがこの一帯を踏査し、点在する遺跡を『案内記』やプトレマイオスが言及している地名に比定することを試みて（Bent, "Exploration of the frankincense country": 124-125）以来、諸説提起されたが、1950年代のアメリカ隊による調査と近年のピサ大学の調査の結果を踏まえると、『案内記』のモスカはこの遺跡に比定するのが妥当と思われる。学説が分かれたそもそもの原因は、モスカの位置に関する『案内記』とプトレマイオスの記事が矛盾していることによる。プトレマイオス VI. 7. 10 はモスカをスュアグロス岬の西に置き、ホール・ローリーがある辺りには VI. 7. 11 でアビッサ町（Ἄβισσα πόλις）の名を挙げている。ズファール地方の沿岸部ではホール・ローリーのそれに匹敵する規模の古代の港市遺跡は未発見であるし、『案内記』の記事に照らせばモスカをこの遺跡に比定することに問題はない、とする意見が大勢を占める一方で、プトレマイオスの記事を重視してこれに異を唱える者が存在するのである。

ところでその遺跡は、北からアデン湾に流入するワーディー・ダルバート（Wādī Darbāt）の河口から 1 km ほど内陸に入った地点の左岸の崖の上にある。全長約 400 m の周壁の中に神殿、倉庫、工房、住居などが配置されていて、砦というよりは小規模な港市である。1952〜53 年に W. Phillips が指揮するアメリカ隊（The American Foundation for the Study of Man）によって（実質的には隊員のオルブライト単独で）発掘が行われた。大幅に遅れた報告書（F. P. Albright, *The American Archaeological Expedition in Dhofar, Oman,*

1952–1953, Washington, DC, 1982)の刊行に先立って、この遺跡から発見された複数の碑文の写真が公になったため、そちらの研究が先行した。一連の研究を挙げると以下のようになる。Pirenne, "The Incense Port of Moscha (Khor Rori) in Dhofar"; Beeston, "The Settlement at Khor Rori"; Müller, "Die Inschriften Khor Rori 1 bis 4"; A. Jamme, "Ḥaḍrami texts from Khor Rori," *Miscellanées d'ancient* (sic!) *arabe* IX, Washington, DC, 1979: 77–104. それによって、この辺りがサァカラーン(S¹a'kalān)と呼ばれる地方で(第29節註1参照)、港市の名称がスムフラム(Sumhuram)であったこと、ハドラマウト王イリーアッズ・ヤルト(Ilī'aḍḍ Yaluṭ)が首都のシャブワから人を送り込んで建設を行わせたことなどが明らかになった。その年代については、碑文の文字の書体から前1〜後1世紀と判断されたため、このハドラマウト王と『案内記』のエレアゾスとの同定の可否も議論された。それに対してグルームは港市の建設に触れた碑文の年代を1〜2世紀と晩めに判断したビーストン説に基づいて、『案内記』が執筆された当時スムフラムはまだ建設されていなかったであろうから、モスカをここに比定するのは不可能と主張した(Groom, "The *Periplus*, Pliny and Arabia": 185)。

その後1996年から、アヴァンツィーニの率いるピサ大学の調査隊に、カネー遺跡を調査したロシアのセドフが加わり、スムフラム遺跡の発掘調査が新たに開始された。2000年までの調査の結果はAvanzini (ed.), *Khor Rori Report 1* にまとめられている。この報告書を読むと、1997年と1998年の発掘の段階ではスムフラム創建の年代は前1世紀末と推定され、上記のグルームの主張の論拠が否定されているが

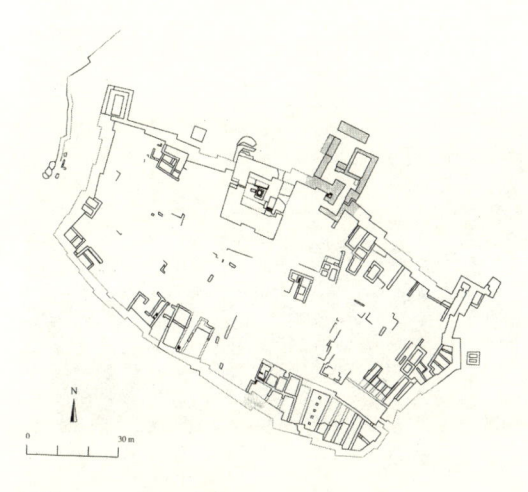

図版38　スムフラム遺跡図

(D. M. Bonacossi, "Excavations at Khor Rori: the 1997 and 1998 campaigns," in *Ibid*.: 48-49)、調査の終盤近くにはその年代が前4世紀に遡る見通しの得られたことが示唆されている (Avanzini, "The history of the Khor Rori area": 21)。しかしこの最後の点は、2003年と翌年の調査によって得られた新知見によって若干修正された (Avanzini & Sedov, "The stratigraphy of Sumhuram: new evidence": 15-16; Avanzini, "Sumhuram: a Hadrami Port on the Indian Ocean": 25-26)。即ち、スムフラムの遺跡は古い方から前3～前1世紀末、後1世紀初頭～3世紀、3世紀末～4世紀末/5世紀初頭の3層からなり、特に紀元前後に衰退が観察されるという。ここから、この港市が従来考えられていたようにローマ帝

註　第32節　255

図版39　スムフラム遺跡よりワーディー・ダルバートの河口を望む

政期の乳香需要の増大に応じて建設されたのではないこと、碑文に記されたハドラマウト王が主導した植民と建設事業は、この港市の創建ではなく再建を目的としたものであったこと、カネーとこの町の歴史はパラレルではなく数世紀のズレがあることなど、これまでの通説を覆す新知見が得られた。前3世紀といえば、ペトラ、ムレイハ、カルヤなど海陸の交易都市がアラビア半島各地に相次いで成立した時期と重なる。ローマ帝国成立に先立ち、ヘレニズム諸王朝の成立が地中海世界とインド洋世界の間の交易を活性化させた結果、これらの都市が勃興したのではなかろうか。また、スムフラムの衰退が観察される紀元前後という時期は、アデンが衰退していた時期と一部重なる可能性がある。両港市の衰退の原因に共通性はないのか、今後検討しなくてはならない。なお2004年までの調査の報告書（Avanzini (ed.), *A port in Arabia between Rome and the Indian Ocean (3rd C. BC–5th C. AD). Khor Rori Report 2*) も刊行されている。

　本節と次節に示されている距離数は正確でないし、風評をそのまま記した本節末の記事を見ても、著者自らはこの地を訪れていないと考えられる。しかし地中海産の陶器や土器、それもアンフォラのような容器だけでなく、日用の食器や調理具の破片までが多数出土しているのを見ると、エジプト船が直接この港を訪れていたのは間違いない。出土したアンフォラの破片で多いのは、ローマ共和制末期から1世紀の後半まで製作されたDressel 2-4というタイプの葡萄酒壺であるが、中に少数ではあるがそれよりも古いエーゲ海のコス島やロードス島産のものが混じっていて(Avanzini, "Notes for a history of Sumhuram": 612)、プトレマイオス朝期のエジプト船によって運ばれてきた可能性が強い。

(5) ズファール地方産の乳香は一旦このモスカに集荷された後、船でカネーに送られたのであろう。スムフラムは香料の集荷・貯蔵・船積みを管理するセンターとしての機能を果たしていたと考えられる。

(6) 「晩い季節に」ここまでやってきて冬を過ごし、春になって追い風となる南西からの風が吹くまでの間、風待ちをするインド船とはどのような船であったのか。晩い季節にインドを出港し、冬の季節風に乗って来航した船なら、ほどなく季節風の方向が変わるから、ここで越冬する必要などない。その必要があったのは、西方での取引を終えて帰路に就いたものの、季節が晩すぎたために、途中で風が北

東からの向かい風になってしまった船ではないのか。大洋を横断して目的の交易地へ直航する船の場合には、季節風に合わせたスケジュールどおりの航海をしやすかったであろうが、第14節に記されているように途中で寄り道しながら沿岸航海する船の場合には、不測の事態によって帰路に就くのが遅れるということもしばしばであったに違いない。西方で取引を済ませた後の帰航時であるにもかかわらず、なお乳香と交換できる商品があったというのは、おそらく、ここで越冬するか否かにかかわらず、乳香の購入は帰路に行うという予定で、そのための商品を取り置いてあったのであろう。なお、リミュリケーの商人のアラビアやアフリカにおける活動について『案内記』は沈黙しているが、前節の註3に記したように、彼らが紅海岸のエジプトの港を訪れていたことは考古史料から見て確かである。また本書の記事を裏付けるように、インドの船乗りや商人が使用したと思われる日用の土器の破片が、スムフラムの遺跡から多数出土している。Cf. Seland, "The Indian ships at Moscha"; Sedov & Benvenuti, "The pottery of Sumhuram": 192-194; Pavan & Schenk, "Crossing the Indian Ocean."

(7) 第14節に記されているように、ソマリアの諸港にインドから輸出されていたのも穀類(米と麦)、食用油(ギーと胡麻油)、綿布であった。インド洋西海域の諸港がインドに求めていたものは、古代から近代に至るまでほとんど変わっていない。

(8) 写本の χώματι κειμένῳ καὶ ἀφυλάκτῳ という読みを **Fabricius**: 70 は χώμασι κείμενον καὶ ἀφύλακτον と修正。**Schoff**: 35; **Frisk**: 11; 村川: 100/121 はいずれもこれに従い、村川は

この前後を「この乳香はサカリテース湾一帯にうず高く横たわっており」と訳している。しかし Giangrande, "Textual Problems": 156 はこれに反論、写本の読みのままでも解釈が可能なことを示した。**Casson**: 11-12, 257; **Huntingford**: 38 とともにこれに従いたい。「突堤」が自然堤防なのか人工のものかは不明。発掘調査で所在は未確認。

(9) 写本の *ἀπὸ δαίμονος δίχα* を **Müller**: 282 は削除。**Schoff**: 35; **Frisk**: 11; 村川：101/121 はいずれもこれに従ったので、村川訳では「神意に逆らっているので」の部分が欠けている。しかしここも読みの修正の不要なことが Giangrande, *loc. cit.* によって示された。

第33節

(1) アシコーン (*Ἀσίχων*)：ハーシク岬 (Ra's Ḥāsik: 17°24′N, 55°18′E) に比定される。但しホール・ローリーからこの岬までの実際の距離は、ここに示されている距離の半分以下である。因みにズファール地方の港を出てスール (Ṣūr: 22°34′N, 59°32′E) に向かったイブン・バットゥータは、乗船して2日目にハーシクの投錨地に碇泊して記事を残している (『大旅行記』III. 164)。

(2) サムハーン連山 (Jabal Samḥān) がこれに当たる。

(3) ゼーノビオスと呼ばれる七つの島々 (*ἑπτὰ νῆσοι ... αἱ Ζηνοβίου λεγόμεναι*)：プトレマイオス VI. 7. 46 にも「ゼーノビオスの七島 (*Ζηνοβίου ἑπτὰ νησία*)」と記されている。ハーシク岬の東北東の海上に浮かぶクリーヤー・ムリーヤー諸島 (Jazā'ir Khurīyā Murīyā) に比定されるが、この群島を構成するのは西から東にほぼ一列に並ぶ五つの島 (ハーシ

キーヤ al-Ḥāsikīyah: 17°29′N, 55°36′E; サウダー al-Sawdā': 17°30′N, 55°51′E; ハッラーニーヤ al-Ḥallānīyah: 17°30′N, 56°01′E; カルザウィート Qarzawīt: 17°37′N, 56°08′E; キブリーヤ al-Qiblīyah: 17°30′N, 56°20′E) である。「七島」というのは、キブリーヤ島近くの二つの岩礁 (*RSP*, 13. 64 の挙げる Four Peaked Rock と Well Rock) も数に入れているのであろうか。イブン・バットゥータがハーシクの投錨地を出航して 4 日後に立ち寄ったルムアーン山 (Jabal Lum'ān:『大旅行記』III. 164-165) は、この諸島の中で最大のハッラーニーヤ島ではないかと考えられている。「ゼーノビオス」という呼称の由来については、オマーン南部の特にスールからズファールへかけての海岸部と島々に居住するジャナバ族 (Al-Janabah) に求めるのが通説。19世紀にこの一帯を調査したウェルステッド (Wellsted, *Travels in Arabia*, I: 77) とベント (Bent, *Southern Arabia*: 230) が、それぞれ Beni Geneba、Jenefa tribe と呼んでいるのがこの部族である。遊牧民と漁民に大別され、特に後者が皮袋の筏に乗って鮫漁を行うことに、ウェルステッド、ベントともに注目している。またスールを拠点にインド洋交易でも活躍した (J. D. Anthony, *Historical and Cultural Dictionary of the Sultanate of Oman and the Emirates of Eastern Arabia*, Metuchen, N. J., 1976: 50-51. Cf. G. Rentz, "Al-DJANABA," *EI*[2] II (1965): 440)。**Schoff**: 144-146 は、マルコ・ポーロがイランのマクラーンとソコトラ島の間の海上に浮かぶと伝える男島と女島の伝説 (月村・久保田訳、174-175 頁; 愛宕訳、第 2 巻 229-231 頁) をジャナバ族の男の季節労働 (特に乳香採取) に結びつけて解釈し、女島をクリーヤ・ムリーヤー諸島に、男島

を対岸のアラビア本土に比定している。クリーヤー・ムリーヤー諸島については、他に以下の書を参照。S. B. Miles, *The countries and tribes of the Persian Gulf*, II, London, 1919: 351, 495-497, 548-549; *Western Arabia*: 616-618; Doe, *Socotra, Island of Tranquility*: 119-126.

（4）ペルシス（Περσίς）：古代ペルシア語の Pārsa（現代ペルシア語では Fārs）からのギリシア語転訛。本来はイラン高原南西部のファールス地方を指すが、広義のペルシアをも指した。それで『案内記』で言及されるペルシスも、当時イラン高原からメソポタミアにかけての地を広く支配していたアルシャク朝パルティアなのか、それともこの王朝の宗主権を認めつつファールス地方を中心に半独立の地位を築いていた地方政権なのかで説が分かれる。いずれの説も決め手に欠けるが、後続の節によればペルシア湾の湾頭部からオマーンの南東部にわたる広い地域が領域に含まれるとのことなので、著者の念頭にあるのは広義のペルシスの方ではないかと思われる。逆に **Casson**: 174 はファールス政権説で、第35節にアポログーがペルシスの交易地と記されているのを根拠に、当時ファールス政権の支配がペルシア湾の湾頭部にまで及んでいたと主張する。しかし1世紀中頃のこの地域には、カラクスを都とするカラケーネー王国が存在したので、この主張は成り立ちがたい。詳しくは第35節の註8に記すが、カラケーネーもファールス政権と同じ半独立の小王国で、2世紀にはパルティア王の一族が王位に即き、オマーンにまで支配を及ぼしていたことが知られている。

（5）サラピス島（νῆσος Σαράπιδος）：プトレマイオス VI. 7. 46

にも「サラピアス/サラピス島（$\Sigma\alpha\rho\alpha\pi\iota\acute{\alpha}\delta o\varsigma/\Sigma\alpha\rho\acute{\alpha}\pi\iota\delta o\varsigma$ $v\tilde{\eta}\sigma o\varsigma$）」として挙げられている島で、クリーヤー・ムリーヤー諸島の北東約400 kmの海上に浮かぶマシーラ島（Jazīrat Maṣīrah: 20°25′N, 58°47′E）に比定される。サラピス（ラテン語ではセラピス）は、ヘレニズム期以降エジプトを中心に地中海各地で広く崇拝された神である。エジプトでは古くよりオシリスと聖牛アピスが合体したオソラピスという神が存在したが、それがプトレマイオス1世の頃からディオニュソスを始めとするギリシアの神々とも習合してサラピスとなり、各地に神殿（サラペイオン/セラペウム）が建てられてプトレマイオス朝の国家神的な地位を獲得した。その神の名でオマーンの沖合の島が呼ばれているのは、村川：174/197-198 が指摘するように確かに興味深い。島の当時の現地語名が現在と大差なければ、彼が推測するように、その第2音節以下の音が神名の前綴に通じることや、この神が海路安全の神として船乗りの信仰の対象となっていたことが、ギリシア語の島名の由来かもしれない。本節のこれに続く部分に「イクテュオパゴイの神聖な人々が住んでいる」と記され、また上記のプトレマイオスも「ここに神殿あり」と記しているのを見ると、ヒズル廟のような漁民や船乗りの守り神のお社か祠のあった可能性が高い（ヒズルについては家島『海域から見た歴史』625-665頁参照）。もしそうであったなら、村川も言うようにこの島名を生むに与って力があったであろう。なお、イブン・バットゥータが乗った船の持ち主はこの島の出身者だったので、船はこの島にも寄港した。しかし彼自身は上陸せず役に立つような情報も残していない（『大旅行記』III.

167）のは、誠に残念なことである。Cf. Miles, *op. cit*.: 487–488; G. A. de Gaury, "A note on Masira Island," *GJ* 123 (1957): 499–502; R. M. Burrell, "MAṢĪRA," *EI²* VI (1991): 729–730; *RSP*, 13. 88–103.

(6) イクテュオパゴイの神聖な人々（ἀνθρώποις ἱεροῖς Ἰχθυοφάγων）：写本の ἱεροῖς（神聖な）を文脈に合わぬと判断した **Müller**: 283 は πονηροῖς（悪い）に改めることを提唱し、村民たちが海賊行為を働いたのだろうと推測した。同じ語を **Fabricius**: 72 は ὁμοίοις Ἰχθυοφάγοις「イクテュオパゴイに似た」と修正している。**Schoff**: 35 は前者に従っているが、他の註釈者たちは、前註に引いたプトレマイオスの「ここに神殿あり」という記事に照らしても、ここは写本の読みを強いて改める必要はないと考えている。

(7) ズファールからマスカトにかけてのオマーンの海岸や沖合の島々には、タイマイやアオウミガメを始めとする5種の海亀が数多く棲息し、現在では政府の保護を受けている。なかでもマシーラ島は世界有数の産卵地として知られる。Cf. Rod and Susan Salm, *Sea Turtles in the Sultanate of Oman*, Ruwi, Sultanate of Oman, 1991.

第34節

(1) この節から第37節にかけて、即ちマシーラ島から先のオマーン湾、ペルシア湾の地理や航路に関する本書の記事は極めて不正確である。著者自身も含めて、エジプト商人や船乗りがこの海域に足を踏み入れることはほとんどなかったため、伝聞情報も不十分だったのであろう。海岸線を始め、著者がこの地域について抱いていた地理的イメージは、

現実と大きくずれていたと思われるので、記事の解釈やいくつかの地名の比定は非常に難しい。マシーラ島から先の海岸線は、実際にはハッド岬までは北北東、そこからマスカトまでは北西よりやや北寄り、マスカトからホルムズ海峡は方角的には北西であるが、海岸線は西側に大きく湾曲している。

(2) ペルシア海の入口辺りで (περὶ τὴν εἰσβολὴν τῆς Περσικῆς θαλάσσης)：ここは「ペルシア海」と訳すのが正しく、**Casson**: 71 が Persian Gulf (ペルシア湾) と訳しているのは、先入観に囚われた誤訳である。前註にも記したように著者の抱いていた地理的イメージが明らかでないため、正確な解釈は期すべくもないが、一応ここの「ペルシア海」は次節の「ペルシア湾」とは別の海域と解して、現在のオマーン湾に比定したい。これは両者をともに現在のペルシア湾に比定する他の註釈者たちとは異なる解釈である。したがって、ここでペルシア海の入口と言われているのはホルムズ海峡ではなく、マスカト辺りなのではなかろうか。

(3) カライオス諸島と呼ばれる多数の島々 (νῆσοι πλείονες, αἱ Καλαίου λεγόμεναι νῆσοι)：マシーラ島からホルムズ海峡にかけての海域でこの表現に適合しそうな島々といえば、マスカト沖合のファフル島 (Jazīrat al-Faḥl: 23°41′N, 58°30′E) から西方に連なるハラーバ島 (Jazīrat Kharābah: 23°50′N, 58°10′E)、ダイマーニーヤート諸島 (Jazā'ir Daymānīyāt: 23°51′N, 58°05′E)、スワーディー諸島 (Jazā'ir Suwādī: 23°47′N, 57°47′E) を措いて他にない。ペルシア海の入口をマスカト付近と考えれば、カライオス諸島をこれらの島々に比定して位置的には問題ないが、2,000スタディオンにわ

たって続いているというのは、あまりにも過大である。実際の距離は約 70 km なので、380スタディオン弱にしかならない。Glaser, *Skizze*: 188; **Schoff**: 147 等によって、このカライオスという地名と、ハッド岬の近くにあって中世に港市として栄えたカルハート（Qalhāt）のそれとのつながりが主張されているが、**Casson**: 176 はカルハートがダイマーニーヤート諸島からあまりにも遠すぎるという理由で、この説には否定的である。

(4) 病んでいて、昼間でさえよく目が見えない（*πονηροὶ ... καὶ ἡμέρας οὐ πολύ βλέποντες*）：本書の中でも難解な箇所の一つで、幾通りかの解釈が行われてきた。まず最初の *πονηρός* の「悪い」という語義を、肉体的な意味で取るか人格的な意味で取るかで解釈が分かれる。後の解釈が一般的で、「悪者」とか「悪漢」と訳される。それに対して **Huntingford**: 66; **Beeston 1981**: 354 は前者の立場で、疾病、それも眼病が問題になっていると考える。後半部は写本の読みをそのまま受け入れるか否かで、註釈者の態度はやはり二つに分かれる。「悪者」の目が昼間よく見えない理由の説明に窮した **Müller**: 283 は、*ἡμέρας* を *ἡμέρου* と改めることを提唱し、**Fabricius**: 72; **Schoff**: 36, 147 もこれに従った。この場合には人々が「悪者で、あまり開化していない」という意味になる。写本の修正を認めない場合は、そのまま「昼間はよく目が見えない」と訳すのが多数派であるが、**Casson**: 176 は Schmid: 791-792 にヒントを得て、住人たちが明るいうちは活動を控え夜陰に紛れて行動する海賊や密輸業者なので、著者は皮肉をこめて「昼の間はそれほど物を見ようとしない」と言ったと解釈している。「目が見え

註 第34節　265

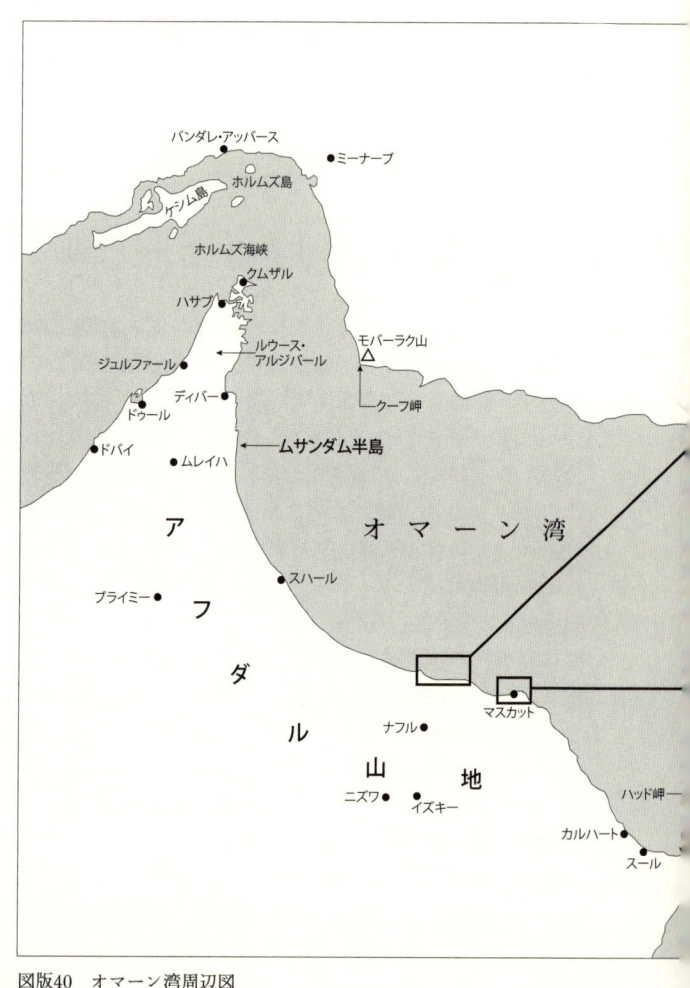

図版40　オマーン湾周辺図

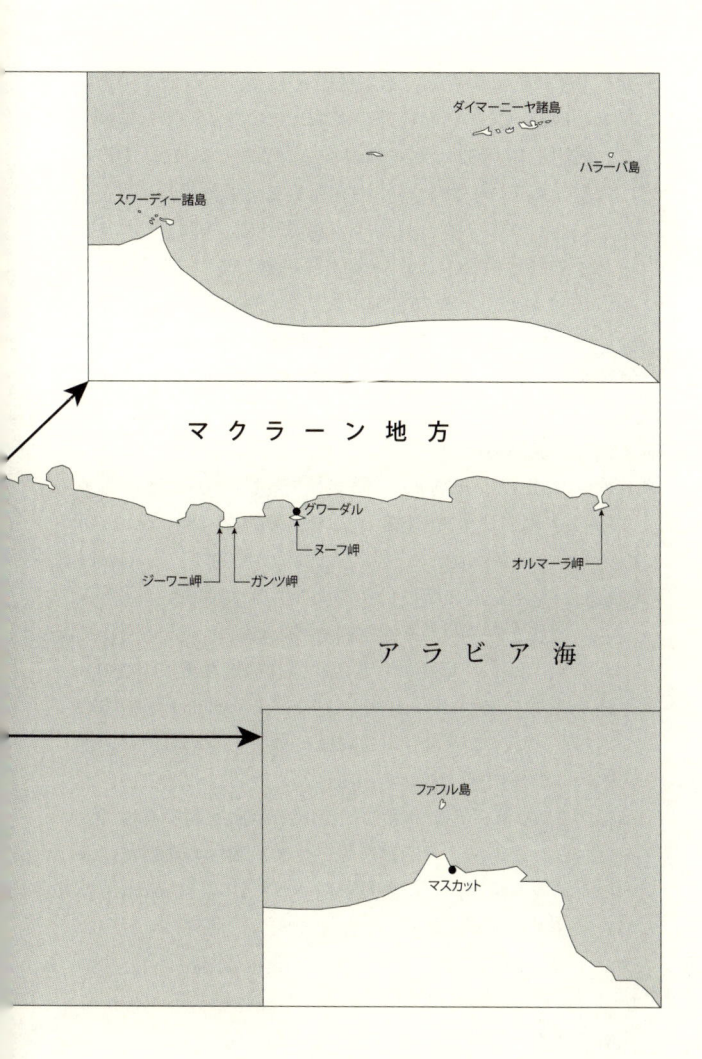

ダイマーニーヤ諸島
ハラーバ島
スワーディー諸島

マ ク ラ ー ン 地 方

グワーダル
ヌーフ岬
ジーワニ岬
ガンツ岬
オルマーラ岬

ア ラ ビ ア 海

ファフル島

マスカット

註 第34節 267

ない」と解釈する者は、その理由として、この地方の強い日射しのせいで住民の視力が害されたのであろうと推察する。**村川**: 102/122 は写本の読みを認めたうえで、「その住民は悪い奴らで昼間はよく物を見ることも出来ない」と訳している。このように目が不自由なのを「昼間」と限ると、いわゆる昼盲症なのかという問題が生じるので、Beeston, *loc. cit.* は καὶ を even の意味に取り、「昼間でさえよく見えないのだから夜間はなおさら」と説明している。私も最も無理がないように思えるこの解釈を採りたい。

第35節

(1) カロン山 (Καλὸν ὄρος)：語義は「美しい山」。他の古典文献の中に見えない地名なので、**Müller**: 284 は *Καλαιὸν ὄρος*（カライオン山）の誤りではないかと推察し、Glaser, *Skizze*: 188 と **Schoff**: 147 は、前節の註3に挙げたカルハートとの地名上のつながりを主張している。それはともかく、これがマスカトの背後から北西に弧状に連なる「緑の山」という意味のアフダル山地 (Al-Jabal al-Akhḍar) を指すのであろうということは、諸家ほぼ一致して認めている。地質的にイランのザーグロス山脈につながるこの連山は、最高峰が 3,000 m 近くに達するアラビア半島有数の高地で、モンスーンの時季には降雨を見るため、山間の渓谷には多くのオアシスが発達して農業が営まれている。**Casson**: 178 のみは、ムサンダム半島の先端でホルムズ海峡にも近いルウース・アルジバール (Ru'ūs al-Jibāl. 語義は「山々の頂」) という山塊に比定するが、こちらはむしろ次に出てくるアサボーに当たると考える方がよい。

（2）ペルシア（海）の口（στόμα τῆς Περσικῆς）：形容詞が女性形なので、省略されている名詞は κόλπος（湾）ではなく θάλασσα（海）である。諸氏揃って前節の「ペルシア海の入口」とこの「ペルシア（海）の口」を同一視しているが、著者によれば2,000スタディオン（約370 km）にわたって点在するカライオス諸島によって隔てられた両者が同じであるはずはない。また前節の εἰσβολή（入口）に対して、本節では στόμα（入口、出口の両方を表す）が用いられている点にも留意すべきである。即ち、ここで「ペルシア海の口」と言われているのは入口ではなく出口の方で、それは同時にこれに接続するペルシア湾への入口でもある。現実にオマーン湾とペルシア湾を仕切るのは、言うまでもなくホルムズ海峡であるが、本節のこの後の記事を読むと、どうやら著者はこの辺りの地形をよく知らず、実際より少し手前の部分が海峡になっていると誤解していたようである。

（3）真珠の採取が盛んであったのはペルシア湾のアラビア半島側、ドゥバイからカタールへかけての沿岸で、オマーン湾の沿岸ではない。

（4）［ア］サボー（[Ἀ]σαβώ）：プトレマイオス VI. 7. 12 に「アサボーンと呼ばれる黒い連山」が見えることを理由に、ここも「アサボーン（[Ἀ]σαβῶ[ν]）」と補って読む者が多い。しかし『地理学』のこの部分の読みは、実際には写本によって「アサボー」と「アサボーン」の両様がある（cf. Ptolemy, *Geography, Book 6*, by S. Ziegler: 96, n. 5）。またヘラクレアのマルキアヌスの『外海周航記』I. 19 と I. 27 では、これと同じ地名の写本の読みが前者では「アサボー」、後者では言及2ヶ所のうち一方は「パサボー」、他方は「アサボー」

註 第35節 269

となっている (cf. Müller, *GGM* I: 528, 531–532)。それで『案内記』のテキスト本文を「アサボーン」と補ったフリスクも、註釈 (**Frisk**: 114) では、「アサボー」でもいいかもしれないと断っている。**Casson**: 71 はこちらの読みを採用。因みにマルキアヌスの山本訳 (85 頁) は、ギリシア語写本を底本としたはずなのに、I. 27 の問題の地名が両方とも「アサボーン」と記されているのは不可解。ともあれこの連山は、註 1 で言及したルウース・アルジバールという山塊に比定できる。これはディバー湾 (Dawḥat Dibā: 25°38′N, 56°18′E) から北のムサンダム半島先端部を形成する険しい山並みで、高さは 2,000 m 前後に達する。ディバー湾からホルムズ海峡に至るまでの複雑な海岸線と海上から見た連山の詳しい記述が、*PGP*, 2. 80–96; *SDRS*, 13. 02–05 に写真・挿絵入りでなされている。

　ところで村川: 177/200 には、アサボーンという地名がこの地方に住む Benī Assab 族の名に由来するという説が紹介されている。典拠は記されていないが、**Müller**: 284; **Schoff**: 148 にも記されていることなので、おそらく村川はこれらの書に拠ったのであろう。但しこの部族については未詳。**Schoff**: *loc. cit.* を読むと、彼が引用する Wellsted, *Travels in Arabia*, I: 239–242 に、Benī Assab という族名が記されていると誤解されても仕方がないような書き方がしてある。しかしウェルステッドは当該地域の住民についての記事は残しているものの、彼らの呼称は記していない。なお、ムサンダム半島の先端部をやや西に回り込んだところに、現在この地方の中心のハサブ (Khaṣab: 26°12′N, 56°15′E) という町があり、コスタはこの地名をアラビア語の khawr (入江、

湾)＋Asabon の縮約形ではないかと推測している (P. Costa, *Musandam: Architecture and Material Culture of a Little Known Region of Oman*, London, 1991: 57)。
(5) セミラミスの(山) (τὸ Σεμιράμεως): プトレマイオスⅥ. 8. 11 にも「セミラミスの(山)、あるいはその形状からストロンギュロン(円山)と呼ばれる山」への言及がある。一般に、イランのクーフ岬の北北東3マイルの地点にあるモバーラク山(現地における呼称はアラビア語から転訛した Kūh-e Mobārak: 25°51′N, 57°18′E)に比定される(図版41参照)。インド方面から西に延びてきた海岸線が、この岬を境に北へ折れてホルムズ海峡に向かうという重要地点に位置するこの岩山は、高さは101 m しかないものの、その特徴ある山容によって、古来、船乗りたちの恰好の目印となってきた。それは現在においても変わらない (cf. *PGP*, 3. 41; *SDRS*, 13. 18)。海上から遠望すれば円錐台に近い形に見えるのであろうが、近寄って見ると斜面の一部が崩落し、むしろ角錐台に近い形をしている。「未完成の塔」になぞらえた **Fabricius**: 146 の比喩は実に適切である。ファブリキウスはこれに続けて、現在の山名はアラビア語(語義は「祝福された山」)なので新しい呼称であるが、おそらく古くは Kōh-i-schamarīda (彼によれば語義は gepriesene Berg 「賛美された山」)と呼ばれ、これが本書やプトレマイオスに見られるギリシア名の元になったのであろうと推察している。因みにセミラミスは、元来は古代ギリシア人の伝説に登場する全オリエントを支配する女王の名で、モデルはアッシリア王アダド・ニラニ3世(在位前810～783)の母サムラマトと言われる。この山の辺りで対岸のアラビア海

図版41　クーフ岬のモバーラク山

　岸との距離が約600スタディオンというのは正しい。
（6）ペルシア湾（Περσικὸς κόλπος）：ペルシア海と区別されたこちらが本来のペルシア湾。
（7）アポログー（Ἀπολόγου）：これが写本の読みで、構文上は主格であるが属格のような形をしている。それで**Fabricius**: 75; **Schoff**: 36; **Casson**: 73; 蔀: 17は、訳文中ではアポロゴスという想定上の主格形を用いた。しかしここではその旧訳を改め、写本の読みをそのまま採用する。他の古典文献には見えない地名で、おそらく現地語がギリシア語風に転訛したのであろう。一般には、前8～7世紀のアッシリアの記録にアラム系種族の一つとして挙げられているU-bu-luがその語源であろうという説（Glaser, *Skizze*: 188-189; M. Streck, *RE* Suppl. I (1903), col. 111）が受け入れられている。またこの地名はその後、イスラーム期にペルシア湾頭の交

易港として栄えたウブッラ (al-Ubullah) に引き継がれたというのが定説である。ウブッラはバスラの東方、ティグリス川の右岸、バスラから南東に通じる運河の北側に位置した (cf. R. J. H. Kramers, "AL-UBULLA," EI^2 X (2000): 765-766)。因みに『新唐書』地理志に見える烏刺と末羅は、それぞれウブッラとバスラに比定される。

(8) パシヌー・カラクス (Πασίνου Χάραξ): 語義は「パシネス (ヒュスパオシネス) の柵塁」。カラクス・スパシヌーと綴られることが多いが、プトレマイオス VI. 3. 2 にはカラクス・パシヌーと記されている。この町の由来についてはプリニウス VI. 31. 138-141 に詳しい記事がある。起源はアレクサンドロス大王がペルシア湾頭に築かせたアレクサンドリア。それが一旦洪水で破壊された後、セレウコス朝のアンティオコス4世 (在位前175～164/163) が再建してアンティオキアと命名。次いで、この地方一帯 (エリュトラー海州) のサトラップに任ぜられたアラブ人のヒュスパオシネスが大堤防を築いて改修を行なった結果、爾後(じご)ここは彼の名に因んで呼ばれるようになった。この時期 (前2世紀後半) はセレウコス朝が弱体化する一方で、これに取って代わるべきアルシャク朝パルティアの影響力もまだ不安定であった。そのような情勢に乗じてヒュスパオシネスは自立し、この町を首府とするカラケーネー王国が成立する。その勢力はバハレーン島にまで及んでいた (第30節註4参照)。その後、政治的にはアルシャク朝の宗主権下で半独立の地位に甘んじたが、経済的には、ペルシア湾 (そしてその先のインド洋) とシリア (そしてその先の地中海) とを結ぶ交易のセンターとしておおいに栄えた。バスラの北

西48kmほどの地点のJabal Khayābirという遺構(現地民はNaisānとも呼んでいる)が、古のカラクスの一部と考えられている(J. Hansman, "Charax and the Karkeh," *Iranica Antiqua* 7 (1967): 21-58 at 36-45)。

ところで、2世紀初めにトラヤヌス帝がメソポタミアに遠征した際に、カラケーネー王はこれに貢納を行い臣従した。そのためローマ軍の撤退後、この国はアルシャク朝の支配下に置かれ、王位にはパルティア王の一族が即いた。同世紀の第2四半期にはメレダト(Meredat)という名の王が在位したが、バスラ近辺で多数収集された彼の名前を刻した貨幣の中に、王号が「オマン人の王」となっているもの(西暦換算で142年の紀年あり)のあることが、注目に値する。この「オマン人」が次節に出てくるオマナの市民なのか、それともオマーン半島の住民なのか判然としないにせよ、この王の支配がペルシア湾の南部にまで及んでいたことが窺える。その傍証として挙げられるのが、西暦換算で131年の紀年のあるパルミュラ碑文である。これはパルミュラ〜カラクス間の隊商交易でおおいに活躍したヤルハイという名のパルミュラ人を顕彰した碑で、そこに、この人物がスパシヌー・カラクスの王メレダトのために、バハレーン島のサトラップを務めたと記されている。即ちこの前後の時期にカラケーネー王は、ペルシア湾の湾頭部からバハレーンを経てホルムズ海峡近くまで、ペルシア湾のアラビア半島沿岸部を広く支配していたのであろう。次節のオマナが比定されるムサンダム半島のドゥール遺跡で、1世紀から2世紀初頭にかけてのカラケーネーの王名を刻した貨幣が5点、他に王名不詳のものが1点収集されている

ことも、カラケーネーとオマナの関係の深さを示している。
Cf. Potts, "Arabia and the Kingdom of Characene"; id., *The Arabian Gulf in Antiquity*, II: 324-327; id., "The Parthian Presence in the Arabian Gulf." なお、カラケーネー史に関する最新の研究書として M. Schuol, *Die Charakene: ein mesopotamisches Königreich in hellenistisch-parthischer Zeit*, Stuttgart, 2000 を参照。

第36節

（1）この箇所の解釈もまた註釈者たちを悩ませてきた。どこを起点に6日航程と言っているのかが必ずしも明確でないうえに、湾口を沿岸航行するというのが、湾口をイラン側に横断してそのまま東へ岸沿いに進むという意味なのか、それともアラビア海岸沿いに航行してペルシア湾に入り、そのまま岸沿いに進むという意味なのかについても、解釈が分かれるからである。前節でアポログーへの言及があった後なので、ペルシア湾のイラン側海岸に沿っての航行という解釈も可能である。また次註に記すように、オンマナ／オマナの位置がアラビア側なのかイラン側なのかをめぐって、古代の著作家や学者の間で見解の相違があったらしいことも、解釈を難しくしてきた。私としては、前節でアポログーが言及されていたのは、ペルシア湾が奥深く広がっていると述べられたついでに、その湾の最も奥に位置する交易地の名が挙げられたまでで、沿岸の交易地の説明自体は本節で改めてペルシア湾のアラビア側から始められていると考える。6日航程の起点は、本書の著者がペルシア湾の入口と捉えているルウース・アルジバールとモバーラク

山を結ぶ線あたりであろう。そこからムサンダム半島の先端を回ってペルシア湾に入るという、アラビア海岸沿いのコースを6日航程進んだところにオンマナ/オマナがある、ということではなかろうか。なお詳しくは次註参照。

(2) オンマナ（Ὄμμανα）：オンマナという表記はここのみで、他所ではオマナ（Ὄμανα）と記されているので、以下の記述においては後者を採用する。本書においてこの地名は、他に第27、32、37節で触れられている。プリニウス VI. 32. 149 はペルシア湾のアラビア側の地名や族名を列挙する中でこの地名にも言及し、「昔の著作家たちがカルマニアの有名な港と見なしたオマナ（Omana）」と述べている。彼自身は、オマナがカルマニア（現在のケルマーン市を中心とするイラン南西部の古名）ではなくアラビア側にあると主張しているわけである。プトレマイオス VI. 7. 36 に挙げられているオマノン交易地（Ὄμανον ἐμπόριον）は、経・緯度を示す数値が写本によって異なるため正確な位置を定めがたいが、アラビア半島の内陸に置かれていることは間違いなく、その点、他の史料が揃ってオマナを臨海の港/交易地としているのと大きな相違を見せている。おそらく両者は同一ではなく、プトレマイオスのオマノン交易地については、ズファール地方の内陸部で発見されたシスル（al-Shiṣur/-Shiṣar: 18°15′N, 53°39′E）の遺跡がそれに当たるという説（R. Finnes, *Atlantis of the Sands. The Search for the Lost City of Ubar*, London, 1992: 174-182）や、いや、この遺跡ではオマノン交易地のそれとしては貧弱すぎると批判して、オマーン中のオマーンとも言うべき地域に位置するイズキー（Izkī: 22°56′N, 57°46′E）かニズワー（Nizwā: 22°56′

N, 57°32′E) に比定する説（Groom, "Oman and the Emirates in Ptolemy's map": 206-211）がある。シスル遺跡の過大評価に対しては、H. St. Edgell, "The myth of the 'lost city of the Arabian Sands,'" *PSAS* 34（2004）: 105-120 も批判的である。他方、これとは別にプトレマイオス VI. 8. 7 にカルマニアの町として挙げられているコンバナ/ノンマナ（*Κομβάνα/Νόμμανα*）こそが、実は本書に見えるオンマナに当たると **Müller**: 285 などは考えている。オマナという古代の臨海交易地はアラビア側にあったのか、それともイラン側か、またペルシア湾の内側か外側（オマーン湾側）なのかをめぐって、19世紀の初めより様々な説が提出された。1980年代までに提出された諸説の概要は、ポッツによって紹介・批判されている（Potts, *The Arabian Gulf in Antiquity*, II: 306-310; cf. **Casson**: 180-181）。私もかつてこの問題について論じたことがあるが（蔀「文献史料に見る南東アラビア（1）」26-30頁）、その後に発表された新研究を踏まえて現在の考えを以下に記す。

前註に記したように、私はオマナはアラビア海岸のペルシア湾に入って間もなくのところにあったと推察するが、その周辺で近年最も注目されているのが、アラブ首長国連邦に属すウンム・アルカイワイン（Umm al-Qaywayn）首長国のドゥール（al-Dūr/ed-Dur）遺跡である。南東アラビアのペルシア湾岸の遺跡の中で、現在までのところヘレニズム期からローマ期（4世紀まで）にかけての遺物が出土するのはこの遺跡の他にないという理由で、特にポッツがここをオマナの最有力候補地と見なしている（Potts, "Arabia and the Kingdom of Characene": 155; id., *The Arabian Gulf in*

Antiquity, II: 309-310)。現況では、私もこの見解を認めるに吝(やぶさ)かでない。かつてはこの比定に批判的であったサレ (Salles, "Monnaies d'Arabie orientale": 104) も、その後これに同意している (id., "The *Periplus of the Erythraean Sea* and the Arab-Persian Gulf": 133; id., "Le Golfe persique": 304-311)。サレは、湾口からオマナまで6日航程という本書の記事に照らすとドゥールはホルムズ海峡に近すぎる、という点に最もこだわっていたが、ポッツはこれに対して、1904年にブルクハルトがブームというタイプのダウ船で、荒天下にドゥバイからムサンダム半島先端のクムザール (Kumzār: 26°20′N, 56°25′E) まで行くのに8日かかったという例を挙げ、この海域の航行に要する日数は距離から単純に推し量ることはできないと反論している (Potts, "Arabia and the Kingdom of Characene": 166-167; id., *The Arabian Gulf in Antiquity*, II: 309)。ドゥール遺跡の出土物を見ると、1世紀にここがメソポタミアとインドを結ぶルートの中継地である一方で、カネーやモスカなどアラビア南岸の交易地とも結ばれていたことがよく分かる (cf. Rutten, "The Roman fine wares of ed-Dur")。オマーン湾側の遺跡では、ペルシア湾岸のドゥールとムサンダム半島横断ルートで結ばれていたディバー (Dibā/Dabā/Dibba: 25°37′N, 56°16′E) の墓や住居址から、前1～後1世紀の地中海やパルティア、さらにはインド産の遺物が出土するのを根拠に、ここにオマナを比定する説がある (Jasim, "Trade centres and commercial routes in the Arabian Gulf": 236; id., "Dibba: an ancient port on the Gulf of Oman": 74)。また1世紀からサーサーン朝期にかけてインド産の赤色磨研土器が出土するスハール (Ṣuḥār:

24°22′N, 56°45′E) に比定する者もいる (Kervran, "ṢUḤĀR": 775)。ここからはブライミー・オアシス (Al-Buraymī: 24°14′N, 55°45′E) を経由して、ペルシア湾岸のアブダビ辺りにルートが通じていた。確かに、インドから来航した船は、ホルムズ海峡を通ってペルシア湾に入る煩わしさを嫌って、しばしばオマーン湾岸の港で荷を下ろした。そしてそこから陸路をペルシア湾岸の港まで運ばれた商品が、改めて船に積まれて湾内の交易地へ送られるというのは、古くから行われてきたことである。しかし、『案内記』に記されている建築や造船資材の木材のような重くて大きな商品までが、ラクダやロバに背負われて山地越えの険しい道を運ばれたとは考えにくい。おそらくこれらの商品を積載した大型船はペルシア湾内まで航行したであろうから、オマナもまた湾内の遺跡に比定すべきではないのか。

(3) ペルシスの別の交易地:「別の」というのは、前節のアポログーに対してのことであろうというのが通説。この二つが次に「ペルシスのこれら両交易地」と呼ばれている。

(4) 銅:プリニウス XXXVI. 48. 163 はインドには銅も鉛もなく宝石や真珠と交換すると記している。それを裏付けるかのように、『案内記』にはインドのバリュガザ(第49節)とムージリスやネルキュンダ(第56節)が、西方より銅を輸入していたと記されている。そこで、本節でバリュガザからペルシア湾の交易地に輸出されると記された銅は、一旦輸入したものを転売したのであろうという解釈が一般的である (cf. **Schoff**: 151; Warmington, *The Commerce*: 268; 村川: 51-52/72)。これに対して **Casson**: 28-29 は、実はインドの北西部や南部にも銅の産地があったことを指摘したう

註 第36節　279

えで、インドの銅に関する情報は矛盾・錯綜しているので、どの解釈も当てずっぽうの域を出ていないと批判する。因みに6世紀前半に著されたコスマスの『キリスト教世界地誌』XI. 15には、コンカン海岸の交易地カッリアナー（第52節のカッリエナ市）の輸出品として、銅がシッソの木（本節の註8参照）や多種の布とともに挙げられている。

(5) チーク材（ξύλων σαγαλίνων）: σαγαλίνων の写本の読みは σαγαλινο。それを1629年に C. Salmasius が σανταλίνων と修正して白檀の木（英語では sandalwood）に比定したところ、後世の校訂テキストや翻訳は **Casson** を除いてことごとくこれに従った。これを批判してテキストの修正を最小限の σαγαλίνων にとどめ、チークを意味するサンスクリットの śāka と後世のインド諸方言におけるその転訛形とに関連づけて解釈したキャッソンの功績は大と言わなければならない。議論の詳細は Casson, "*Periplus Maris Erythraei* 36: Teak, not Sandalwood" を参照。チークはインド、ミャンマー、タイなどに分布する熱帯性の落葉高木で、材質が堅く、伸縮率が小さく虫害にも強いことから、建築、船舶、家具の材料として広く用いられる。

(6) 梁材（δοκῶν）: この語と次の語は木の種類ではなく、おそらく木材の用途による呼称ではないかと思われる。建物の梁や桁に使用される太い材木ではないかと推察されるが、詳細不明。

(7) 桁材（κεράτων）: 使用されている語の本義は動物の「角」、転義に「帆桁」という意味があるので **Huntingford**: 40 はそのまま sailyards と訳したが、**Casson**: 73 はギリシア船の帆桁は通常2本の若木を縛り合わせて作られていたので、こ

図版42 オマーン、ナフル砦の居室の天井。太い梁はインドから輸入した角材、それと交差する形で並べられているのは東アフリカから運ばれてきたマングローブ材。その上にナツメヤシの葉で編んだ筵を敷き、さらにその上に土を敷いて表面にプラスターを塗ったものが階上の部屋の床となる。

こはその若木のような形状の、「梁材」に比べれば細い木材を指したのではないかと推測して（cf. Casson, "*Periplus Maris Erythraei* 36": 183; **Casson**: 258）、saplings と訳している。

（8）シッソ材（φαλάγγων σασαμίνων）：σασαμίνων が写本の読みであるが、1577年に J. Stuck が σησαμίνων と修正したところ、**Frisk**: 12 を含めて後世の校訂者たちはこれに従った。コスマス XI. 15 に σησάμινα ξύλα、ディオスコリデス I. 98. 1 の一部の写本に σησάμινα という形の見えるのが、その根拠である。一般に、マメ科の落葉樹で学名を *Dalbergia sissoo* Roxburgh というシッソの木に比定される。歴史的には

原産地と思われるインド北部だけでなく、そこから西へイランの南部を経てオマーン辺りにまで広く分布していたようで、建築、船舶、家具の材料として古くから用いられた。インドでは植林も行われている。そのインドでは sīsū, shīsham およびそれに類する名で呼ばれ、アラビア語に入ると sāsam, sāsim となった。アラビア語でそのように呼ばれたのなら、ギリシア語でも同様の呼称があっておかしくないと考えて、**Casson** は写本の読みの修正に反対している（cf. Casson, "*Periplus Maris Erythraei* 36": 181; **Casson**: 259）。英語では Indian rosewood と呼ばれているが、インドの西部から南部にかけて生育する近縁種の *Dalbergia latifolia* が同じ名で呼ばれることもあるので、注意を要する。広義の紫檀の一種と見なしてシッソシタンと呼ぶこともある。一方いわゆる本紫檀は、東南アジアに生育する *Dalbergia cochinchinensis* の木である。村川：103/123 がこれを「胡麻樹」と訳しているのは、修正したギリシア語の直訳で適訳とは言えない。Cf. Watt, *A Dictionary*, III: 13-15, s.v. "Dalbergia Sissoo"; *Hobson-Jobson*: 842, s.v. "Sissoo, Shisham"; I. Gershevitch, "Sissoo at Susa（OPer. *yakā-*＝*Dalbergia sissoo* Roxb.)," *BSOAS* 19 (1957): 317-320; K. R. Maxwell-Hyslop, "*Dalbergia sissoo* Roxburgh," *Anatolian Studies* 33 (1983): 67-72.

(9) 黒檀（ἐβενίνων）：カキノキ科カキノキ属のうち、心材部が大きくて黒色で美しく、家具の製造などに利用される常緑高木の総称。十数種があり、東南アジアからインド、アフリカの熱帯部にかけて分布する。用材としてはインド、スリランカ産のインドコクタンが最も優れ、我が国で本黒

檀と呼ぶのはこの種のみを指すと言われる。古代エジプトやイスラエルの記録に現れる黒檀は、主にエチオピアからの輸入品であろう。旧約聖書「エゼキエル書」XXVII. 15 に、フェニキアのティルスがデダーンの人々と交易をして、彼らから象牙と黒檀を受け取ったと記されている。**Schoff**: 153 や 村川: 182-183/207 はこのデダーンをペルシア湾南岸に比定する説に与して、インド方面産の黒檀が非常に古くからペルシア湾経由で地中海方面にもたらされたと推察しているが、これは誤り。デダーンはアラビア半島のヒジャーズ地方で栄えた隊商都市で現在のウラーに比定できる（第19節の註2参照）。エチオピア産の象牙と黒檀が紅海を渡って後代のレウケー・コーメーかエグラ付近の港で陸揚げされ、その後デダーン商人の手によって陸路ティルス方面に運ばれたというのが、正しい解釈である。因みに、現行の日本語訳聖書では「デダーン」でなく「ロドス島」となっているのは、ギリシア語訳聖書の読みの方を採ったためで、ヘブライ語聖書の読みは「デダーン」である。インドの黒檀についてはプリニウス XII. 8. 17－9. 20 に記事があり、ポンペイウスがミトリダテス（3世、小アジアのポントス王）を滅ぼした時に、これをローマ市にもたらしたと述べている。

(10) アラビア：第19節（註6参照）におけると同じく、この「アラビア」も現在のイエメンに当たる南アラビアの諸港を指しているのであろう。

(11) マダラテと呼ばれるこの土地独特の縫合小舟（*ἐντόπια ῥαπτὰ πλοιάρια, τὰ λεγόμενα μαδαράτε*）：Glaser, *Skizze*: 190 はマダラテはアラビア語の muddarra'at もしくは madra'at に他

図版43 UAE、ジュルファール近くのダウ造船所。オマーン湾やペルシア湾の沿岸では、現在でもダウ船の建造が盛んである。

ならず、これは「椰子の靭皮で結合された」船を意味すると主張した。彼によれば語根動詞は「鎧を着せる」という意味の dara'a で、そこから上記の語と意味が派生したという。この説が提出されると、以後のほとんどの註釈者が無批判にこれに追随した(**Schoff**: 154; **Frisk**: 114; 村川: 183/208; **Huntingford**: 162)。これに対して **Casson**: 181 が行なった批判は大筋で正しいと判断できる。彼の不正確なアラビア語の表記を修正し、言葉の足りぬところを補って要点を記すと次のようになる。まず、アラビア語動詞 darra'a (dara'a ではない) の「鎧を着せる」とか「装甲する」という原義から、Glaser の主張するような意味を持つ派生形をひねり出すのは無理である。これは Glaser の全くの憶測で、実際にはこのような語は存在しない。仮にマダラテが mudarra'

（女性形が mudarra'at）からの転訛だとすると、この語は darra'a の受動分詞なので、ここでマダラテと呼ばれているのは、通常のタイプとは異なってなんらかの装甲を施された縫合小舟なのではないか、というのである。第15節の註13に記したように、縫合小舟そのものはインド洋一帯で珍しいものではなく、現在そうであるように『案内記』の時代においても各地で造船が行われていたと推察できる。ペルシア湾の特定地域でのみ造られて、アラビア各地に輸出されていたとは考えられない。ここでそれが商品として挙げられているのは、オマナ製の舟が船体を補強するための、他にはない特別の工夫が施されていたからであろうという推測は、当たっているのではあるまいか。

(12) 真珠：前節の註3にも記したように、ペルシア湾のドゥバイからカタールへかけての沿岸は、古来、世界有数の真珠産地であった。本書にはペルシア湾産の真珠の質がインド産に比べて劣ると記されているが、プリニウス IX. 54. 106 は逆に、インドやスリランカでも多量の真珠を産するが、ペルシア湾産のものが特に賞讃されたと記している。なおローマにおける真珠の取引については K. Schöle, "Pearls Power, and Profit: Mercantile Networks and Economic Considerations of the Pearl Trade in the Roman Empire," in De Romains & Maiuro (eds.), *Across the Ocean*: 43-54 を参照。

(13) パープル染めの品 (πορφύρα)：村川は同じ語を、第24節では「パープル染めの品」、本節では「パープル染料」と区別して訳しているが、理由は不明。いずれにせよ、この時代にペルシア湾で貝紫を使った染色業が行われたということは聞かないので、これは地中海東岸からの転送品であろ

う (cf. Warmington, *The Commerce*: 263)。ユーフラテス川沿いのルートを通じて、ペルシア湾まで運ばれてきたと思われる。貝紫染色については、第24節の註3に詳しく記した。ところで、アレクサンドロス大王がバビロンで編成した艦隊の乗組員やその他の要員として、フェニキアその他の沿海地方から染料用の貝採取人や海で暮らしを立てている者たち多数を徴募したというアッリアノス『アレクサンドロス遠征記』VII. 19. 4 の記事に註して、大牟田(訳註書第2巻、2095頁)がウォーミントン (*Ibid.*: 263, 167-171) を引きつつ、「集められた人びとの中には、軍船の漕ぎ手ばかりでなく、紫貝や真珠貝の採取を業とする海人、また染色とか真珠細工に習熟した職人技術者たちが、大勢含まれていた」とか「ペルシア湾にも紫貝を産し」と記しているのは大きな誤りである。まず史料の当該箇所には真珠採取人や職人技術者への言及などないし、ウォーミントンもペルシア湾に貝紫の原料となる貝が棲息するなどと述べていない。おそらく大牟田はフェニキアのティルス (Tyrus. ギリシア名テュロス Tyros) とバハレーン島のテュロス (Tylos) を混同しているのであろう。また和名で紫貝と呼ばれる貝は二枚貝で、貝紫の原料となる巻貝とは全く別の貝である。つまり「紫貝」という訳語が誤っている。

(14) 葡萄酒：**Schoff**: 157 はこれはおそらく棗椰子酒であろうと述べているが、現地産の葡萄酒と考えても、別に問題はない。アラビアにおいてもイランにおいても、現在のように宗教上の規制が厳しくなる以前には、葡萄酒の生産が盛んに行われた。インドの西部(グジャラート、コンカン地方)、南部、およびスリランカから出土するメソポタミア

製の魚雷型の壺（torpedo jar）について、トンバー（Tomber, "Rome and Mesopotamia"）はサーサーン朝期にこの王朝の領内からインドに葡萄酒を輸送した容器と推察しているが、出土状況から見て、強いてサーサーン朝期に限定しなければならない理由はない。『案内記』の時代にすでに、この壺に現地産の葡萄酒を詰めてインドへ送り出していたと考えてもよいのではないか。

(15) 棗椰子（φοῖνιξ）：ギリシア語で「紫」を意味し、そこから転じて貝紫染色を産業とした民族（フェニキア人）を指すようになった語が、他方で「棗椰子」を指すのに用いられている。その理由について**村川**：184/209 は、フェニキア人が最初これを地中海方面に紹介したためではないか、と推測している。メソポタミアからペルシア湾岸一帯で広く栽培される特産品で、生もしくは乾燥して食される栄養価の高い果実は、穀物栽培が不可能な乾燥地帯やインド洋を航行する船上で、特に貴重な食糧であった。海外にも大量に輸出され、インド洋沿岸各地の遺跡から出土する青緑釉を施したサーサーン・イスラム様式と呼ばれる陶製の大壺は、輸送用にこの棗椰子を入れた容器ではなかったかと言われるほどである。

(16) 金：金貨や金器ではなく、金そのものの輸出入が記されているのは、本書ではここのみ。ディオドロス II. 50. 1 に「アラビアではまたアピュロス（ἄπυρος 火を入れない）と呼ばれる金が採掘されるが、これは他の人々の許におけるのと異なって、砂金を熔解するのではなく地面から直接掘り出される。それは栗くらいの大きさの塊で、火のような色をしている」と記され、プリニウス XXI. 38. 66 もまた

図版44　たわわに実ったナツメヤシ

「apyron と呼ばれる金」に言及している。Glaser, *Skizze*: 347–350 は、10世紀のイエメンの学者ハムダーニーが著した『アラビア半島地誌』に記された10ヶ所の金鉱（*Al-Hamdānī's Geographie der arabischen Halbinsel*: 144–185）をアラビア半島中部に同定し、そこで採掘された金がペルシア湾の港から輸出されたのであろう、と推察している。**Schoff**: 160; **村川**: 184/209 ともにこれに追随。

(17) 奴隷：**Schoff**: 161 はこれを、後世のようにアラブの奴隷商人によって連れてこられたアフリカ人奴隷と考えている。しかし前者がすでにこの時代より、アフリカ東岸とオマー

ンとの間で奴隷交易を行なっていたか否かの判断は難しい。本書によれば、ソマリア海岸のマラオーから稀に（第8節）、またオポーネーから多くはエジプト向けのかなり質の良い（第13節）奴隷がそれぞれ輸出されているが、このうちペルシア湾方面に送られた数がそう多かったとは思えない。また後に奴隷輸出の中心となったアザニアー海岸では、第16節によれば、当時はオマーンではなくイエメン方面から来航する商人の影響力の方が強かった。インド諸港における奴隷輸入の記事を探すと、バリュガザ（第49節）で王への献上品として「音楽ができる少年」と「後宮のための美しい少女」が挙げられている。以上の点を勘案すると、この当時ペルシア湾の港から輸出された奴隷は、むしろ白人系の少年少女であった可能性が強いのではあるまいか。

(18) ここは写本では $εἰσφέρεται$（輸入される）となっているが、**Fabricius**: 76 は $ἐκφέρεται$（輸出される）と改めた。しかし写本の読みのままでも意味が通じないことはない。

第37節

(1) オマナの地方の次には（$μετὰ\ δὲ\ τὴν\ Ὀμανιτικὴν\ χώραν$）：この後に続くのが現在のマクラーン、古名をゲドロシアという地方であることから見て、ここでオマナの地方と呼ばれているのはカルマニアではないか、という説が出てくるのは当然である。前節の註2に記したように、オマナがカルマニア地方の港という説は古くからあった。同註ではその説を否定して、この港市をアラビア半島のドゥール遺跡に比定する説に与したが、これでは本節の冒頭部と矛盾するとの感は否めない。しかしこれはおそらく、自ら航海し

たことのないこの一帯に関する、著者の地理的認識と現実との乖離(かいり)によるものであろう。ただ、後にインド洋西海域に海上帝国を築いたオマーンのスルタンが、オマーン湾の対岸のマクラーン地方、特に現パキスタン最西部のグワーダル (Gwādar) を領有し、後背地の住民 (バローチ) を傭兵とした例から見て、古代においてもオマナの勢力がオマーン湾の対岸にまで及んでいた時期があり、それがオマナの位置に関する情報の混乱のそもそもの要因であった可能性もある。とはいえ、マクラーン地方の沿岸部から古代に遡るオマーンの影響を示す遺跡や遺物は未発見である。

(2) 別の王国の ($βασιλείας ἑτέρας$)：オマーンからペルシア湾岸一帯の地域を支配下に収めていたペルシスとは別の王国という意味で、**Casson**: 182 はこれを次節に登場するインド・パルティア族 (Indo-Parthians) の王国ではないかと述べている。

(3) パルシダイ：この箇所の写本の読みは $παρ ̓ ὁδὸν$、それを **Müller**: 286 が $Παρσιδῶν$ と修正し、現在に至るまでこの読みが受け入れられている。プトレマイオス VI. 21. 4 にゲドロシアの住民としてパルシダイ ($Παρσίδαι$) の名が挙げられているというのが修正の根拠である。ここの読みは写本によりパルシライ ($Παρσίραι$)、パルシアライ ($Παρσιάραι$) となっていて一定しないが、『案内記』とプトレマイオスが同じ対象に言及しているという推測は、おそらく正しいであろう。**Schoff**: 161 はこのパルシダイを「本来のペルシア (Persia proper)」(ということはファールス地方) と解し、これにカルマニアを含む地域が指されていると述べ、**村川**: 185/209-210 も同意見である。しかしペルシスとは別

290

の王国の支配下にあると言われているパルシダイの地はマクラーン以東であったはずなので、この説には従えない。なお、本節が対象としているマクラーン海岸一帯については以下の２書を参照。G. F. Dales & C. P. Lipo, *Explorations on the Makran Coast, Pakistan: A Search for Paradise*, Berkeley, 1992; V. P. Fiorani & R. Redaelli (eds.), *Baluchistan: Terra Incognita*, Oxford, 2003, esp. Part III: Focus on Makran.

(4) テラブドイ（*Τεράβδοι*）：写本では属格の *Τεράβδων* が用いられている。他の文献に見えない名称なので、**Fabricius**: 76 は「ゲドロシア人の」を意味する *Γεδρωσίων* とテキストの読みを修正、**Schoff**: 36 と **Huntingford**: 40 もこれに従っている。湾の名称はともかく、これがどこを指すのかという点に関しては、**Müller**: 286 や **Schoff**: 161 が提唱する西はグワーダルのすぐ先の岬（Rās Nūh: 25°06′N, 62°23′E）から、東はカラチの西のムアーリ岬（Rās Muāri/Cape Monze: 24°50′N, 66°40′E）までの沿岸の広い海域がそれに当たるという解釈が一般的である。**Casson**: 182-183 は当の海域の海岸線は湾と呼べるほどには湾曲していないという理由でこれを批判し、この海域の東端に位置するソンミアーニ湾（Sonmiāni Bay）こそがテラブドイ湾に他ならないと主張している。『案内記』の記事から受ける印象では、著者はマクラーン海岸に沿って広がるかなり大きな湾をイメージしているようで、その点で通説の方が勝っているように思える。第29節でカネーの東に続く長い海岸に沿った海域がサカリテース湾と呼ばれている例もあるので、マクラーン沿岸の海が湾と呼ばれてもそれほどの違和感はない。またこの海岸にはグワーダルのそれを始めとして、船舶の碇泊に適

した入江と港は少なくない。その中で、ソンミアーニ湾が際立って大きいということを、これらの港を自ら訪れたことのない著者が果たして知りえたかも疑問である。以上の理由で私はこの問題については通説に与するが、ただ湾の西の端が何故グワーダルになるのか理解できない。地形的にはその西に位置するガンツ岬（Rās Ganz: 25°01′N, 61°49′E）かジーワニ岬（Rās Jīwani: 25°02′N, 61°44′E）の方が適しているのではなかろうか（図版40参照）。

(5) 写本のこの部分に欠損や空白があるわけではないが、次に続く動詞の主語が欠けている。原著が最初からそうであったのか、それとも写本段階での過誤なのかの判断は難しいが、現存の写本では地勢の描写に際して主語が明記されていないことが間々ある。たとえば第20節末尾の「[土地が]続く」、29節冒頭の「[陸地は]さらに後退し」、33節の「[山脈が]海岸に沿って延び」、それに本節のこの箇所である。**Müller**: 286 がここに「岬」を意味する $ἄκρα$ を補い、マクラーン海岸の中ほどに突出しているオルマーラ岬（Rās Ormāra: 25°09′N, 64°35′E）に比定したところ、後続の研究者もこれに倣った。ただテラブドイ湾をソンミアーニ湾に比定したキャスンは、$τόπος\ πολυφόρος$（肥沃な土地）もしくはそれに類する語を補おうとしている（**Casson**: 259）。湾に注ぐ川の河口に形成された三角州をイメージしているようである。

(6) 写本の読みは $παρανατείνει$（広がる）。**Müller**: 286 が註の中で $ἀνατείνει$（延びる、突き出る）の方がよくはないかと記したところ、キャスン以外の研究者はその修正案に従っている。

(7) この川の比定は、河口のホーライアという交易地や内陸の町のそれと不可分である。ソンミアーニ湾に注ぐポラーリ（Porāli/Purali）川に比定するのが通説。
(8) ホーライア（Ὡραία）：地名としては他書に見えないが、アレクサンドロス大王がインド遠征からの帰途、最初に衝突した現地民として史料の中で言及されているホリタエ（Horitae: クルティウス『アレクサンドロス大王伝』IX. 10.6; 10.19)、あるいはオーレイタイ（Ὠρεῖται. アッリアノス『アレクサンドロス遠征記』VI. 21.3 - 22.3;『インド誌』21.8; 22.10 - 23.1; 25.1-3）が、この地一帯の住民であろうということは、一般に認められている。『インド誌』によれば彼らの領域の東境をなすのはアラビス（『アレクサンドロス遠征記』ではアラビオス）川で、その東側には川の名に由来してアラビエス（『アレクサンドロス遠征記』ではアラビタイ）と呼ばれる人々が居住していて、彼らはインド人であるが、オーレイタイは言葉やその他の習俗がこれと異なっているという。ポラーリ川が形成したデルタ地帯を中心とするラスベラ（Lasbela）地方が、彼らの居住地と想定されている。ポラーリ川は現在よりずっと北で海に注いでいたに違いないが、その河口にホーライア交易地があったのであろう。**村川**：186/210 はアラビス川をポラーリ川に比定しているが、一般にはラスベラ地方とシンド地方を区切る、さらに東のハブ（Hab）川に比定される。なおオーレイタイについては、大牟田によるアッリアノスの書の註釈 1960-1961 頁に詳しい記事がある。
(9) 写本に空隙はないが、あるべき地名が欠けている。これは明らかに写本作成時の過誤。『アレクサンドロス遠征

記』VI. 21.5 には、ランバキア（*Ραμβακία*）というオーレイタイの最大の村に着いたアレクサンドロスが、ここが将来発展することを見越して、ヘパイスティオンを都市建設のために後に残したと記されている。ランバキアの位置をめぐる諸説については、上記の大牟田の註釈 1963 頁を参照。『案内記』研究者の多くは、肥沃なポラーリ川デルタの北部に位置するウェルパト（Welpat）地方の主邑ベラ（Bela: 26°14′N, 66°19′E）付近とする説を支持し、ランバキアかさもなくばその後継都市がここで言及されている内陸の町ではないかと考えている。

(10) ブデッラ（*βδέλλα*）：ラテン語ではブデリウム（bdellium）という。西北インド、バローチスターン、アラビア、東アフリカに産する樹木の樹脂。プリニウス XII. 19. 35-36 に詳しい記事があり、バクトリア産に対する評価が最も高い。『案内記』では本節の他に、第39節でバルバリコンからの輸出が、また48、49節では西北方からの転送品がオゼーネー（48節註 1 参照）経由でバリュガザから輸出されることが記されている。プリニウスによればローマにおける市場価格は、バクトリア産の優良品でも 1 ローマ・ポンド（327.45 g）当たり 3 デーナーリウスということなので、最も安価な乳香と同価格である（cf. Frank (ed.), *An Economic Survey*, V: 285; Warmington, *The Commerce*: 227-228）。本書やプリニウスが言及するブデッラは *Commiphora* (*Balsamodendron*) *mukul* Hooker の樹脂で、インドでは gugul（もしくはその類語）、アラビア語では muql と呼ばれる。主に薬種として使用され、ディオスコリデス『薬物誌』I. 67. 2 には詳しい薬効が、また作者不詳の『医薬の書』には随所で

具体的用途が記されている。鎮痛・消炎が主たる効果であったが、膀胱結石を砕いて排尿を促したり、外陰を開放して胎児や各種水様物を排出させたりと、泌尿生殖器系の疾患の治療にも用いられた。インドにおける薬種としての用途は Watt, *A Dictionary*, I: 366-367, s.v. "Balsamodendron Mukul"に詳しい。また中世地中海世界における用途については Lev & Amar, *Practical* Materia Medica: 111-112 参照。因みに、ブデッラは没薬と属性が近いため、その偽和材や代用品としても用いられたことがしばしば指摘される (cf. Watt, *op. cit*.: 366; Groom, *Frankincense and Myrrh*: 123-124; Martinetz *et al*., *Weihrauch und Myrrhe*: 98-99; 山田『東亜香料史研究』88-89 頁)。アッリアノスの『アレクサンドロス遠征記』VI. 22. 4-5 には、アレクサンドロスの一行がオーレイタイの土地からガドローソイ（ゲドロシア人）の土地に向かう途中に横断した砂漠には、没薬の木が多生していて、それまで一度も採取されたことがないためいくらでもあるその樹脂を、フェニキア人の従軍商人たちが採集し役畜に運ばせていったと記されている。またその砂漠には大量のかぐわしいナルドス（第39節註9参照）の根もあり、商人たちはこれをも採集して回ったという。**Casson**: 185 も推察するように、ここで没薬と言われているのは、おそらくブデッラのことであろう。他方のナルドスに『案内記』の著者は本節では言及していないが、第39節にバルバリコンからの輸出品としてブデッラとともに挙げられているナルドスには、この地方産のものも含まれていたのではあるまいか。*Hobson-Jobson*: 386, s.v. "Googul"によれば、インドは19世紀においてもシンドの西のベイラ（Beyla）地

方、即ちまさに本節の対象となっている地域からこれを輸入していたという。

解　題

1　手稿本、校訂本、ならびに訳註書

(1) 手稿本

　本書の現存する手稿本は、ハイデルベルク大学図書館が所蔵するギリシア語写本 Codex Palatinus Graecus 398 の fol. 40^v–54^v に収載されたテキストと、大英図書館所蔵のギリシア語写本 Add. 19391 の fol. 9^r–12^r に収載されたそれとの2点しかない。

　前者は、9世紀後半か10世紀におそらくコンスタンティノープルで作成された[1]写本で、333葉（作品部分は321葉）からなり、そこに主に地理関係の18点のギリシア語作品を収録している。マシューによれば、1443年以降はバーゼルのドミニコ派修道院がこの稿本を所有していたが、おそらく1553年に、ハイデルベルクにあったプファルツ伯のパラティナ文庫（Bibliotheca Palatina）に収められた[2]。その後、三十年戦争の混乱の最中、略奪を免れたパラティナ文庫の蔵書がローマ教皇の許に送られた結果、1623年以降はヴァティカン図書館（Bibliotheca Apostolica Vaticana）に収蔵された。しかし1797年にナポレオンと教皇ピウス6世との間に結ばれたトレンティノの和約に基づき、教皇庁よりフランスに譲渡されたパラティナ文庫の一部に含まれていたため、この稿本はしばらくパリの国立図書館（Bibliothèque Nationale）に蔵されることになる。巻頭と巻末に押されたこの図書館の蔵書印が、その何

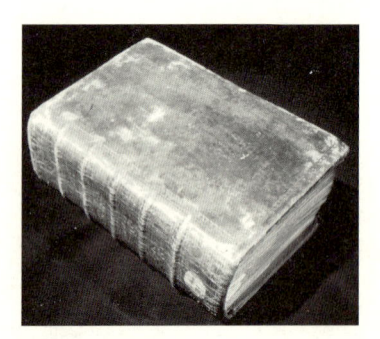

図版45 Cod. Pal. Gr. 398

よりの証拠である。だが、その状態は長くは続かず、ウィーン会議後の1816年にハイデルベルクに返還された。そして現在では、ヴァティカンから返却された他のパラティナ文庫の図書とともに、ハイデルベルク大学図書館に収蔵され、同文庫のデジタル化とオンライン化によって、2009年からはインターネット上で閲覧することも可能となった[3]。

Cod. Pal. Gr. 398のテキスト本文は1頁あたり33行で、小文字体のギリシア文字で書写されている。それぞれの作品は、必ず頁を改めて新しい頁の1行目から始まり、作品タイトルは上部の欄外に茶色のインクを使ってアンシアル書体で記されている。註記もアンシアル書体で左右の欄外になされている。『案内記』のテキストの場合には、タイトルと同じ色のインクと、これよりも濃い色のインクによる2種の註記が見られる。後者が後世になされたものであるという点については異論がないが、前者については、本文の写字生自身がこれを記したという通説とは別に、註記がなされたのは本文筆写からそれほど後の時代ではないが、別人の手になるという異

説[4]がある。

　一方、大英図書館蔵の手稿本 Add. 19391 は、14/15世紀にビザンツ領内で[5]作成された写本で、Cod. Pal. Gr. 398 と共通するいくつかの作品（そのうちの一つが『案内記』）の他に、プトレマイオス、ストラボン、その他の学者のギリシア語で著された地理書の断片を収載している。マシューの仮説によれば、1453年のコンスタンティノープル陥落後にアトス山の Vatopedi 修道院に将来され、Codex Vatopedinus 655 として収蔵されていた稿本の一部が、切り取られて流出した。それを1853年に当時の大英博物館が購入して、同じ稿本に由来すると思われる二つの断簡を合冊にしたのが Add. 19391 であるという[6]。21葉からなり、1頁あたり43〜47行で、10点の作品の、多くは断片が収録されている[7]。Cod. Pal. Gr. 398 のように作品ごとに頁を改めることはせず、頁の途中、さらには行の途中から、次の作品が始まっている場合もある。『案内記』のテキストは、fol. 9^{r}の44行目にタイトルが記され、この頁の最終行にあたる次の行から第1節が書き出されている。最終節が結ばれるのは、47行から成る fol. 12^r の42行目である。

　大英図書館本の『案内記』を含む部分は、Cod. Pal. Gr. 398、もしくはこれと共通の原本からの、あまり質の良くない転写で、テキストの校訂にはほとんど役に立たないというのが定説である。従来の校訂本は、いずれも Cod. Pal. Gr. 398 に収載されているテキストを底本とし、大英図書館本のそれは参考程度にとどめている。これに対し、おそらく新しい校訂本と訳註書の刊行を企図していたと思われるマシューは、大英図書館本収載テキストを再評価し、これを校訂に活用すべき

ことを唱えた[8]。しかし、具体的な研究成果を発表しないまま世を去ってしまったため、同氏の主張の論拠の詳細は不明である。

(2) 校訂本と訳註書[9]

『案内記』のテキストは、1533年にバーゼルで刊行された *Arriani et Hannonis Periplus: Plutarchus de Fluminibus et Montibus: Strabonis Epitome* というギリシア語地理書の緝綴本(しゅうてい)の16-38頁に収載されて、初めて印本の形で世に出た。先に記したように、この当時、Cod. Pal. Gr. 398 はこの町の修道院が所蔵していたと考えられている。S. Gelenius によって校訂されたテキストは、ショッフの言葉を借りれば、"corrupt and full of errors due to lack of knowledge of the subject" という代物(しろもの)であったが、1623年以降、Cod. Pal. Gr. 398 がハイデルベルクから他所に移されて所在不明となってしまったため、以後、約3世紀間にわたって、後続の諸本のもとになった[10]。

研究史的な意味ではなく、実質的に現在なお参照に値する校訂本や訳註書が刊行されるようになったのは、19世紀に入ってからである。以下、刊行年順に **Vincent** から **Bukharin** に至るまでの諸本について、それぞれの特徴と、参照するにあたって留意すべき点を記す。

Vincent: *The Voyage of Nearchus and the Periplus of the Erythrean Sea.* Translated by W. Vincent. Oxford, 1809.

ギリシア語テキストとその英語訳の対訳本。テキストには、著者の言によれば、それしか利用できなかったという理由で、1683年にアムステルダムで出版された N. Blancard の希羅対

訳本のギリシア語テキストが使用されている。注意すべきは、1807年にロンドンで刊行された同著者の著書 *The Commerce and Navigation of the Ancients in the Indian Ocean* に、すでに対訳が収載されているという誤解が、しばしば見られることである[11]。おそらく、この書の第2巻に *The Periplus of the Erythrean Sea* というタイトルが付いていることと、この第2巻と2年後に刊行された対訳本を合綴した書が流布している点に、このような誤解の生じた原因が求められるであろう。合綴本が作られた経緯はよく分からないが、個人ではなく出版社もしくは書店によって、かなりの部数、製作されたもののようで、我が国の図書館が所蔵しているのは、大体がこの合綴本である[12]。

Fabricius: *Arriani Alexandrini Periplus Maris Erythraei*. Recensuit et brevi annotatione instruxit B. Fabricius. Dresden, 1849.

ギリシア語校訂本。ギリシア語テキストと脚註のみの31頁の小冊子で、序文も解題も一切ない。後年、同著者によって **Fabricius** が刊行されたこともあり、その存在は知られていても、今では実際に参照されることは稀になっている。

Müller: *Geographi Graeci Minores*. E codicibus recognovit, prolegomenis, annotatione, indicibus instruxit, tabulis aeri incisis illustravit Carolus Müllerus. 3 vols., Paris, 1855–61.

Vol. 1, pp. XCV-CXI: *Prolegomena Anonymi Periplus Maris Erythraei*. ラテン語で記された序説。

Vol. 1, pp. 257–305: *Anonymi（Arriani, ut fertur）Periplus Maris Erythraei*. ギリシア語校訂テキストとそのラテン語訳の

対訳。ラテン語で詳細な脚註が施されている。

Vol. 3 は図録で、その中に『案内記』関係の 4 枚の地図 (XI-XIV) が収載されている。

難解な本書の稿本を判読するうえで、ミュラーのなした貢献はきわめて大きい。また脚註において示された歴史的・地理的知見も、当時の学問水準を十分に反映するものとして、高い評価を受けている。しかし、本書で用いられている、当時としては標準的なギリシア語（コイネー）の知識が不十分なまま、古典期のギリシア語に照らしてテキストに不必要な修正を施しすぎたという批判を、後世、受けるに至った。なお、今日まで踏襲されている節の分け方は、ミュラーがこの対訳書において始めたものである。

McCrindle: *The Commerce and Navigation of the Erythraean Sea*. By J. W. McCrindle. Calcutta, Bombay & London, 1879.

Müller 校訂テキストを底本とする英語訳と訳者自身は述べているが、実は **Vincent** のそれにも依拠しているようで、ミュラーによって修正されたはずの多くの誤りが繰り返されていると、**Schoff**: 20 によって批判されている。訳者が専門とするインド関係の註釈には、参考にすべき記述が少なくない。

Fabricius: *Der Periplus des Erythräischen Meeres von einem Unbekannten*. Griechisch und deutsch mit kritischen und erklärenden Anmerkungen nebst vollständigem Wörterverzeichnisse von B. Fabricius. Leipzig, 1883.

ギリシア語校訂テキストとその独語訳の対訳。テキストは

Fabricius 所収のそれの再録ではなく、**Müller** をも参照してファブリキウスが新たに校訂したものである。しかし、稿本の読みに手を加え過ぎたと村川：5/21 などから批判を受けている。諸本の来歴等について解説した序説、テキストの読みに関する脚註、歴史的・地理的知見を記した後註は、いずれも、質量ともに充実した内容と評価できる。

Schoff: *The Periplus of the Erythraean Sea.* Translated from the Greek and annotated by Wilfred H. Schoff. London, 1912.

　Müller 校訂テキストを底本としているが、**Fabricius** による字句の修正の多くを採用したと、訳者自らが認める英語訳。底本のテキストに問題があるだけでなく、翻訳の流儀がいわゆる自由訳であるために、必ずしも原本の趣きを正確に伝えているとは言いがたいが、註釈はきわめて詳細かつ有益である。その後しばらく、これに代わる訳註書が現れなかったという事情とも相俟って、欧米では広く長く使用された。

Frisk: *Le Périple de la mer Érythrée*, suivi d'une étude sur la tradition et la langue, par Hjalmar Frisk. Göteborg, 1927.

　現行の諸種の翻訳の底本となっているギリシア語校訂本。ここにおいて初めて、『案内記』のギリシア語に通じた学者によってテキストの校訂が行われた。それまで、本書の時代の言語に明るくない校訂者によって、なかば強引に修正された原文を、元の形に戻そうと試みている。本文に続く論考は専ら言語的研究で、歴史的・地理的な註釈は一切ない。

　評価の高いこの書にも、なお改善の余地が少なくないことは、早くから指摘されていた。刊行後間もなく出た書評[13]の

他に、G. Giangrande, E. Drakonaki-Kazantzaki, L. Casson 等が、フリスクの校訂を補訂する論考を発表している。その個々の論点については、訳註の該当箇所において言及した。

村川：村川堅太郎訳註『エリュトゥラー海案内記』生活社、
1946年。

Frisk の校訂テキストを底本とし、必要に応じて他の校訂者による補訂も取り入れてなされた邦語訳。1948年に生活社から再版。さらに著者没後の1993年に中央公論社から中公文庫の1冊として刊行された。内容はほとんど初版のままであるが、訳註の一部に、編集者（氏名不詳）によるのではないかと思われる改変が見られる。それが修正になっておらず、むしろ過剰訂正（hypercorrection）であることは、訳註の当該箇所において指摘した。

Huntingford: *The Periplus of the Erythraean Sea, by an unknown author*. Translated and edited by G. W. B. Huntingford. London, 1980.

上記のように、**Frisk** 本にもなお改善の余地があったので、その後、より完全な校訂を試みた者が幾人かいた。また、時代遅れになっていることが明らかな **Schoff** 本に代わる註釈書が必要なことも痛感されていた。そこで、前世紀の第3四半期から第4四半期にかけて、欧米の複数の研究者が、同時並行的に新しい校訂本 and/or 訳註書の準備を進めていたようである。しかし実際に刊行されたのは、**Huntingford** と **Casson** の2点のみであった[14]。

Huntingford は、著者の没後に遺稿を整理した友人たちに

よって出版された。**Frisk** の校訂テキストを底本とする最初の英訳書であるという点に意義は認められるものの、その訳文には誤謬や脱漏が少なからず見られて、必ずしも全面的に信頼することができない。また著者が参照しえた文献があまりにも限られていたために、註釈には近年の各方面における研究成果が盛り込まれていない。要するに、**Schoff** に取って代わるべき訳註書としては失格と言わざるをえず[15]、ビーストンなどは、このような杜撰(ずさん)な書が権威あるハクリュート協会叢書の1冊として刊行されたことを嘆いている[16]。

Casson: *The Periplus Maris Erythraei*. Text with introduction, translation, and commentary by Lionel Casson. Princeton, 1989.

Frisk の校訂テキストに一部修正[17]を施したものを底本とする英語の訳註書。「テキストと翻訳」の部分は、**Frisk** のギリシア語テキストを下欄の註記 (apparatus criticus) とともに、一部を除いてそのまま覆刻したものを左頁に、その英語訳を右頁に配置した対訳形式になっている。エジプト出土のギリシア語パピルス商業文書と取り組んできた著者の経験に鑑みて、従来の校訂者たちがそのままでは解釈不能という理由で稿本の読みに改訂・補修を施した多くの箇所も、同時代のパピルス文書に照らすと、補訂なしでも十分理解できるという。それで、**Casson** に収載されたテキストは、**Frisk** のそれ以上に稿本の読みを尊重したものになっている。

註釈には刊行時点で最新の文献が多数参照されていて、これに序説と付録の記事を合わせると、本書はローマ帝政期の東西海上交易史の最新の研究書としての性格も備えている。

解題 305

刊行後今日まで20年以上にわたって、『案内記』の記事を参照するほとんどすべての者が、本書に依拠してきたのは当然のことである。とはいえ、元来は古代地中海海事史の専門家である著者にとり、広いエリュトラー海の全域にわたって、最新の情報に基づいて誤りなく註を付けることは、やはり容易ならざる作業であった。それぞれの分野の専門家の目から見て、補訂のクレームをつけたくなる箇所が出てくるのは避けがたく、諸学会誌の書評で批判的な観点から様々な指摘がなされている[18]。

蔀：蔀勇造「新訳『エリュトラー海案内記』」『東洋文化研究所紀要』第132冊（1997年）1-30頁。

　村川は『案内記』の唯一の邦語訳註書として、半世紀以上にわたって使用され続けてきた。私は当初、**Frisk** の校訂テキストに基づく訳文はさておき、時代遅れであることが明白な註釈は全面的に改訂する必要があると考えて、そちらの準備を行なっていた。そこに **Casson** が刊行されたので、その訳文を村川のそれと比較してみたところ、全66節の9割近くの節の訳文になんらかの相違が見出せた。相違が生じた理由は様々であるが、翻訳の底本となったテキストが同一でないことも要因である。稿本の読みをできるだけ尊重しようとするキャスンの方針は基本的に正しいし、それによって、村川訳では不可解な点がキャスン訳で解消されるという場合が少なくない。とにかく、村川には、註釈のみならず訳文にも再検討の余地があると判明したことで、当初の計画を変更して、訳・註の全体を一新することにした。そしてまず、**Casson** のギリシア語テキストを底本として邦語訳を試み、その暫定

的な結果を発表したのが本稿である。

その後、註釈を付す作業を進める過程で、修正や補足の必要なことに気づいた箇所は、本書で補訂を行なった。

Belfiore: S. Belfiore, *Il periplo del Mare Eritreo di anonimo del I sec. d. C. e altri testi sul commercio fra Roma e l'Oriente attraverso l'Oceano Indiano e la Via della Seta*（Memorie della Società Geografica Italiana, 73）, Roma, 2004.

イタリア語による訳註書。私自身は未見（版元品切れで入手できず）なので、欧米研究者の紹介や書評を参考に内容を窺うと、本書の翻訳部は **Frisk** のギリシャ語テキストの覆刻を左頁に、そのイタリア語訳を右頁に配した対訳形式になっているが、テキストの読みに関する註記（apparatus criticus）を削除しフリスクの校訂に盲従している点を批評されている。また翻訳に続く註釈には **Casson** 後に出た文献も引かれているため、新味が見られるのは確かだが、質量ともに **Casson** には及ばないようである。専門研究者向けの書とは言いがたいと評する者もいる。

Bukharin: M. D. Bukharin, *Neizvestnogo avtora « Peripl Eritreiskogo morya »*. Tekst, perevod, kommentarii, issledovaniya. Sankt-Peterburg, 2007.

ロシア語による訳註書。**Casson** のギリシア語テキストを再録（但し apparatus criticus は削除）した後に、その翻訳と註釈が続く。以上が本書の前半で、後半では『案内記』の成立年代や、記述の対象になっている諸地域の歴史等が論じられている。テキストの再録は覆刻ではなく文字のフォントは変

えてあるが、それ以上の手が加えられた形跡はない。つまり、著者によって改めてテキストの校訂が行われたわけではないので、著作権に抵触する虞(おそれ)はないのか、他人事ながら心配させられる。

2 『案内記』の作者と著作年代

(1) 作者

2種の手稿本のテキストのタイトルは、どちらも「アッリアノスのエリュトラー海周航記（*Ἀρριανοῦ Περίπλους τῆς Ἐρυθρᾶς θαλάσσης*)」となっていて、本書は『アレクサンドロス遠征記』の著者でもあるフラウィオス・アッリアノスに帰せられている。初期の校訂本や翻訳書の著者はこれを文字どおりに受け取り、本書をアッリアノス作としていたが、その後、これは手稿本の中で、本書がアッリアノス著『黒海周航記』のすぐ後に置かれているために起こった誤解だという解釈が一般的となり、**Müller** 以降、本書の作者は「無名氏 (anonyme)」とされている。

氏名不詳であるにせよ、作者はどのような人物であったのだろうか。この点に関しては、本書の内容から判断して、エジプト在住のギリシア系の商人であろうというのが通説である。他に、たとえば第57節で言及されているヒッパロスのような船乗りが作者、という説がないわけでもないが、この時代の他の数種の『周航記 (periplus)』と異なり、航海や操船の案内よりも商業地の解説に力点を置いた本書の特色から見て、著者は商人と考えるのが妥当であろう[19]。

このような立場にあった著者が、自ら度々訪れて商取引を

行なった土地について著した本書の記事は、書斎の学者が多くは過去の文献に基づいてまとめた古典のそれに比べて、はるかに信憑性があり史料的価値が高い。ただ、商人ではあっても学者ではない著者は、自身が活動していた当時のインド洋の交通や交易の実態には通じていても、数百年前の歴史的過去については確かな知識を持ちえなかった。第26節から窺えるアデンの歴史や呼称に関する認識、第47節に記されたアレクサンドロス大王の進軍路に関する知識、さらには第57節のインド航路発展のプロセスに関する理解などいずれも伝説的で、正確な史実を伝えているようには見えない。

(2) 著作年代

本書は、当時エリュトラー海と呼ばれていた、現在の紅海からアラビア海、インド洋へかけての沿岸諸地方の物産や、各港における交易の実状を細かに解説した書で、東西交渉史研究上は言うに及ばず、史料的に恵まれていない当時のこの地方の状況を知るうえでも、不可欠の史料として重んじられてきた。したがって、これが著された年代を確定することは、19世紀以来きわめて重要な研究課題であった。それだけに、本書の成立年代をめぐる論争には長い歴史があり、それに加わった研究者も枚挙に遑がない。私自身もこのテーマですでに2篇の論考[20]を発表しているので、ここで改めてこの問題を詳しく論ずるつもりはない。以下においては、論争の概要と現在の学界の通説を記すにとどめたい。

さて、本書の著されたのがローマ帝政期であることに疑問の余地はないとしても、その年代をさらに限定する段になると、諸家の間に異論が多かった。それでも、2/3世紀説を

主張する者が1870年以降現れず、細部に見解の相違を残しながらも、大勢としては、第19節のマリカスを40〜70年頃に在位した同名のナバテア王に比定し、これを主たる論拠に本書を１世紀半ばから後半へかけての成立と見る点に落ち着いたのは、インド洋交易の歴史と本書の案内書的性格を考慮すれば妥当と思われた[21]。ところが1960年代に入ると、再び２世紀前半説と３世紀前半説が唱えられるようになった。

まず２世紀前半説から見ていくと、一部の英人インド史研究者[22]によって主張されているこの説は、第41節のマンバノスをクシャハラータ朝のナハパーナに比定することと、そのナハパーナの在位した年代を１世紀末より２世紀前半へかけてと見ることの２点を骨子としている。このうちの第１点は、ナハパーナ以上にマンバノスの有力な候補はいないというのが現在の大方(おおかた)の認識であるので（第41節の註３参照）問題ないが、第２点には首肯しがたい。というのも、ナハパーナの在位年代が確定されるためには、彼の碑文に記された41〜46年という年代が、果たしてシャカ紀元によっているのか、それとも単に彼の治世年を示しているにすぎないのか、またシャカ紀元は歴史上の如何なる事件に由来するのか、等の問題がまず解明されなければならないにもかかわらず、この説の唱道者たちは十分に説得力のある議論を行なっていないからである。現在なお、これらの問題について研究者間に意見の一致が見られぬ以上、ナハパーナの在位年代は論拠としては薄弱と言わざるをえない。したがって本書第41節の記事に基づく２世紀前半説は無効、というのが私の見解である[23]。

他方の３世紀前半説は、ヨーロッパの大陸系の古代アラビア史研究者によって唱えられた。主唱者はフランスの女流学

者ピレンヌで、当時一世を風靡した感のある女史独自の古代南アラビア史の編年を主たる論拠に、『案内記』に記されているアラビアの政治情勢は3世紀前半のそれであると主張した[24]。これにドイツのアルトハイムとヴィスマン、それにベルギーのリックマンスが呼応し、それぞれの論拠を挙げて3世紀前半説を支持する論考を相次いで発表した[25]。この説は一時、英米系を除く少なからぬ数の研究者から支持を受けた。しかし間もなく、ドイツのディーレがこれに断固たる反論を行なった[26]。同氏の明快で厳しい議論は、3世紀説への賛同者たちの熱を冷ますには、確かに大きな効果があった。それでもなお論争に決着のつかぬのを見て、ラウニヒやロダンソンが改めて個々の論点について検討を行なったものの、彼ら自身の結論を下せぬままに終わったのは、論点が関わるそれぞれの分野によって研究の精度や達成度に差があることを十分斟酌せずに、各分野の専門家が提出する知見を同列に置いて比較・対照したことによるのではなかろうか[27]。

ところで、3世紀前半説の主たる論拠が古代南アラビアの史実と言われるものである以上、これを覆すには南アラビアの碑文史料を精査して、史実の真相を明らかにするよりほかないように思われた。それが私が1976年に「『エリュトゥラー海案内記』の成立年代について——古代南アラビア碑文を史料としての一考察」と題する論考を発表した理由である。この中で私は、第23節のカリバエール、27節のエレアゾスという二人の王を古代南アラビア碑文の中に求め、この両名に相当する王が同時に在位した時期をもとに、本書の著作年代を推定するという方法を採った。また同じく碑文史料に記されている、アビシニア人の南アラビア侵入という史実を取り

上げて、3世紀前半説への反論の論拠とした。結論的には、カリバエールの在位年代（この論文執筆当時は60～90年頃と考えていた）とナバテア王マリカスの在位年代を組み合わせて、両者が重なる60～70年頃をもって本書の著作年代と推定した。

その後の10年余りの間、この問題を本格的に扱った研究は現れなかった。というのも、新しく議論を起こすに足るだけの新史料がなかったのである。にもかかわらず、史料として『案内記』を引く者の大半が、その著作年代として1世紀説を採用し、なかに一部2世紀前半説に従う者がいるという、1960年以前とあまり変わらぬ状況に戻っていた。その最も大きな要因は、3世紀説の主唱者たちがこの件に関してほぼ完全に沈黙してしまったことにある。沈黙の理由は、私が指摘したように[28]3世紀前半のエチオピアと南アラビアをめぐる情勢が、『案内記』に記されているのとは全く異なることが、新出の碑文史料によって反論の余地なく明らかになったことによる。また『案内記』の記述が及んでいる各地域の専門家が、折に触れて3世紀説に対して表明した数々の疑念が蓄積された効果も大きく、この説はやはり認めがたいという認識が学界の大勢を占めるに至った。

このように、古代南アラビア碑文の新史料が増加するにつれて、私が旧稿で主張したことの一部はその正しさが確認されたが、カリバエールとエレアゾスの在位年代を論じた部分には、見直しの必要なことが自覚された。そこで、旧稿発表以降に現れた諸研究を踏まえて問題を再検討し、1988年に「再び『エリュトゥラー海案内記』の成立年代について」を発

表した次第である。新出碑文から得られる知見をもとに南アラビア諸王国の編年の見直しを行うと、カリバエールに当たる王の在位年代を旧稿におけるほど精密に限定するのは無理なことが判明した。その結果、本書の成立年代についても50〜70年頃とやや幅を持たせたのが、この新稿の結論である。

その後、現在に至るまでの30年近くの間、関連諸地域における調査・研究はおおいに進展し、地名の比定等については通説を覆す新知見が得られているが、本書の成立年代に関しては、通説に変更を迫るような研究は現れていない。

Robin, "L'Arabie du Sud et la date du *Périple de la mer Erythrée* (nouvelle donnée)" は、新出南アラビア碑文の記事をもとにピレンヌ提唱の3世紀説を明確に否定し[29]、1世紀説が妥当と認めはしたものの、それ以上のことを南アラビア史料から言うのは無理で、ナバテア史かインド史の知見に頼るしかないという意味のことを述べて論を結んでいる。

同じ *Journal Asiatique* 誌上に、このロバン論文に続いて掲載された Fussman, "Le *Périple* et l'histoire politique de l'Inde" は、古代インド史研究者の立場から、第41節のマンバノスの比定と本書の成立年代という、長年論争の的になってきた二つの問題を論じている。第2の点に関しては、本書に記された北西インドの政治情勢は30〜50年頃のそれなので、著作年は40年前後と考えるのが適当、インド内陸部の情報が作者の耳に達するまでの時間を考慮に入れても、50年頃が下限ではなかろうかという結論である。この主張の当否は、偏(ひとえ)にフスマンの提唱するクシャーナ朝の初期の編年、特に諸王の在位年代の妥当性にかかっているのだが、この論考の執筆が第2代の王ウィーマ・タクトゥの存在を示すラバタク碑文(第

解題 313

47節註7参照)の発見前に行われたことを斟酌しても、50年頃にウィーマ・カドフィセースがすでに在位していたと想定するのは無理なのではあるまいか。本人は否定しているものの、著者の編年の背景にはやはりカニシュカ78年即位説があるのではないかと推察される。

ともあれ、ウィーマ・タクトゥの存在が知られるようになっただけでなく、カニシュカの即位が127年であったことを示す新研究が発表された現在では、フュスマンの提唱する編年は到底受け入れがたいし、そのような編年に基づく本書の著作年に関する説も無効である。

前代に引き続き、イギリスのインド古銭学研究者が、この問題に関する論考を発表している。Cribb, "Numismatic Evidence for the Date of the 'Periplus'" がそれである。ラバタク碑文発見前に書かれたこの論文の中で、著者のクリッブは、『案内記』から窺えるインドの政治状況は60〜75年頃のそれであると記している。

しかし、同氏のこの見解は、直後のラバタク碑文の発見によって大きく動揺し、変更を余儀なくされた。その後に発表された論考の中では、『案内記』の著作年として40〜70年という説が採用されている[30]。しかし言うまでもなく、これはナバテア王マリカスの在位年代に基づく説である。言外に、古代インド史研究から得られる知見を論拠として、本書の著作年を推定するのは難しいと認めているのであろう。

最後に、現代の校訂本や訳註書の著者たちの見解を見ておこう。

Huntingford: 8-12 がこの問題を検討して得た結論は95〜130年である。言うまでもあるまいが、1980年以前の英人イ

ンド史研究者による古代インド史の編年が論拠とされている。しかし上に記したように、その後になされた新史料の発見と研究によって、現在では英人インド史研究者でさえこの編年を認めていない。

　本書の著作年に関する Casson: 6-7 の記述は、簡略すぎると評したくなるほどに短い。ラウニヒ、ロダンソン、ラシュケ等の諸氏の学説史に簡単に言及したのみで、著作はマリカス王が在位した40〜70年の間に行われたと断じている。

　これとは対照的なのが Bukharin: 201-232, 322-330 で、17世紀から20世紀末までの研究史の回顧に多くの頁を割いている。しかし各論並記にとどまって、自身の見解を明確に表明できずに終わったのは、すでに見たラウニヒやロダンソンの轍を踏んでしまったと言わざるをえない。

　このように、現在なお『案内記』の著作年代を推定するうえで、最も信頼の置ける根拠と見なされているのは、第19節のナバテア王マリカスが王位に在った年代である。つまり、本書の著作はおおまかに40〜70年の間に行われたと見るのが、通説であり続けている。ただ私は、第23節のカリバエールが比定されるヒムヤル・サバァ連合王国の王カリブイル・ワタル・ユハンイムの在位を、1世紀の後半と想定しているので[31]、本書の著作年代を、通説よりも若干狭く50〜70年の間と考える。

3　『案内記』成立の歴史的背景

(1) ギリシア人のインド洋進出

　エジプト在住のギリシア系の商人が、自己の体験に基づい

解題　315

て本書のような著作を行うに至った歴史的背景を探るには、ギリシア人のインド洋への進出のプロセスから見ていかなければならない。

アレクサンドロス大王の東征まで

　アレクサンドロス大王東征以前のギリシア人の海上活動の範囲は、地中海と黒海が中心で、それ以外の海域については、一部の者が訪れるにすぎなかったと思われる。この時代にインド洋を航行したという記録が残っている唯一のギリシア人は、カリュアンダ（小アジア南西部の地中海沿岸のポリス）出身のスキュラクスである。ヘロドトス『歴史』IV. 44 の伝えるところによると、ペルシア王ダレイオス（1 世：在位前 522～486）の命を受けたこのギリシア人は、インダス川の河口より海上を西に進んでアラビア半島に至り、これを周航した後に、今日のスエズ近辺と思しき地点に上陸したという。航海の目的は、当時のアケメネス朝領の東西を海路によって結ぶための調査であった。

　ペルシアとギリシアと言えば、ともすればペルシア戦争に象徴される敵対関係に目を奪われがちである。しかし、そもそも過剰な人口を植民や出稼ぎで海外に送り出すことで成り立っていたギリシアの事情からすれば、傭兵[32]の他にも職人や船乗りとして、多くのギリシア人が大国ペルシアの領内で職を得ていたことは十分に考えられる。特にペルシアの影響下にあった小アジアのギリシア人植民市で、その傾向が強かったであろう。スキュラクスもそのような出稼ぎギリシア人の一人であったと思われる。この逸話で注目に値するのは、地中海でペルシア海軍の中核をなしていたフェニキア人では

なく、ギリシア人がこの航海の指揮を任されたという点である。フェニキア人は紅海からインド洋へかけての海域でも活動していた[33]にもかかわらず、ギリシア人の方が選ばれたのである。傍証はないにせよ、すでにこの頃（前6〜5世紀）、アラビア海の沿岸で活動しこの海域に精通したギリシア人がいたことを窺わせる逸話と言えよう。

その後、ギリシア人のこの海域での活動を直接に示す史料こそないものの、前448年のペルシアとギリシアの講和成立後に、ギリシア人が南アラビアの港を訪れていた可能性はある。というのも、ヘロドトス III. 107-113 に示されている南アラビアに関する知識は、多分におとぎ話的とはいえ、前代のアイスキュロスのそれ[34]より詳しくなっているし、アリストファネスは前414年に「エリュトラー海のほとりにある幸せな国」（『鳥』144-145 行）に、エウリピデスは前406年よりも少し早い時期に「豊かに富むアラビアの国々」（『バッコスの信女』16-18 行）に、それぞれ言及しているからである。南海の波に洗われるアラビアに、香料の特産で富み栄える幸せな国があるという虚実ない交ぜた情報が北方に伝わり、それが実際に南方から運ばれてくる高価な香料と相俟って、ギリシア人の幻想を大きく膨らませていった。

アレクサンドロス大王（在位前336〜323）によるオリエント世界の征服と、その後のヘレニズム諸王国の成立は、ギリシア人が本格的にエリュトラー海に進出する契機となった点で、大きな意味を持っていたが、その大王もまたアラビア幻想に囚われた人物の一人であった。インド侵入後に部下の進軍拒否に遭い、帰国を決意したアレクサンドロスは、インダス川の河口近くで軍を陸上部隊と海上部隊に二分し、船団の

指揮を委ねたネアルコスに、海岸を探査しつつスーサに向かうことを命じた。一行の苦難に満ちた航海の様子は、アッリアノス『インド誌』21-42 に詳しく語られている。これによって、インダスの河口とペルシア湾頭を結ぶ沿岸航路が詳しく知られるようになった。次いでアレクサンドロスは、バビロニアとエジプトを結ぶアラビア半島周航路を開き、香料産地の南アラビアを征服することを企図して、バビロンで南征のための船団を準備する一方で、偵察隊を送ってアラビア海岸の調査を行わせた。ペルシア湾側からは3隊が順次派遣され、指揮官としてアルキアス（アッリアノス『アレクサンドロス遠征記』VII. 20. 7）、アンドロステネス（同前；ストラボン XVI. 3. 2）、ヒエロン（『アレクサンドロス遠征記』VII. 20. 7-8）の3人の名が史料に残されているが、最も遠くまで進んだヒエロンでさえ、ホルムズ海峡辺りで引き返している。また、紅海側からも調査隊が派遣されたが、これもバーブ・アルマンデブ海峡を抜けた辺りにまでしか達せず（『インド誌』43. 7）[35]、所期の目的を果たすことができなかった。そしてこのような偵察の試みが繰り返されているうちに、アレクサンドロスは突然世を去り、彼のアラビア遠征と半島周航の夢は実現されぬままに終わったのである。

ヘレニズム時代

　大王没後のディアドコイ戦争を経て、エジプトとシリア南部はプトレマイオスの手に、シリア北部以東のアレクサンドロスの遺領はセレウコスの手に収まった。これにより、ギリシア人がインド洋で活躍する途が大きく開けたはずであるが、実態や如何。

メソポタミアとイランを領有したセレウコス朝であったが、ペルシア湾の沿岸地方が果たして同朝の直接統治下もしくは影響下にあったかどうか、実はよく分かっていない。沿岸の探査が行われたからといって、その地域が支配下にあるとは限らないからである。ただセレウコス朝が、海路によってインドと交易を行うのに非常に恵まれた立場にあったことは間違いない。ペルシア湾の両岸とインダス川の河口に至るルートは、すでにアレクサンドロス時代に調査済みであったし、アレクサンドロスが生前アラビア遠征のために編成した艦隊は、ペルシア湾の特に西岸の征服と交易ルートの警備に転用できたはずである。彼らはこの好条件を十分に活用したのであろうか。

　遺憾なことに、セレウコス朝およびその治下のギリシア人の海上活動は、同時期のプトレマイオス朝のそれに比べて著しく研究が遅れている。彼ら自身の残した記録がきわめて少ないので、情報をプトレマイオス朝治下のアレクサンドリアで活動したギリシア人やローマ時代の学者の著作に頼らざるをえない、という状況なのである。現地史料としては、古銭学と考古学の成果、それもペルシア湾のアラビア側沿海部と近海の島嶼の調査から得られた知見が中心になる。

　セレウコス朝が成立したのは、インドでマウリヤ朝が成立したのとほぼ同時期に当たっており、セレウコス1世（在位前312/305～281）とチャンドラグプタ王（在位前321/317～298/297頃）との間の和戦両様の関係はよく知られている。しかし前者のインド遠征やメガステネースの遣使はどちらも陸路によってなされたもので、その後の交渉も含めて両王室間の往来にペルシア湾ルートが使用されたことを示す史料は

発見されていない[36]。その一方でプリニウス『博物誌』XVI. 59. 135 に、セレウコス王（1世？）が海上ルートを通じてインドから香料を輸入しようとしたという記事があるのを見ると、インドとの交易に海路を利用しようという試みはなされていたのであろう[37]。またセレウコス1世が、インド、南アラビア、東アフリカなどで産出される香料を入手していたことを示す史料も存在するので[38]、ペルシア湾とインド洋各地の港を結ぶ海上ルートが機能していたことは間違いない。しかし、この交易を誰が担ったかの判断は容易でない。

第30節の註4に記したように、前2世紀後半にバハレーン島でギリシア人船乗りの守護神が祀られていたという事実は、少なくともペルシア湾内で彼らの活動が活発であったことを示している。しかし同じ島から発見された、ある $κυβερνήτης$（「航海長」「船長」などと訳される。第57節註2参照）の墓誌を見ると、ギリシア語が使用されているにもかかわらず、刻まれている人名はセム系である[39]。ここから、ギリシア人の活動によってヘレニズム化が進行する一方で、アラブ系と思しき人々の海上活動も引き続き行われていた様子が窺える。

さて、諸王国の分離独立によって縮小した領土を回復するため東西に遠征を敢行したアンティオコス3世（在位前223～187）は、ペルシア湾においても積極策を採った。彼の治世に関する史料から、ペルシア湾の湾頭のメセーネー地方、即ち後のカラケーネー王国領の辺りに、サトラップが統治するエリュトゥラー海州が置かれていたことが判明する。州の名称から見て、ペルシア湾の秩序維持と海上交易路の警備がこのサトラップの主要任務の一つであったことが推察できるが、誰がこの州を設置したのかという点については、アンティオ

コス3世のペルシア湾政策の一環と捉える研究者[40]がいる一方で、状況証拠から見てこの州の設置はそれ以前、おそらくセレウコス1世の時代にまで遡るのではと推測する者[41]もいる。

ポリュビオス『歴史』XIII. 9. 2-5 の伝えるところによると、アンティオコス3世は、東アラビアのハサー地方にあった港市ゲッラ（Gerrha/Gerra）に、次いでバハレーン島に遠征を行なった。遠征とはいえ戦闘はなく、セレウコス朝の宗主権を確認するための示威行動であったようであるが、この記事をもとに、ペルシア湾におけるセレウコス朝の実効支配の範囲や、艦隊保有の有無が議論されている。ゲッラは『案内記』には登場しないが、ヘレニズム期においてはインドとメソポタミアを結ぶ海上交易路の、ペルシア湾における最大の中継地であると同時に、アラビア半島内の隊商路の重要な結節点でもあった[42]。

一方プリニウス VI. 32. 152 には、アンティオコス王によってメセーネーの総督に任じられていたヌメニウスが、ムサンダム半島近海においてペルシア人との海戦に勝利し、潮が引いた後には騎兵を率いて再度勝利を収めたと記されている。アンティオコス王が何世なのかの手懸りはないが、3世のペルシア湾政策の一環であろうという解釈が優勢である。メセーネー総督というのは、おそらくエリュトラー海州のサトラップのことであろう。ペルシア人と呼ばれているのが、新興のパルティアなのか、それとも前代よりこの一帯に勢力を有していたペルシア人なのかは不明であるものの、セレウコス朝がインド航路の要とも言うべきホルムズ海峡を支配するために、騎兵隊までも搭乗させた艦船を派遣したことが読み取

れる。

　このように、わずかな史料を通じても、セレウコス朝がインドとの間の海上交易ルートを支配下に置くために、努力を払っていた様子は窺える。ギリシア人の船乗りや商人が、双子神の守護を頼みつつ南の海で活動していたことも確かであろう。しかし、ホルムズ海峡より外の海域における彼らの活動を明示する史料が未発見なために、ともすれば、この海域の交易の担い手はギリシア人ではなく、インド人やアラブ人であったという主張もなされるのである[43]。

　プトレマイオス朝の初期の南海政策[44]の特徴は、交易と並んで象狩り用の基地建設という軍事上の目的が、紅海への進出の大きな動機となっていた点である。シリア南部の領有をめぐってセレウコス朝との間に数次の戦い（シリア戦争）を交えたプトレマイオス朝の王たちは、インド象によって編成されたセレウコス朝の象部隊と対抗するために、東アフリカ産の象を強く求めた。

　プトレマイオス2世（在位前285〜246）がまず行なったのは、ナイル川と紅海を結ぶ運河の再開であった。スエズ運河の前身とも言うべきこの運河は、最初、古代エジプト第12王朝のセソストリス（センウセレト1世：在位前1956〜1911/10）によって開削され、その後は断続的に使用されてきた。史料には、砂に埋もれた運河を浚渫（しゅんせつ）して再開したエジプトの支配者として、第26王朝のネコ2世、アケメネス朝のダレイオス1世、それにこのプトレマイオス2世の名が挙げられている[45]。次いで、サテュロスという者が紅海西岸地方と象狩り場を調査するために派遣され、彼によって王の姉妹の名

に因むピローテラという町が建設されたとストラボン XVI. 4. 5 が伝えている。さらにエウメーデースが派遣されて指揮を執り、スーダンのアキーク辺りにプトレマイスというかなり大がかりな基地が築かれたことは、第3節の註2に記したとおりである。プリニウス VI. 33. 168 によれば、その後、南方で捕獲され船で運ばれてきた象の陸揚げを主目的としてベレニーケーが建設され、ナイル河畔のアポッローノポリス・マグナ、およびその北方のコプトスとの間に、象を輸送するための砂漠横断ルートが切り拓かれた（第1節註6参照）。そこから先、象はナイルを川舟で下って目的地に運ばれたのである[46]。ベレニーケーもプトレマイスも象狩りが廃(すた)れた後は交易地に転じ、特に前者はローマ時代にエジプトの紅海岸最大の港市にまで発展を遂げた。

続くプトレマイオス3世（在位前246～221）も父の方針に沿って、バーブ・アルマンデブ海峡の彼方にまで偵察隊を派遣した[47]。アガタルキデス V. 41b は、王の側近のシンミアスがもたらした現地の詳しい報告を伝えている。これらの偵察隊や象狩り部隊の隊長は、赴いた先の土地に自らの名前を付けて地名とした。ストラボン XVI. 4. 14 には、ピュタンゲロスの象狩り場、リカスの象狩り場、ピュトラオス岬、レオンの見張り場、ピュタンゲロス港等の名称が挙げられている。また同書 XVI. 4. 15 によれば、ピュトラオス、リカス、ピュタンゲロス、レオン、カリモルトス[48]は、バーブ・アルマンデブ海峡から先の海岸に、それぞれの到達点を示す記念碑や祭壇を立てたという。同書 II. 5. 35 の、昔はシナモン産地（第8節註7参照）で象狩りをしたという記事が事実なら、ソマリアのアデン湾沿岸のガルダフィ岬近くの土地でも象狩

りが行われたことになる。

しかし、象狩り部隊がこの地点に達した前3世紀の末から次世紀の初めあたりを境に、プトレマイオス朝の南海政策は大きく転換した。前217年のラフィアの会戦[49]におけるアフリカ象部隊の戦いぶりは全く期待を裏切るものであったし(第4節註12参照)、その後、エジプト領内の原住民の反乱鎮圧に忙殺され、第5次シリア戦争に敗北を喫してシリア南部を失ったプトレマイオス朝の王たちが、象部隊編成の意欲を喪失した結果、象狩りを目的とする船団の派遣は下火になった。一方、調査隊や象狩り隊が到達したソマリアと対岸の南アラビアは、まさにアレクサンドロス大王が目指した香料産地であるだけでなく、インドからの商船の来訪地でもあった。人々は、エジプトではきわめて高価な、香料を始めとする東方や南方の物産が、「香料の道[50]」の中継商人の手を経ていないため、エジプトにおけるよりもはるかに安価で入手できるのを知ったであろう。加えて重要なのは、第5次シリア戦争に敗れてガザ港を失ったことにより、インドやアラビアの物産を輸入するルートを断たれてしまった点である。爾後、プトレマイオス朝の王たちは代替ルートの開拓に意を注いだ。以上の諸点が相俟って、前2世紀以降は、象狩りよりも交易を主目的として、エジプトの諸港から多くの船が南の海を目指すようになった。

とはいえ、すでにプトレマイオス2世の時代より、象狩りとは無関係な紅海のアラビア側の海岸や沿岸の島嶼の探査が行われているのを見ると、初期の段階より象狩りと並んで交易の振興が、南海政策の柱であったことは間違いない。史料には調査に派遣されたアリストン(ディオドロス III. 42. 1)、

ピュタゴラス（プリニウスXXXVII. 9. 24；アテナイオス『食卓の賢人たち』IV. 183-184; XIV. 634a）などの名が残されている。ストラボンXVI. 4. 2-4が伝えるエラトステネス（前275頃～194頃）のアラビアに関する知識が、従来より随分詳しくなっているのを見ると、前3世紀の間にアラビア海岸はアデン辺りまでが調査されていたと判断してよいであろう。

このように前3世紀にアフリカ北東岸やアラビア沿岸で実施された調査の報告や、象狩りに送られた軍人や役人のもたらした情報は、アレクサンドリアの公文書館に保管されていたと思われる。それを駆使して著されたと考えられているのがアガタルキデスの『エリュトラー海について』である。この書自体は前2世紀後半の作であるが、そこに記されているのは主として前3世紀の状況と考えてよい。後世の書に収載されて第1巻と第5巻が伝存するにすぎないとはいえ、紅海やアデン湾の沿岸のみならず、その後背地に当たるアフリカ北東部とアラビア南西部の地理や民俗を詳しく記した書として、史料的価値はきわめて高い。

さて、南アラビアやソマリアを訪れたギリシア人たちは、そこで、それまではこれらの土地の産物と信じていたものの多くが、実はさらに遠方から運ばれてきたことに気づいたであろう。ここにおいて、産地を直接訪れて、それらの物産をより安価に入手することが、彼らの次の目標となったはずである。当時、ハドラマウトの臨海交易地カネーはまだ存在しなかったので、彼らはまず、南アラビアにおける乳香産地ズファールのモスカ（現地名スムフラム）を目指したに違いない。そこには前3世紀に建設された乳香の取引地があった。アデンからモスカへの沿岸航海は容易である。おそらく遅く

とも前2世紀の早い時期にはこの交易地を訪れて、産地直売の乳香を買い求めるだけでなく、そこからさらに東のインド西岸の港に渡航する方法を模索し始めていたと考えられる。

スムフラムから出土したアンフォラの破片で多いのは、ローマ共和制末期から1世紀の後半まで製作されたDressel 2-4というタイプの葡萄酒壺であるが、なかに少数ではあるが、それよりも古いエーゲ海のコス島やロードス島産のものが混じっている[51]。それらの製作年代に関する詳しい報告はないものの、プトレマイオス朝期のエジプト船によって運ばれてきた可能性が強い。

ところで、第32節の記事によると、モスカの港にはインドのカンバート湾やマラバール海岸の港を出て、沿岸航行している船が入港して取引を行なっていた。これは1世紀半ば頃の話であるが、実はスムフラムからは前2世紀に遡るインドの船乗りや商人が使用したと思われる日用の土器の破片が多数出土している[52]。したがってモスカを訪れたエジプトの船乗りや商人が、そこでインドから来航した同業者と接触し、なかには彼らの帰航に同行してインドへ向かう者がいたとしても、別に不思議ではない。そして一度インドへの航海を経験した者なら、少なくともインド北西部へのそれが、決して難しくないことを理解したはずである。このようにして、エジプトのギリシア人によるアラビア半島南岸からインド西岸への沿岸航海は、かなり早い時期、おそらくは遅くとも前2世紀の前半には実現したと推察できる。

そこで次の段階は、いよいよ夏季の季節風を追い風としてアラビア海を横断し、インドに向かう航海となるのであるが、問題の重要性に鑑みて、節を改め独立したテーマとして扱い

たい。

(2) インド航路の発展

まず文献史料の記述から得られる情報を精査したうえで、それを考古史料や碑文史料から得られる情報と照合し、両者の整合性に重点を置いた仮説を提示したい。

『博物誌』と『案内記』から得られる情報

古代における(西方人にとっての)インド航路の発展について我々に教えてくれるのは、77年頃に完成したプリニウスの『博物誌』VI. 26. 96-106 と、それより若干早く著された『案内記』第57節の記事である。

プリニウスはまず、インダス川河口のパタラからペルシア湾の湾頭を目指したネアルコスの航海について、操舵手を務めたオネシクリトスの報告をもとに艦隊が辿った航路を記し(96-100)、それに続けて、「次に(postea)」アラビアのスュアグロス(ファルタク岬)から、ヒッパルスと呼ばれる西風を利用してパタラに向かうのが最も確実と見なされたと述べ(100)、さらに「次の時代には(secuta aetas)」同じ岬からインドのシゲルス港[53]を目指す方がより短く安全なルートと分かったので、この航路は「ある商人が近道を見つけるまで(donec conpedia invenit mercator)」長期間利用されたと記している(101)。では、その最短航路とは如何なるルートか。それは以下のように説明される。

即ちプリニウスは「今や初めて(nunc primum)」エジプトからインドに至る行程全体の確かな情報が得られたので、それを示そうと述べ[54]、アレクサンドリアからムージリスま

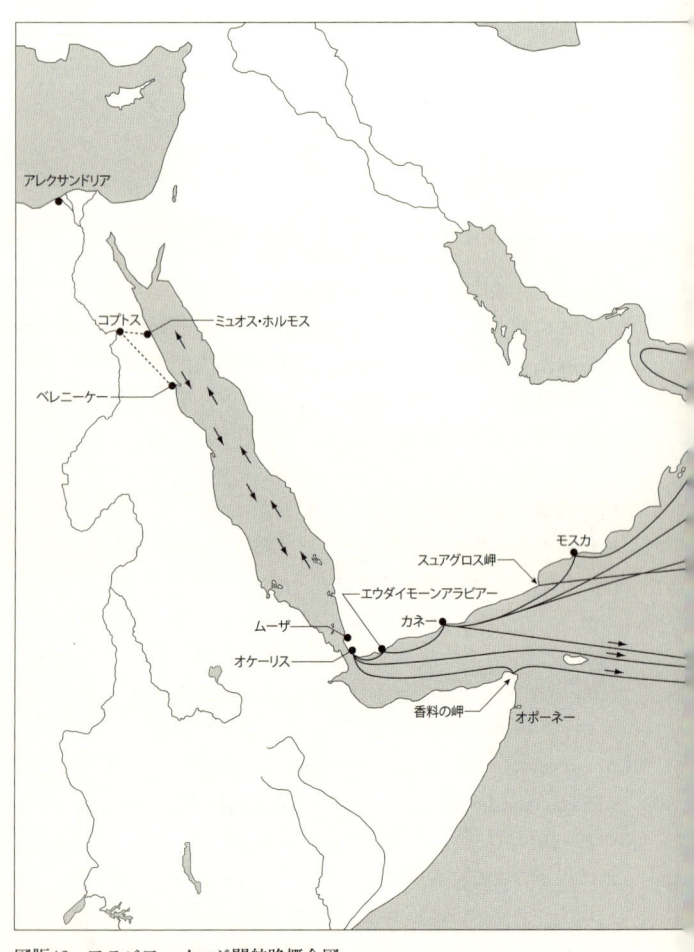

図版46　アラビア・インド間航路概念図

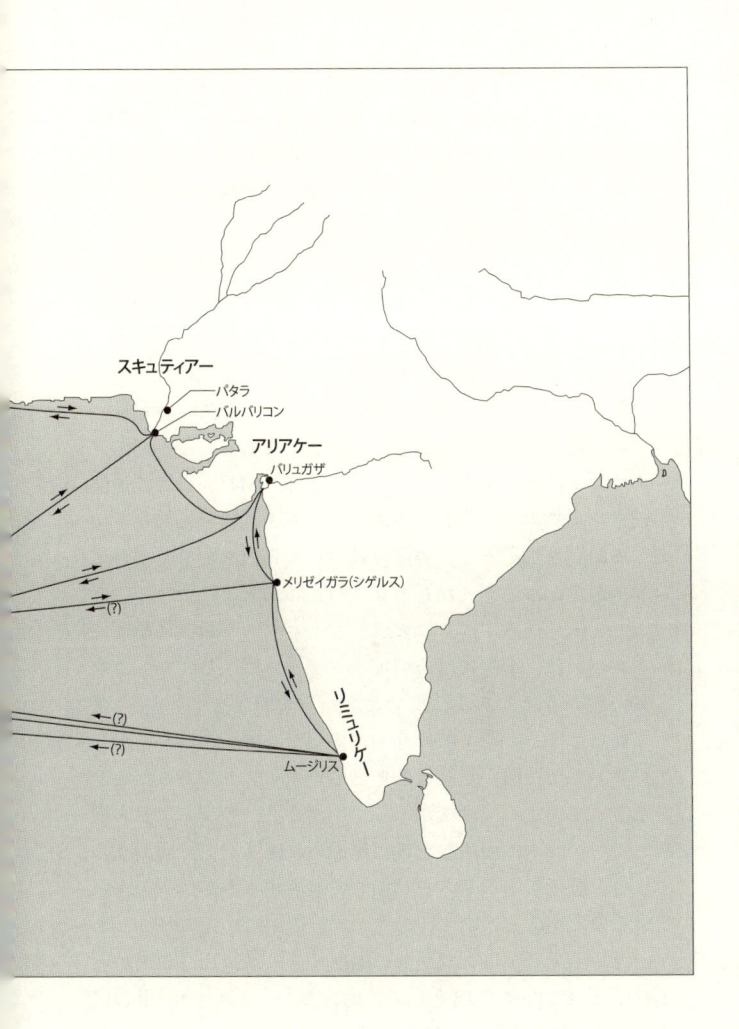

スキュティアー
パタラ
バルバリコン
アリアケー
バリュガザ
メリゼイガラ(シゲルス)
リミュリケー
ムージリス

での行程を記すのである（101-104）。それによると、真夏のエテーシアイ（北西の季節風：第57節註5参照）の吹く時期に、アレクサンドリアからナイル川を遡行してコプトスまでが12日、コプトスからベレニーケーまでの砂漠の隊商路を行くのにさらに12日、ベレニーケーから紅海を南下して、アラビアのオケーリスかカネーの港まではおよそ30日かかる。インドへ航行するのに最も有利なのはオケーリスから出港することで、ヒッパルスが吹いていれば40日の航海でムージリスに到達できる[55]。つまり、夏季に季節風を利用してオケーリスからムージリスに向かうのが、インドへの最短（＝最速）ルートだとプリニウスは言っているわけである。それでもアレクサンドリアからムージリスまで正味で94日、これに通関手続きや荷物の積み替え、寄港地での水・食料の補給などに要する時間を加えると、実際にはさらに日数を要したことになり、最短とはいえ、かなり長い行程である。

　ここで一つ注意すべきなのは、プリニウスが最後に挙げているルートは、実際にはその前のシゲルスに至るルートよりも長いという点である。にもかかわらず前者を「近道」と言っているのは、ここで彼の念頭にあったインドというのが、エジプトを出た船が最終目的地とした南インドであったことを示唆しているのではなかろうか。つまり、アラビア海を横断してシゲルスに到達した後に岸沿いに南インドに向かうのに比べ、直接ムージリスを目指して航海する方が速いと言っているのである。

　一方、インドからエジプトに帰航するには、12月の末から1月末までの間に[56]出港して、南東の風［ママ］を利用して航行する。そして紅海に入ってからは、南西もしくは南から

の風を受けて航海を続ければよいとされている（106）。インドのどの港からの話なのか、また帰航には何日かかるのか記されていないが、南インドの交易地や胡椒産地の記述に続く記事であるし、上記のようにこの前後で著者の念頭にあったインドは南インドと思われるので、マラバール海岸の港からの帰航と理解してよいであろう。

　他方『案内記』の第57節には次のように記されている：「カネーとエウダイモーン・アラビアーからの上述の全周航路を、［かつては］小さな船で湾に沿いつつ航海していたものだが、初めて航海長のヒッパロスが、交易地の位置と海の形状とを勘案して、外海を横断する航法を発見した。それ以来我々のところのエテーシアイの季節に、大洋から局地的に［いくつかの］風が吹くが、インド洋では南西風が起こり、［その風は］横断航法を最初に発見した人の名に因んで［ヒッパロスと］呼ばれる。それ以来今日に至るまで、あるものは直ちにカネーから、またあるものは香料の［岬］から出航し、リミュリケーに航海するものは［帆走中］ほとんどずっと風を［右舷］船尾側から受け、バリュガザに行くものとスキュティアーに行くものは3日間だけ岸沿いに進み、その先はそれぞれの針路を取って陸地を離れ、岸辺遥かに外海を通って前述の諸湾には立ち寄らない。」

　プリニウスは、インドからペルシア湾へ向けての沿岸航海については記しても、エジプトからインドへの沿岸航海には全く言及していない。おおかた、ネアルコスの航跡を逆に辿れば、パタラに達することは容易と考えているのであろう。紅海からペルシア湾口までの航路や航海の季節などにも、全

く関心を払っていない。また彼の記述を読む限り、彼が、沿岸航海から夏季の季節風を利用してアラビア海を横断する航法への移行を、画期的な発展と認識していた形跡はない。インドやアラブの商船が往来していたであろう、この大洋横断航路をエジプト船が辿れるようになるまで、それほどの時間は要しなかったと考えているようである。それに対して「近年発見された (his annis comperta)」(96) ムージリスに至るルートのみは、長年月の後にある商人が見つけたと記している。つまり、インド南西岸の港に向かう航法のみは、現地人を見習ったのではなく、一人の西方商人の独創とプリニウスは理解し、季節風を利用する航法そのものより、むしろこの南インドへの最短航路の発見の意義を重視しているという印象を受ける。

　他方『案内記』によれば、季節風を利用して大洋を横断する航法が発見される以前は、小さな船が沿岸航路を取ってインドに航海していたという。しかも「上述の全周航路」と言うからには、エジプト船はこの航法でマラバール海岸まで行っていたと著者は考えているのであろう。また「ヒッパロスが、交易地の位置と海の形状とを勘案して」と記しているのを見ると、著者は、エジプト船がインド西岸をかなり頻繁に訪れて、航海長が沿岸の地形や風向・海流等に精通していたことを、新航法発見の前提と考えていることは明らかである。そしてこの航海長の発見を契機として、インド西岸に向かう3本のルートが一挙に開けたかのような書き方をしている。プリニウスとは対照的に、季節風を利用する新航法発見への評価がきわめて高いのである。

　ともあれ、プリニウスも『案内記』の著者も、アラビア半

島の南岸からインド西岸への沿岸航海にはたいした障害もなく、プトレマイオス朝のかなり早い時期から、エジプト船がインド諸港を訪れていたと考えていたようである。これは前節の最後に記した私の推察とも一致する。つまり、前2世紀の前半にはエジプト船がアラビア南岸からインド北西部への沿岸航海を行なっていたというのは、決して突飛な空想ではなく、おおいにありえたことなのである。

で、問題は、この段階から、次の、季節風に乗ってインダス川河口の港を目指してアラビア海を横断する航法への移行が、果たして『案内記』の著者が言うほど画期的であったのか、それともプリニウスの記述から窺えるように、おそらく現地の船の航法を見習うだけ[57]のことで、技術的にはそれほど難しくなかったか、である。プリニウスによれば、新しい航法は難しいどころか、最も確実にインドに航行できる方法と見なされたというが、ファルタク岬からインダス川河口に向かう船にとって、夏季の季節風はほぼ真後ろからの追い風となるため、沿岸航海するよりは確かに迅速かつ確実に目的地に到達できたのではないかと思われる。『案内記』第39節にも、強い季節風によって航海は困難になるものの、この風は全くの順風なので航海はずっと短くなると記されている。要するに、この段階での航法の移行は、プリニウスが見るように革新的というほどの変化ではなく、比較的スムーズに行われたのではないかと推察される。

さらに、ファルタク岬からインドのコンカン地方の港を目指して航海する方が、より安全に短時間でインドに到達できるとプリニウスが言うのも、理に適っている。風はやや斜め後ろから受ける形になるが、出発地と目的地がほぼ同じ緯度

上に位置しているため、船は針路を真東に取り距等圏航法（parallel sailing）で航行できる[58]。この方法で航海すると、目的地に正確に到達できる可能性が最も高いのである。

では、最後のマラバール海岸の港に直航する航程線航路（rhumb line route）[59]の利用が遅れたのは何故か。プリニウスの記述から推察すると、おそらくインドやアラブの商船が、このルートでアラビア南岸とインド西岸を行き来することがなかったからではないかと思われる。この点は『案内記』の記事からも確認できる。即ち、第21、27、36節を見ると、アラビアの諸港からバリュガザを中心とするインド北西部へは地元の商船が盛んに送られていることが窺えるが、ムージリスやネルキュンダには送られていない。第54節ではムージリスについて、アリアケー（グジャラート地方）から来航する船やギリシア船によって繁盛しているとは記されているが、アラブ船への言及はない。他方、インドから西方に向けてはどうかというと、第6、14、31、32、36節にアフリカやアラビアの諸港にインド北西部、それも主にバリュガザからの商船が来航すると記されているが、南西岸のリミュリケー地方からの船については、わずかにソコトラ島（31節）とズファール地方のモスカ港（32節）への来航が言及されているにすぎない。しかも前者については「たまたまここにやってきた」と、後者についても「沿岸航海する船は」とわざわざ記されていて、マラバール海岸の港とこれらの地の間に大洋横断の恒常的なルートが通じていなかったことを示している。

この航路を行くには、第57節の註8に記したように、南西の強い風を受けつつ船の針路を東南東に保つ必要があるため、帆の開きと舵の角度を調節して船首を右に向ける操船が要求

される。それを指すのにレスリング用語の「首固め」が使用されているのは、この操船がかなりの力業であったことを示しているのであろう。一方、現地の船乗りは、おそらくこのような操船は避けて、針路を東北東か東に取って進み、インドの海岸に達した後は、海岸沿いに南下するという航法を採っていたのではないか。11〜1月を除けば、インド西岸沿いの海流は北から南に流れているので[60]、船が沿岸を南下するのに好都合である。アラブやインドの商船は後の時代においても、アラビア南岸からインド南西岸の港に向かうのに直航路は避け、遠回りにはなっても安全で確実なこちらの航法を採った[61]。

　以上の諸点を考え合わせると、南西季節風を利用してアラビア海を横断しマラバール海岸の港へ直接向かうという航法が、プリニウスや『案内記』の著者が言うように、文字どおり「発見」であった可能性は大きい。但し、発見者はプリニウスの言うような商人ではなく、やはり航海長クラスの船乗りだったのではあるまいか。

　このように、インド航路発展の経緯に関するプリニウスの説明がおおむね合理的で納得できるのに対して、ヒッパロスの発見を契機に3ルートが一挙に開けたという『案内記』の説明には無理がある。これはあくまでもインド航路の発展に関する著者流の解釈で、史実そのものとは見なしがたい。1世紀も半ば過ぎとなると、エジプトから多くのギリシア系の商人たちが、アラビア海を横断してマラバール海岸の港に胡椒や宝石の買い付けに来航していた。自らもその一人であった著者は、季節風を利用した新航法の発見こそがインド交易隆盛の契機となったという自身の信念を表明しただけでなく、

その功績をヒッパロスという伝説上の航海長に帰したのである。

　しかし、プリニウスが記しているように、季節風をインドへの航海に利用すること自体は、すでにかなり早くから行われていたと考えられる。しかもそれは、決して特定の個人の「発見」と呼べるようなものではなかった。「発見」と呼べそうなのはマラバール海岸への渡航法の考案で、プリニウスもこれは個人の功績と記しているが、果たしてその発見者の名はヒッパロスであったのか。であるとするならば、これを比較的近年の出来事としているプリニウスが、そのように書きそうなものであるが、彼はこれを季節風の呼称と記すのみで、新航法の発見者には結びつけていない。第57節の註2に記したように、『案内記』の説明とは逆に、風の呼称が元になって、そこから発見者に関する伝説が生まれたのではないかという説の生じる理由が、ここにある。支持する者は少ないとはいえ、この説にも一理あると私は考える。

　『博物誌』と『案内記』の記事に基づいて、エジプトからインドに至る航路の発展史を整理すると次のようになる。
　まず、おそらく遅くとも前2世紀の前半に、エジプト船はアラビア半島南岸の港から、沿岸航路をとってインダス川河口辺りの港に来航していたに違いない。しかし、その当時、インドやアラブの船は、途中の港に寄る予定がない場合には、季節風を利用してアラビア海を横断する航法を採用していたのではないかと思われる。その方がより迅速かつ確実に目的地に到達できるからである。それを見たエジプト船は、当然、間もなくそれに倣ったであろう。また、インドの中部や南部

からアラビアに来航した船が、おそらくコンカン地方の港を目指して東に針路を取って帰航するのを見て、こちらがより短く安全な航路と知ってそれに倣うのにも、それほど時間は要しなかったようである。

『案内記』に記された、バリュガザに代表されるカンバート湾の港に直航する航法をどの段階で会得したのか、正確には分からない。しかし、そこからアラビアにやってくる船も多かったと思われるので、その帰航法に倣ったとすると、コンカン地方の港への直航にそれほど遅れることなく、カンバート湾への直航も実現したのではないか。

以上は、インドやアラブの船がすでに実践していた航法に倣っただけのことで、習得にそれほどの時間を要しなかったが、現地の船も経験していないマラバール海岸への直航のみは、かなり遅れて実現した。この航法は、エジプト船のギリシア人航海長によって始められた可能性が高い。ただ、そこに至るプロセスは、『案内記』に記されているように、アラビア半島からインドに至る海域や沿岸の状況を十分に把握したうえでなされたのか、それとも次に見るような半ば偶然の産物なのか、判断が難しい。さらに、航路の発展の各段階がいつ頃達成されたのかも、『博物誌』と『案内記』の記事を読むだけではよく分からない。そこで、以下においては他の関連史料を検討して、手懸りを求めることにする。

二つの漂流譚

インド航路の発展史との関連でしばしば引かれるのが、ストラボンとプリニウスが伝える次の二つの逸話である。

まず、ポセイドニオス(前135頃～50頃)の伝としてストラ

ボンII.3.4が記すところによると、プトレマイオス8世エウエルゲテース2世治下のエジプトに、小アジアのキュジコス（マルマラ海南岸のポリス）からエウドクソスという者が使節として来訪し、しばらく滞在していた。ちょうどその時、紅海西岸に漂着したインド人の船乗りが、沿岸警備兵に救助されて王の許に連れられてきた。ギリシア語を教えられた後に彼は、インドを船出したものの航路を外れて漂流し、仲間を失った挙句この地に漂着した次第を語り、王が派遣する一行にインドへの航路を案内することを申し出た。そしてエウドクソスもこの航海に参加したという。

　贈物を携えて出航した一行は無事に目的地に到着し、代わりに香料や高価な宝石類を積み込んで帰国した。宝石の中には、水晶のように液状のものが凝固した石もあった。しかしプトレマイオス8世は亡くなり、王位を継いだクレオパトラ3世によって、エウドクソスを含む一隊が再びインドへ派遣された。ところが帰航中に、強風に吹かれた一行の船は航路を外れ、エチオピアの南方に流されてしまった。それでもなんとか帰国してみると、クレオパトラはもはや王位になく、その息子の治世になっていたという。

　この逸話について、インドへの航海の年代から見ていくと、最初の航海がプトレマイオス8世の最晩年に行われたことは明らかである。この王は前116年に世を去っているので、航海はその前年か前々年と仮定して大きな間違いはないであろう。2回目の航海については、当時のプトレマイオス朝の政治情勢を踏まえた、やや複雑な考察を必要とする。即ち、プトレマイオス8世の死後、王の生前より共同統治者として女王の地位にあったクレオパトラ3世は、当初お気に入りの息

子アレクサンドロス（プトレマイオス10世）を新たな共同統治者として擁立しようとしたが、アレクサンドリア市民が年長のラテュロス（プトレマイオス9世ソーテール2世）の方を王として望んだため、仕方なくこちらを共同統治者に任命した。しかし、その後は自らの実権を保持し続けるために、この二人の息子の擁立と廃位を、前101年にプトレマイオス10世によって暗殺されるまで繰り返した。おそらくエウドクソスたちは先王が亡くなった前116年の、クレオパトラ3世の新しい共同統治者が未定の時期にインドへ向けて出航し、プトレマイオス9世の即位後に帰国したと考えられる。クレオパトラがもはや王位になかったというのは、共同統治への無理解に起因する誤解か、あるいは一時的に女王が実権を失った時期に遭遇したかのいずれかであろう。以上より、エウドクソスが参加した2度のインド航海は、前116年の前後数年の間に行われたと推察される。

では、彼らはインドのどの地方に渡航したのであろうか。従来はこの点が十分に検討されてこなかったが、これはきわめて重要な問題である。なぜなら、ストラボンがこの逸話を信用できない理由の一つとして挙げる、インド方面の海はすでに多くの船乗りに馴染みの海であったから、そこへ行くのにインド人の水先案内人を必要としたはずはないという批判（II. 3. 5）に、答えなければならないからである。すでに記したように私は、前2世紀のこの時期ともなれば、インド北西部から中西部にかけての港には、おそらくアラビア海を横断航行したエジプト船が渡来していたのではないかと考える。したがってストラボンの言葉は、この地域の港を目指して航行する場合には、そのとおりと言ってよい。しかし、インド

南西部の港にだけは、エジプト船はまだ航行していなかったのではないか。換言すると、この時代に水先案内人を必要としたのは、マラバール海岸の交易地に向かう場合に限られたのではないかと考えられる。

そして上に引いたストラボンの記述の中に、エウドクソスたちの渡航先が南インドであったことを示唆する記事が見出せる。それは、エジプトに持ち帰った彼の地の産物の中に、水晶に似た属性を持つ宝石があったと記されている箇所である。これはおそらくプリニウスXXXVII. 15. 56が水晶に似た属性を有するインド産のadamasと呼んでいる宝石と同一で、第56節の註21に記したように、南インドのコドゥマナル周辺で産出するコランダムのことであろう。そこから、エウドクソスたちが訪れたのはマラバール海岸の港で、そこで本書第56節に列挙されている、胡椒・ガンゲース産ナルドス・マラバトロンなどの香料と、ベリル類・コランダム・サファイアなどの宝石を船積みしたのであろうと推論できる。

前2世紀の末に、地中海世界と南インドとの間に交易関係が生まれたらしいことは、実は、この後見る南インドの出土史料から確認できる。その点から見ても、エウドクソスの一行の行く先が南インドであった可能性は大きい。では、彼らはどのような航路によって彼の地に渡り、どのような航路で帰国したのか。

『案内記』には、インド南西部のリミュリケー地方から西方に向けての航海については、先述のように、わずかにソコトラ島（31節）とズファール地方のモスカ港（32節）への来航が言及されているにすぎない。しかも前者については「たまたまここにやってきた」と、また後者についても「沿岸航

海する船は」とわざわざ記されている。しかし、件のインド人船員がエジプト船を故郷の地まで案内できたのであれば、彼は少なくとも紅海の出入口付近からインドまでの航路は熟知していたはずである。ということは、すでにこの時代に南インドからも船がアデン湾の奥深くまで来航していたことを示している。漂流インド人船員も南アラビアかソマリア、あるいはエチオピアの港を目指していたのではないかと思われるが、どのような航路で目的地に向かっていたのであろうか。その航路こそ、エウドクソスたちがインドから帰航する際に辿った航路でもあったはずである。

『案内記』の第6、14、31、32、36節にアフリカやアラビアの諸港にインド北西部、それも主にバリュガザからの商船が来航すると記されており、そのうちの第14節から、そのような船には大洋横断の直航路を取るものと、沿岸航路を取るものとの両方があったことが窺える。それで、インド南西岸からアデン湾沿岸の港に向けて出航した船も、まず海岸沿いにカンバート湾辺りまで北上し、然る後に行く先と航海の目的に応じて、二つの航路のいずれかを選択して西に進んだのではなかろうか。

実は、紀元前後の時代にインド南西岸から西方に向かうインド船は、このルートで航行していたことを窺わせる史料がある。それは、アウグストゥス帝の許にインド王から使節が派遣されたことを伝えるストラボンの報告である。『地誌』XV. 1. 4には南インドのパンディオーンもしくはもう一人の（アレクサンドロス大王と交渉のあったポーロスとは別の）ポーロスから、贈物を携えた使節が派遣されたと記されているが（第54節註10参照）、この使節は同書XV. 1. 73に記事の

ある使節（第41節註10参照）と同一と思われる。両記事が言及している、使節団に同行してアテナイ市で焼身自殺を遂げた行者が、バリュガザの異名と思しいバルゴサの出身であることから見て、一行は南インドの港を出た後、一旦バリュガザまで航海し、そこで水と食料の補給を行い、おそらく水先案内人とこの行者を含む便乗者を新たに乗船させたうえで、西に向かって船出したのであろう[62]。

バリュガザに行くまでもなく、手前のコンカン地方の港からアラビア海に乗り出した船があってもよさそうに思えるのだが、この時代にこの航路でアラビアやアフリカに向かった船があったことを示す史料はない。マラバール海岸からアデン湾沿岸の港に直航したインド船についても、同様である。

一方、彼らはどのような航法で故国に戻ったのか。季節によって変化する風と海流に左右される帆船時代の航海では、往路と復路の航跡が重なるとは限らない。インドへの道に関する考察は、インドからの道に関するそれとは切り離して行う必要がある。

もし南インドの船が、季節風を利用してアラビア海を横断しマラバール地方の港に直航する航法を採っていたのであれば、エジプト船を案内したインド人も当然この航路で帰国したであろう。そしてこの船に乗っていたギリシア人たちは、当然、この機会にこの航路を行く操船法を学んだことであろう。この場合、プリニウスの説くインド航路発展史の最終段階が、早くも前2世紀の末に達成されたことになる。しかしそれでは、この航路がギリシア人の商人もしくは航海長によって発見されたという『博物誌』と『案内記』の記述にも、この発見を比較的近年の出来事と捉えているプリニウスの理解

にも反する。その点を重視すると、先に記したように、まずコンカン地方の海岸を目指して針路を東北東か東に取り、季節風を利用してアラビア海を横断、然る後に海流に乗って沿岸を南下するという航法がとられた可能性の方が大きい[63]。この場合、インド航路発展史の観点から見て画期的とまでは言えぬにせよ、エジプト船が胡椒産地のマラバール地方を直接訪れて取引できるようになったという点で、重要なステップであったことは疑いない。

もう一つの逸話は、クラウディウス帝（在位41〜54）の治世にスリランカからローマに使節が派遣された経緯を伝えるプリニウス VI. 24. 84-85 の記事である。それによると、「紅海の税（Maris Rubri vectigal）[64]」の徴収を国庫から請け負っていたアンニウス・プロカムスの解放奴隷が、アラビアを周航中に突然北方からの激しい嵐に見舞われて漂流し、2週間後にスリランカの港に漂着した。そこで彼は現地の王の厚いもてなしを受け、求めに応じてローマとその皇帝について語った。その話と、この男が所持していたデーナーリウス貨幣が良貨であることに驚いた王は、ローマに好印象と興味を抱き、彼を送り返す際に、ラキアスという者に率いられた4名の使節を同行させた。そしてこの使節を通じてスリランカに関する多くの事柄が知られるようになったというのである。

この元は奴隷であった男が、何の目的でアラビア半島を周航していたのか、またどちらの方角に向かって航海していたのかは、記されていない。北方からの突風に襲われたということは、オマーンの沿岸を航行中に、山から吹き下ろす belat と呼ばれる強風に遭って航路を外れ、沖合の海流に押し流さ

れてスリランカまで漂流した可能性が高い。belat は冬から春にかけての季節に、南イエメンやオマーンの山を越えて北もしくは北西の方角から吹き下ろす強風である[65]。ただ11月から翌年の1月にかけては、インド西岸の海流は岸に沿って南から北に流れているので[66]、アラビアの近海からスリランカに漂流するということは考えにくい。2月になると海流の向きが南に変わるので、おそらくこの月か3月にアラビア南岸沿いに東から西に航行していたところ、オマーン辺りで遭難したのではないかと推察される。

実は近年、これに似た漁民の漂流が報じられた。2009年11月21日の時事ドットコムが「サヌア時事」として伝えるところによると、10月15日にスリランカの近海で同国沿岸警備隊に発見・救助された3名のイエメン人漁師は、約3週間前にソコトラ島沖約10kmの海上でサメ漁をしていて流され、10m足らずの小型船でインド洋を約3,000km漂流したという。ソコトラ島はアラビア海岸から遠く離れているし、季節的にも秋の初めの話なので、belat がこの漂流の原因とは考えられないが、一旦海流に乗ってしまうと、現代の漁船でも古代の帆船と変わらぬ運命をたどってしまうことが分かる。

プリニウスの記事から、この時までスリランカからローマはおろかエジプトまで行った者もなかったことが窺える。それでも漂流者を送り返し、使節を派遣できたというのは、おそらく一旦インド南西岸の港に渡った後に、そこからエジプトに向かう船の航跡を辿ったか、あるいはそのような船に便乗したのであろう。

ところで、プリニウス自身はインド航路の発展とこの逸話を結びつけていないが、彼が「近年」達成されたと言うイン

ド南西岸のムージリスへの大洋横断直航路の発見が、この逸話で語られている事件が契機となって成し遂げられたのではないかと推察する向きがある。しかし、もしそうであれば、プリニウスが当然その旨記すはずであるし、スリランカへの漂流は、南西季節風ではなく局地的な強風と海流によって引き起こされた災難なので、これがインド南西岸への直航法の発見に結びついたとは考えにくい。したがって、こちらの逸話については、現在問題にしているインド南西岸への直航路発見の時期と契機をめぐる考察の対象から、除外しても差し支えあるまい。

考古史料から得られる情報

　地中海世界と南インドとの関係を最もよく示す考古史料が得られるのは、本書第60節のポドゥーケーに当たるアリカメードゥ遺跡である。詳細は同節の註3に記したので、ここで繰り返さないが、前2世紀末から前1世紀後半にエーゲ海南東部のコス島で作られた葡萄酒壺の破片が出土する点が、最も注目に値する。前1世紀前半になると、これに加えてクニドス、ロードス島など、コス島に隣接するポリスや島で作られた葡萄酒壺片が出土する。誰によってどのようなルートで運ばれてきたのか、遺跡と遺物自体は語らぬにせよ、東地中海の葡萄酒産地とインド南東岸の商業地が、早くも前2世紀の末に遠距離交易で結ばれていたことを、これらのアンフォラの破片は示している。

　コス島産の葡萄酒は、含有塩分の作用で変質がある程度抑えられていたとはいうものの、長期の輸送によって変質の虞(おそれ)のある商品であることに変わりはない。また容器が重くか

さばり壊れやすい土製の壺であることも考慮すれば、陸上ルートを長い時間かけて転送されてきたとは思えない。やはり、紅海とアラビア海を渡る海上ルートで運ばれてきたに相違ない。そこで想起されるのが、先に見たエウドクソスの航海についての逸話である。前116年前後に南インドを初めて訪れたエジプト船は、その後この地の港に来航するエジプト商船の先駆けとなったのではあるまいか。年代的には、この年代とアリカメードゥ出土の最古のアンフォラのそれとは非常によく符合する。この推測が当たっているとすると、コス島産葡萄酒はアラブやインドの商人の手を経ずに、エジプト船によって直接南インドの港まで運ばれてきたことになる[67]。

とはいえ、船が着くのはインド南西岸の港である[68]。そこで一旦荷揚げされた葡萄酒は、そこから南東岸のポドゥーケーまでどのようにして運ばれたのか。東西海岸を結ぶ内陸路とカニヤークマリ岬回りの海上路の、いずれのルートで輸送されたのか。ウィーラーが内陸路説[69]を主張したのに対して、ベグリーはインド南部における土器の分布状況を論拠に、次のように反論する。即ち、コロマンデル海岸からスリランカにかけて広く分布する回転文土器（Rouletted Ware）は、マラバール海岸からは一切出土しない。これに対して、マラバール海岸からコインバトール地区できわめて一般的な朽葉色土器（Russet-coated Painted Ware）は、概してコロマンデル海岸には見当たらず、アリカメードゥ遺跡からもわずか一片しか出土していない。両方のタイプの土器が共伴して出土するのは、内陸部のたとえばウライユル辺りの遺跡である。このような状況から見て、南インドの東西海岸間の交易が、ウィーラーが主張したように陸路を通じて仲介者抜きで行われてい

たとは考えられない。陸路によった場合でも、ウライユル等に拠点を置く中継商人の手を経て商品は転送されたであろうというのがベグリーの説であるが、同時にカニヤークマリ岬回りの海路で輸送された可能性も示唆されている[70]。

　しかし、このベグリーの反論では不十分と言わざるをえない。何故なら、コロマンデル海岸の交易地については第60節で、マラバール海岸のそれとの間に船の往き来があることが述べられたうえで、さらに「これらの場所では、リミュリケーに輸入されるすべての品への需要がある。また大抵ここへは、エジプトから受け取った貨幣と、リミュリケー産で上記のパラリアーを通じて供給される大概の種類の品とが、年間を通じて届く」と記されていて、これ即ち、マラバール地方の港に輸入された商品と同地方の産物の両方が、地元船によって搬送されてくる状況を示していると考えられるからである。

碑文史料から得られる情報

　プトレマイオス朝期にエジプト船がインド洋におおいに進出したことは、コプトスや上エジプトで発見された碑文に、南海交易を管理・統制する役職名が現れることからも窺える。ただ、職名の表記に揺れが見られることや、年代について説の分かれる碑文が複数あるために、インド航路発展のどの段階でこのような役職が設けられたのかを正確に見極めるのは難しい。

　ナイル川に浮かぶフィラエ島の神殿に残されていたプトレマイオス12世アウレーテースの治世第19年パコーン月9日（前62年5月14日）の碑文 *OGIS* I. 186（＝*SB* V. 8398＝Bernand,

Les inscriptions, n° 52) によれば、カッリマコスという者が「インド洋とエリュトラー海の長官 ($\sigma\tau\rho\alpha\tau\eta\gamma\grave{o}\varsigma\ \tau\hat{\eta}\varsigma\ \text{'}I\nu\delta\iota\kappa\hat{\eta}\varsigma\ \kappa\alpha\grave{\iota}\ \text{'}E\rho\nu\theta\rho\hat{\alpha}\varsigma\ \theta\alpha\lambda\dot{\alpha}\sigma\eta\varsigma$)」という職に就いていた。ところが同神殿の同年同月(何日かは碑文欠損のため不明)の別の碑文 *SB* I. 4084 (= Bernand, *Les inscriptions*, n° 53) では、同じカッリマコスの職名が「エリュトラー海とインド洋の監督者 ($\dot{\epsilon}\pi\grave{\iota}\ \tau\hat{\eta}\varsigma\ \text{'}E\rho\nu\theta\rho\hat{\alpha}\varsigma\ \kappa\alpha\grave{\iota}\ \text{'}I\nu\delta\iota\kappa\hat{\eta}\varsigma\ \theta\alpha\lambda\dot{\alpha}\sigma\sigma\eta\varsigma$)」となっている。さらにこの人物の名は同神殿に残された同王治世第30年メキール月21日(前51年2月22日)の碑文 *OGIS* I. 190 I (= *SB* V. 8404 = Bernand, *Les inscriptions*, n° 56) にも記されているが、そこでの職名は「インド洋とエリュトラー海の監督者 ($\dot{\epsilon}\pi\grave{\iota}\ \tau\hat{\eta}\varsigma\ \text{'}I\nu\delta\iota\kappa\hat{\eta}\varsigma\ \kappa\alpha\grave{\iota}\ \text{'}E\rho\nu\theta\rho\hat{\alpha}\varsigma\ \theta\alpha\lambda\dot{\alpha}\sigma\sigma\eta\varsigma$)」である。「エリュトラー海とインド洋の監督者」という職名はこの他に、中部エジプトのプトレマイス(本書第3節のプトレマイスとは別)で発見された碑文 *SB* I. 2264 とコプトス出土の碑文 *SB* V. 8036 にも見える。それぞれに王の治世年が第3年、第8年と記されているものの、肝心の王名が不明なので、碑文の年代について説が分かれている。前者についてはプトレマイオス12世の第3年(前79/78年)という説とクレオパトラ7世の第3年(前49年)という説が、後者についてはプトレマイオス9世であれば前110/109年、12世であれば前74/73年、クレオパトラ7世であれば前45/44年という三つの可能性があり、それぞれを支持する論が開陳されている[71]。

「インド洋とエリュトラー海の長官」という職名は前62年5月14日の碑文にしか現れず、他の碑文ではすべて「監督者」なので、当初は「長官」と呼ばれていた職が同年同月の14日以降に「監督者」と変わったと考えれば、年代不明の2

碑文はいずれもクレオパトラ7世時代のものということになる。それに対して、同年同月の2碑文に記されているカッリマコスの職名は、「長官」と「監督者」という違いはあるものの、職掌にはほとんど違いがないと思われるし、「長官」と記した碑文が1点しかないことを見ても、本来は「監督者」とすべきところを「長官」と記したと解釈できないこともない。また同じカッリマコスの職名の中で、「インド洋」と「エリュトラー海」のどちらが先に来るかという点ついても一定しておらず、この職が設けられた初期の段階では職名表記にかなりのルーズさが窺える。このように考えると、問題の2碑文が前62年以前に作成された可能性なきにしもあらずなのである。

ここで「インド洋」と呼ばれているのが、どの範囲の海域を指しているのか不明であるにせよ、このような役職が設けられているところに、エジプト船のインド方面への進出ぶりを見ることができる。そしてそのような発展は、季節風を利用してインドへ直航する航法が発見されたことが契機になったというのが一般の理解なので、2碑文の年代がいつなのかが、新航法発見の年代と絡めて議論されるのである。しかしいずれにせよ、すでに述べてきたように、前2世紀の間にはエジプト船が季節風を利用してアラビア海を横断し、インドの北西部から中西部にかけての港を訪れるようになっていたであろうし、その世紀末までには、そこから海岸沿いに南下してマラバール地方の港にも渡航していたと思われる。したがって、上記のような役職が、たとえ前110/109年にすでに設けられていたとしても、別に驚くには当たらない。

さらに、ヌビアのダッカ (Dakka: 23°12′N, 32°45′E) の神殿

解題 349

に残されていた、年代不明ながら上述の諸碑文よりは新しい[72]*OGIS* I. 202 では、収税吏 (ἀραβάρχης)[73] プトレマイオスの息子アポッローニオスが「エリュトラー海の収税官 (*παραλήμπτης τῆς Ἐρυθρᾶς θαλάσσης*)」と呼ばれている。アポッローニオスの職掌と父のそれとの異同や、彼が徴収の責を負っていた税と、先に見たアンニウス・プロカムスが国庫から徴収を請け負っていた「紅海の税 (Maris Rubri vectigal)」との異同は、ともによく分かっていないのだが、南海交易の隆盛に応じて、これを管理・統制するとともに、そこから税を徴収するシステムが整備されていったことが読み取れる。

以上、諸史料を検討した結果に基づいて、アレクサンドロス大王東征以降のエジプト〜インド間の航路発展の過程をまとめると、おおむね次のようになるであろう。

まず、これより古い時代から、インド人やアラブ人がインド洋で広く活動していたことは疑いない。しかし当時、彼らが航海に用いた船の形状、航海のスケジュール、航路などについて、具体的なことはほとんど分かっていない。彼ら自身が残した史料が少ないために、その実態を知るには、すでに見たようなギリシア・ラテン語史料に散見する記事を拾うか、千年以上も離れた後世のイスラーム期の状況から類推するかしかないからである。

インド北西部の港とアデン湾沿岸、即ち南アラビアやソマリアの港との間の人と物との往来は、この海域における構造的な関係である。どこまで古く遡れるかは判らないが、少なくともここで問題にしている時代に、双方の船がおそらく季節に合わせて相互の港の間を往き来していたことは確かであ

ろう。その中には、季節風を利用してアラビア海を横断航海し、目的地へ直航する船がある一方で、沿岸航海しながら先々の寄港地で取引するという船もあった。

インド南西部からアデン湾の港に来航する船もあったが、そのような船は冬の季節風と、11月から翌年の1月までの間、インド西岸を南から北に流れる海流を利用して沿岸を北上し、コンカン地方かカンバート湾の港で水と食料を補給した後に、上記二つの航路のいずれかによって目的地に向かったと思われる。この時代に、マラバール海岸から直接アデン湾を目指して航海した船があったことを示す史料はない。帰航に際しても同様であったと推察される。即ち、夏の季節風を利用する場合も、針路を東北東ないし東にとって、一旦コンカン海岸まで航海した後に、海流に乗って岸沿いに南下したのであろう。

ところで、プトレマイオス朝期の紅海に、インド人はどの程度進出していたのか。エジプト船が同時期にインドに向けて進出したように、紅海の内部に進入したインド船もあったはずである。エウドクソスの航海の発端となった難破インド船にしても、エジプトの海岸に漂着したというのは、そもそも紅海を航行していたからではないのか。行く先はエジプトではなかったようであるが。インド船でないまでも、インド人に限って言えば、すでに前3世紀の前半に、おそらく海路エジプトに来ていたのではないかと推察される。それは、捕獲したアフリカ象の調教師と乗り手として、当初はインド人の象使いが必要とされたからである。事実、象の乗り手は、後々まで出自に関係なく「インド人」と呼ばれたという[74]。

他方、先にも触れたことであるが、この時代においても次

のローマ帝政期においても、アラブ船がインド南西岸の港に渡航していたことを示す史料はない。『案内記』の記事に限って言えば、この点についてはむしろ否定的である。

このような状況下のインド洋に進出したエジプト船は、当初はインド船やアラブ船の航跡を追って岸沿いに進み、遅くとも前2世紀の前半にはインダス川河口辺りの港に辿り着いていたに違いない。さらに彼らに倣って、夏の季節風を利用してアラビア海を横断航行する方法を会得し、インド北西部や中西部の港に直接渡航できるようになるまでにも、それほど時間は要しなかったようである。おそらく前2世紀の半ば過ぎには、この段階は達成されていたのではないか。インドからの帰航についても先達に倣い、冬の季節風を利用してアラビア海を横断する航法を習得したものと思われる。

前116年前後に行われたエウドクソスの航海は、エジプト船がインド南西岸の港を訪れて、特産の胡椒や宝石を直接買い付ける道を開いた。但しこの段階で彼らが取った航路は、現地人と同じく季節風を利用してコンカン海岸まで航海し、その後海岸沿いに目的地まで南下するというものであった。帰路も同様で、沿岸航路をとって北上した後に、然るべき地点から洋上に乗り出し、そこから先は冬の季節風を利用してアラビア海を横断するという航法であったと思われる。

このように、アデン湾からインド南西岸の港へ夏の季節風を利用して直航するという航法は、プトレマイオス朝時代にはまだ実現していなかったと私は考える[75]。とはいえ、インド西岸の諸港を訪れるエジプト船と商人の数は増加したことであろう。彼らを管理・統制する役職が設けられるとともに、彼らから徴税するシステムが作られたところに、それが窺え

る。しかし、交易がなお一層拡大するためには、航海技術や航法の進歩だけでは不十分であった。一方で輸入品の東方物産に対する需要の増大が、他方では多くの船を送り出すことができるだけの資本がなくてはならない。それを可能としたのは、ローマによる地中海世界の統一と、その後のローマ帝国の経済的繁栄であった。

(3) ローマ帝国の成立による経済的繁栄

ローマによってエジプトを含む地中海世界が統一され、アウグストゥス帝（在位前27〜後14）の下で平和と安全が保障される新しい状況が生まれたことが、商人たちの起業心に大きな刺激を与えた。またローマとその西部諸州における富の急速な増大は、高価な東方物産への需要を引き起こした。これが契機となって、紅海とインド洋における人と物の往来が急増し、それに伴い周辺諸地域の活性化という波及効果も生んで、地中海からインド洋にかけての広い地域が活況を呈するに至った。

この新しい発展の最初の証言者はストラボンである。彼は自らの見聞に基づいて「ミュオス・ホルモスからインドへ120隻もの船が航海していた。かつてプトレマイオス諸王の治世には、きわめて少数が航海を敢行し、インド産の品を商っていたにすぎなかった」と言い（『地誌』II. 5. 12）、また別の箇所では「以前にはアラビア湾を横断して、海峡より外をあえて窺おうとする船は20隻もなかったが、今日ではインドやエチオピアの果てにまで、しかも大きな船団を組んで派遣されている。そして、そこから高価このうえもない船荷がエジプトに運ばれ、さらにそこから再び他の諸地域へ送り出さ

れる」と記している（同書XVII. 1. 13）。プトレマイオス朝時代のエリュトラー海交易の規模が、決して軽視すべきものでなかったことは、すでに見たとおりである。しかしその程度の規模を以てしては、ストラボンに「きわめて少数」という印象しか与えぬほど、アウグストゥス時代の南海交易は一大ブームを迎えたのである。

その後この交易がさらに一層盛んに行われたことは、インド各地より出土するローマ貨幣が雄弁に物語っている。そもそも当時の西方世界には、高価な種々の東方物産と交換に送り出すべきものが、あまり存在しなかった。『案内記』には、珊瑚、銅を始めとする鉱石、衣類、ガラス製品、葡萄酒などが東方への輸出品として挙げられているが、これらだけでは到底、東方物産の大量輸入に見合わなかった。このローマ側の大幅な輸入超過を補うために、ローマ帝国の金・銀貨が大量に輸出されたのである。

第2代皇帝ティベリウス（在位14〜37）の時、この傾向はいよいよ甚だしく、事態を憂慮した皇帝はその防止策を講じたものの、当時のローマ人、ことに婦人たちの奢侈への欲求には勝てなかったということが、タキトゥス『年代記』III. 53によって伝えられている。さらにプリニウスXII. 41. 84の「最も少なく見積もっても、毎年インドとセレスとアラビア半島は、1億セステルティウス[76]を我が帝国から奪い去る」とか、VI. 26. 101の「インドが我が帝国の富を吸い取ること5千万セステルティウスに満たぬ年はないことと、その見返りに送られてくる商品が、我々に原価の百倍で売られていることを考えるならば」という有名な慨嘆の言葉は、ネロ帝（在位54〜68）の治世においてもなお、ローマ側の輸入超

過に伴う貨幣流出の傾向が、一向に収まる気配のなかったことを示している。

(4) 本書執筆の契機

ところで、『案内記』はこのようなエリュトラー海交易の大盛況を背景に、自らもその繁栄の恩恵に浴そうと、新規に参入してくる商人のために著された一種のガイドブックであったというのが、従来のこの書に対する一般的な理解であり、かく言う私自身もこれまでそのように説いてきた[77]。現在でも、その可能性が大きいことを認めないわけではない。だがその一方で、インド航路の発展の歴史を改めて振り返り、ローマのエリュトラー海交易のその後の展開に思いを致すと、この通説には一抹の違和感を覚える。というのも、そのような書であるならば、エリュトラー海交易が活況のピークを迎えたこの時期ではなく、もう半世紀早く、アウグストゥス帝時代に世に出て然るべきではなかったかと思うからである。ストラボンはエウドクソスの航海の信憑性に疑念を呈して、すでに多くの船乗りに馴染みが深かったインド方面の海に行くのに、インド人の水先案内人を必要としたはずはないと言ったが、同じような意味で、すでに多くのエジプト船が訪れて、西方商人に馴染みが深かったはずの交易地について、果たしてこの種の手引書が必要とされたのであろうかという疑問が湧く。1世紀も半ばを過ぎたこの時期に、エリュトラー海交易のベテランと思われる人物が、このような書を著した契機と動機は何であったのか。

この問いに対する答えを模索する中で、手懸りになるのではないかと思われるのが、大洋を横断してインド南西岸のム

解題 355

ージリスに至る航路が「近年発見された」と述べるプリニウスの言である。彼の記述から、比較的近い過去にインド航路に関して新発見があり、おそらくそれに連関して、エジプトからインドに至る行程の確かな情報が初めて得られたことが契機となって、彼がインド航路の解説を行う気になったことが読み取れる。おそらくギリシア人の航海者によって、それまでインドやアラブの船乗りにも知られていなかった、インド南西岸の港へ直航する新航路が開かれたことは、当時それなりに大きな出来事だったのであろう。プリニウスの情報源となった著者不詳の文献（註56参照）も、それが契機となって執筆されたのかもしれない。

　それによって航海日数がどの程度短縮されたのか、またこれを契機にエジプトからマラバール海岸の交易地に向かう船の数がどの程度増え、交易量がどの程度増大したのか、何一つ分からないにせよ、これがエジプト在住ギリシア人のインド進出の一つの節目と見なされていたらしいことは、『案内記』の著者が第57節で、ヒッパロスの発見によるインド航路の革新と関連づけて、そこまでの記述の総括を行なっているところからも見て取れる。そこに記されているのは、インド航路発展史に関するこの著者なりの解釈である。彼にとってヒッパロスは、南西季節風を利用して大洋を横断する航法を最初に発見した伝説的な航海長の名であった。その発見はかなり昔に遡ると彼が認識していたことは、「それ以来……呼ばれる」とか「それ以来今日に至るまで」という言葉の端に窺える。そのヒッパロスの発見によって始まったインド航路の革新が、プリニウスによれば「近年」成し遂げられたマラバール地方への新航路の発見によって一応の完結を見たと、

認識されたのではなかろうか。そこで以下は、限りなく憶測に近い私の推測である。

　『案内記』の著者も当然この新航路でムージリス等のマラバール海岸の交易地を訪れ、諸港がエジプトから来航した多くの船や商人で溢れているのを目の当たりにして、ある種の感慨を覚えたことであろう。これでインド航路の発展に一つの区切りがついたと実感し、またおそらく自らの商人としてのキャリアにも終わりが近づいているというような思いもあって、それまでの自身の経験に伝聞情報も交え、エリュトラー海を航海して取引するうえでの留意点や、それぞれの交易地の特徴・輸出入品の詳細について、整理して書き留めておこうという心境になったのではあるまいか。もちろん、他の商人の参考になればという気持ちはあったであろうが、これを単に実用目的第一の商業手引書と言ってしまっては、著者の真意に反するであろう。沿海の交易地における商業案内が記述の中心であるとはいえ、各地の風俗や政治情勢にも言及がなされている。また当時のギリシア系エジプト商人の活動圏とは言えない、東アフリカのアザニアー地方やペルシア湾岸、さらにはベンガル湾以遠についても、伝聞に基づく情報を記していて、限定的ながらエリュトラー海とその周辺地域の総合的案内を行おうという著者の意図が窺える[78]。プリニウスの情報源となる文献が書かれたのがほぼ同じ時期、それに基づいて彼がインド航路の発展史を解説したのがその20年余り後（草稿執筆はもっと早いであろう）という事実を考え合わせると、新しいインド航路の発見を受けて、航路の発展史やインドとの交易に関する著述を物する気運のようなものが、当時漲（みなぎ）っていたのかもしれない。

解題　357

では最後に、保留にしてあった、マラバール海岸への直航法が発見された時期については、どのように考えればよいか。決定的な史料がないので水掛け論に陥りがちな問題であるが、『案内記』が著された頃にはすでに航法として確立していたようなので、発見されてから少なくとも十数年は経過していたであろう。しかしプリニウスが「近年」と言っている以上、『博物誌』の著作年代から数十年も隔たっていたとは考えられない。プリニウスの情報源となった文献が48〜51年の間に書かれたことも考慮すると、クラウディウス帝治世の比較的早い時期というのが、妥当な結論ではなかろうか。

　発見者としては、商人より航海長クラスの船乗りの方がふさわしい。しかし、その点を含めて発見に至った詳しい経緯は全く分からない。先にも述べたように、アンニウス・プロカムスの解放奴隷のスリランカ漂流とこの件とは無関係である。

　マラバール海岸からエジプトに帰航するのに、海流を利用して沿岸をしばらく北上した後に大洋に乗り出すという従来どおりの航法が採られたのか、それとも帰路においてもマラバール海岸から直接アデン湾を目指してアラビア海を横断する航法が発見されたのか、それを判断できる材料は今のところ見当たらない。とはいえ、プリニウスも『案内記』の著者も、インドから帰航する際のルートに言及していないのは、おそらく帰航法については新発見がなく、それぞれの時点で従来どおりの航法が採られていたからではないかと思われる。つまり、周知の方法なので、特に言及するまでもなかったのであろう。陸上交通の場合と異なり、季節によって方向や強さが異なる風と海流の支配下にあった帆船時代の海上交通では、

往路をそのまま逆方向に辿って出航地に戻るのは、実際にはかなり困難であった。

(1) Cf. Mathew, "The *Periplus*": 29; id., "The Dating and the Significance": 148-149; Marcotte, "Le Corpus géographique": 169; id., "Le *Periple*": 7.
(2) Mathew, "The Dating and the Significance": 150.
(3) http://digi.ub.uni-heidelberg.de/diglit/cpgraec398
(4) Mathew, "The *Periplus*": 29; id., "The Dating and the Significance": 149.
(5) マシューの説では、14世紀前半のコンスタンティノープルで書写された (Mathew, "The *Periplus*": 30; id., "The Dating and the Significance": 151)。
(6) *Ibid.*: 150-151.
(7) 文字の書体についてマシューは、パライオロゴス朝期の14世紀前半のそれと主張している (Mathew, "The *Periplus*": 30; id., "The Dating and the Significance": 151)。
(8) *Ibid.*: 148-152.
(9) 私自身が参照した校訂本と訳註書は、凡例に示したように、1809年に刊行された **Vincent** 以降のものに限られる。それ以前の刊本に関しては、**Fabricius**: 1, 11-16; **Schoff**: 17-18 を参照。
(10) Cf. **Schoff**: 17.
(11) たとえば **Schoff**: 18-19; **Frisk**: VI; **Huntingford**: 13, 198; **Bukharin**: 331.
(12) 但し、1998年にニューデリーで刊行されたリプリント版には、対訳本は合綴されていない。合綴本は、対訳部の最初の頁に、1809年オクスフォード刊と明記されているので、注意して頁を繰りさえすれば間違えようがないが、ショッフはこの頁を見落

としたのではあるまいか。しかし他は皆、ヴィンセントのいずれの書も見ないまま、ショッフの言を孫引きした可能性が大きい。他方で、最近『案内記』に関する研究を発表したセランが、ヴィンセントの対訳本に言及すらしていないのは (Seland, *Ports and Political Power in the* Periplus: 3, 88)、上記のニューデリー版しか参照していないために、おそらく同著者による対訳の存在することを認識していないのであろう。

(13) W. Schmid, in *Philologische Wochenschrift* 26 (1928): col. 788-795; A. G. Roos, in *Gromen* 8 (1932): 502-505.

(14) この2名の他に、少なくとも G. Mathew, J. I. Miller, M. Raschke の3名が、それぞれ別個に新しい訳註書の刊行を計画していたようである。**Huntingford** に対する拙評 (『東洋学報』第63巻第1・2号所収) 232頁と、拙稿「再び『エリュトゥラー海案内記』の成立年代について」212-214頁を参照。

(15) 詳しくは上記の拙評に記した。

(16) Beeston, Review of **Huntingford**: 353. Cf. Kirwan, "A Roman Shipmaster's Handbook."

(17) キャスン自身を含む複数の研究者が提唱した修正案に基づく。

(18) Beeston, Review of **Casson**; Freeman-Grenville, Review of **Casson**; Horton, "The *Periplus* and East Africa"; D. Whitehouse, "The *Periplus Maris Erythraei*," *JRA* 3 (1990): 489-493; **Casson** に対する拙評 (『オリエント』第33巻第2号所収)。

(19) Cf. **Casson**: 7-10. この点についてもマシューは異論を唱え、本書を政府の役人の公式報告書と主張しているが (Mathew, "The *Periplus*": 30; id., "The Dating and the Significance": 152-154)、サイドボーサムは『案内記』の言葉遣いはローマ政府の公文書のそれとは異なるという理由で、この仮説を退けている (Sidebotham, *Roman Economic Policy*: 188)。キャスンもこれを "pure fantasy" にすぎないと批判しているが (**Casson**: 8, n. 18)、判断の根拠を

明示していないのは感心できない。他方、近年の研究 (Arnaud, "Le *Periplus*") の中で著者のアルノーは、この書が2世紀前半に複数の資料の記事をもとにまとめられた一種の地理書であるとの説を提起している。本書を単なる商業案内書と見ない点では、後述する私の考えと軌を一にしているが、その他の主張には同意できない。

(20) 拙稿「『エリュトゥラー海案内記』の成立年代について——古代南アラビア碑文を史料としての一考察」および「再び『エリュトゥラー海案内記』の成立年代について」。このうち前者については、補訂版の英訳を公益財団法人東洋文庫の欧文紀要に発表した：Shitomi, "On the Date of Composition of the *Periplus Maris Erythraei*."

(21) 本書がインド洋交易史の如何なる段階において著されたかについては後述する。なお、20世紀半ばまでの、本書の成立年代に関する学説史については、以下の文献を参照：**Fabricius**: 23-27; **Schoff**: 7-15, 290-293; **村川**: 7-15/23-32. また、その後の1970年代までの論争を含む研究史については、以下を参照：W. Raunig, "Die Versuch einer Datierung der Periplus maris Erythraei," *Mitteilungen der Anthropologischen Gesellschaft in Wien* 100 (1970): 231-242; Rodinson, "Le Périple de la mer Érythrée"; id., "Le Périple de la mer Érythrée (suite)"; Raschke, "New Studies in Roman Commerce": 979-980, n. 1342-1343. さらに **Bukharin**: 201-232, 322-330 には、17世紀から20世紀末までに唱えられた諸説が網羅されている。おそらくこれが、現時点で最新かつ最も包括的な『案内記』の成立年代に関する学説史である。なお、ラシュケが「準備中」と公言した成立年代に関する論考 (cf. Raschke, *op. cit.*: 604) は、結局、発表されないままに終わった。

(22) この説はすでに J. A. B. Palmer, "*Periplus Maris Erythraei*: the Indian Evidence as to the Date," *CQ* 41 (1947): 137-140 によって唱えられていたが、後にインド古銭学の研究成果を踏まえた次

の2論考によって支持された。D. W. MacDowall, "The Early Western Satraps and the Date of the Periplus," *NC*, 7th Series, 4 (1964): 271-280 & Pl. XXII; D. W. MacDowall & N. G. Wilson, "The Reference to the Kuṣāṇas in the Periplus and Further Numismatic Evidence for its Date," *NC*, 7th Series, 10 (1970): 221-240 & Pl. XVII.

(23) この説は主としてイギリスで支持者を見出した（cf. **Huntingford**: 10-11; Mathew, "The *Periplus*": 30; id., "The Dating and the Significance": 158)。しかしナハパーナとガウタミープトラ・シャータカルニの年代について、英人研究者の見解と異なる諸説が全く無視されているのを見ると、彼らの多くは無批判で党派的な追随者ではないかと思われる。これらの問題について、私は、ナハパーナ碑文の41～46年はシャカ紀元とは無関係で、ナハパーナの治世年を示しているにすぎないと考える。また、シャカ紀元については、これをカニシュカの即位年と見る説には与せず、西クシャトラパの新王朝を開いたチャシュタナこそがこれを創始したという説に賛同する（詳しくは第41節註3、47節註7、48節註1参照）。

(24) Pirenne, "Un problème-clef pour la chronologie de l'Orient: la date du 'Périple de la mer Erythrée'"; id., *Le royaume sud-arabe de Qatabān*: 167-209.

(25) F. Altheim, *Geschichte der Hunnnen*, V, Berlin, 1962: 11-15; F. Altheim & R. Stiehl, *Die Araber in der Alten Welt*, I, Berlin, 1964: 41-44; H. von Wissmann, *Zur Geschichte und Landeskunde von Alt-Südarabien*, Wien, 1964: 72-77; id., "Ḥimyar, Ancient History," *Le Muséon* 77 (1964): 477-484; J. Ryckmans, "Chronologie des rois de Saba' et ḏū-Raydān," *Oriens Antiquus* 3 (1964): 78; 80, n. 49; id., *La chronologie des rois de Saba' et ḏū-Raydān*, Istanbul, 1964: 14 & Tabl. II.

(26) A. Dihle, *Umstrittene Daten: Untersuchungen zum Auftreten der*

  Griechen am Roten Meer, Köln & Opladen, 1965: 9-35.
(27) Raunig と Rodinson の論文は註21に挙げた。
(28) 拙稿「『エリュトゥラー海案内記』の成立年代について」34-36頁。
(29) フランスの古代南アラビア研究者がピレンヌ説批判を公言したのは、これが最初である。その前年（1990年）に女史が交通事故死したことと無縁とは思えない。それほどに女史の権威と影響力は強かったのである。
(30) Sims-Williams & Cribb, "A New Bactrian Inscription of Kanishka the Great": 104; Cribb, "The Early Kushan Kings: New Evidence for Chronology": 185.
(31) 拙稿「再び『エリュトゥラー海案内記』の成立年代について」222-223頁、および「古代南アラビアの紀元について」72頁参照。
(32) ダレイオス2世の息子のキュロスに雇われたクセノフォンが特に有名。彼の傭兵としての体験に基づく『アナバシス』を参照。
(33) イスラエル王ソロモン（在位前10世紀）による紅海南方のオフィルへの商船団派遣は、フェニキアのティルス（テュロス）の王ヒラムの協力によって、初めて可能となった。ヒラムはソロモンの許に自身の船団と経験豊かな船員を送ったという（旧約聖書「列王記 上」IX. 26-28；「歴代誌 下」VIII. 17-18）。またヘロドトス IV. 42 には、エジプトのネコ（2世：在位前610～595）の命により、紅海を出てアフリカの周航を行なったフェニキア人の逸話が伝えられている。これらの逸話より、フェニキア人が紅海からインド洋へかけての海域でも活動していたことが窺える。
(34) ストラボン『地誌』I. 2. 27 所引。ストラボンが言及するアイスキュロスの著作そのものは、散佚して今に伝わらない。
(35) テオフラストス『植物誌』IX. 4. 4 が言及している調査隊は、この『インド誌』の調査隊と同一と考えられている。ただ、調

査隊の指揮者の名はいずれの史料にも記されていない。他方、ストラボンXVI. 4. 4にはエラトステネスを引いて、アナクシクラテスという人物に率いられた調査隊の話が出てくる。そこで、この調査隊を上記の調査隊と同一視してよいか否かという疑問が生じ、研究者の意見は割れている。『インド誌』と『植物誌』では調査隊はシナイ半島西側のスエズ湾から出発したことになっているのに対して、ストラボンは反対側のアカバ湾から沿岸の調査を始めたと記しているのが問題なのである。しかし、船出はスエズ湾からであっても、調査はアラビア海岸北端のアカバ湾から始めたのであれば、両調査隊を同一視して不都合なことは何もない。Cf. S. Amigues, "L'expédition d'Anaxicrate en Arabie occidentale," *Topoi* 6-2 (1996): 671-677.

(36) Cf. Salles, "Le Golfe arabo-persique entre Séleucides et Maurya."

(37) Cf. Cary & Warmington, *The Ancient Explorers*: 92-93.

(38) セレウコス1世が自身の書簡の中で、イオニア地方にあったディデュマのアポロン神殿に奉納した供物に言及していて、そこに乳香・シナモン・コストス等の香料が挙げられているという。Cf. Salles, "The Arab-Persian Gulf under the Seleucids": 90.

(39) Cf. Gatier, Lombard & al-Sindi, "Greek Inscriptions from Bahrain": 226-229, 231.

(40) たとえば Potts, *The Arabian Gulf in Antiquity*, II: 18-19.

(41) たとえば Salles, "The Arab-Persian Gulf under the Seleucids": 97.

(42) ゲッラについては、起源も所在地もいまだ明らかでないが、ヘレニズム期にアラビア半島有数の交易地であったことを、複数の史料が証している。Cf. Groom, "Gerrha: A 'Lost' Arabian City"; Potts, *The Arabian Gulf in Antiquity*, II: 85-97.

(43) Salles, "The Arab-Persian Gulf under the Seleucids": 90.

(44) プトレマイオス朝の南海政策については Agatharchides of Cnidus, *On the Erythraean Sea*, tr. & ed. S. M. Burstein: 1-12 を参照。この訳註書については『オリエント』第35巻第1号（1992年）

の 198-199 頁で簡単に紹介した。
(45) ヘロドトス II. 158；ディオドロス『歴史叢書』I. 33. 9, 11. ローマ時代には、トラヤヌス帝が補修を行なっている。Cf. Desanges, *Recherches sur l'activité des Méditerranéens*: 330, n. 128.
(46) プトレマイオス 2 世の象狩り政策については、Casson, "Ptolemy II and the Hunting of African Elephants" を参照。
(47) プトレマイオス 3 世の象狩り隊派遣については、Desanges, *op. cit.*: 292-298 を参照。
(48) *Ibid.*: 298 によれば、カリモルトスを派遣したのはプトレマイオス 4 世（在位前221〜205）であったという。
(49) 第 4 次シリア戦争の帰趨を決した、ヘレニズム時代有数の大会戦。プトレマイオス朝のアフリカ象部隊が、セレウコス朝のインド象部隊と本格的に対決した唯一の戦いでもある。会戦そのものはエジプト側の大勝利で終わったが、この戦いで大きな役割を果たしたエジプト原住民の民族意識が高揚した結果、この後しばらく、プトレマイオス朝はメロエー王の後援も受けた原住民の反乱に苦しむことになる。
(50) 南アラビアとシリアを結ぶ砂漠越えの隊商路。南アラビア特産の乳香や没薬がこのルートを通じて輸送されたので、こう呼ばれる。他に、インドや東アフリカから海路運ばれてきた商品も、南アラビアの港で陸揚げされた後に、このルートで北方に輸送された。エジプトは、地中海に臨むガザ港を通じてこれらの物産を入手した。この隊商路はまた、途中ナジュラーンの北で分岐して、カルヤト・アルファーウを経由してペルシア湾岸の交易地（ヘレニズム期においてはゲッラ）にも向かっていた。アラビア半島内の隊商路については Potts, "Trans-Arabian routes of Pre-Islamic period" を参照。
(51) Avanzini, "Notes for a history of Sumhuram": 612.
(52) Pavan & Schenk, "Crossing the Indian Ocean": 192, 199-201.
(53) 本書のメリゼイガラに相当し、通説ではコンカン地方のジ

ャイガルに比定される。第53節の註4参照。
(54) プリニウスがその情報をどこから得たのかについては註56参照。
(55) これらの航海日数は不正確。特にオケーリスからムージリスまで40日もかかるというのは長すぎる。詳しくは次章の第1節を見よ。
(56) 『博物誌』VI. 26. 106には「我々の12月に当たるエジプトのテュービ月の初めか、いずれにせよエジプトのメキール月6日より前、つまり我々の暦の1月13日より前に」と記されている。ここで見落としてならないのは、『案内記』第6節で著者が1月と言っているテュービ月を、プリニウスは12月に当たると言っている点である。同節の註30に記したことを繰り返すと、古代エジプトの暦は1年365日で4年につき1日ずつ新年の始まりが早まっていたのを、前26/25年にアウグストゥスが閏を入れた暦に改めさせた。その結果、新暦では新年の始まり（トート月1日）がユリウス暦の8月29日に固定され、それによってテュービ月はユリウス暦の12月27日〜1月25日に相当するようになった。テュービ月の次のメキール月は1月26日〜2月24日に当たる。よってテュービ月の初めからメキール月6日までというと、12月27日〜1月31日に相当する。これがエジプトに帰航するためインドを出航するのに適した時季なのである。上記の『案内記』と『博物誌』の記事の齟齬について言えば、『案内記』の著者の言はおおむね正しく、プリニウスが誤っている。エジプト在住の前者は、当然のことながらアウグストゥスの改革を知っていたが、ローマの東方領で活動した経験のない後者の耳には、エジプトの改暦の情報は届いていなかったのであろう。しかしプリニウスのこの錯誤は、彼の知識の情報源に関する貴重な手懸りを与えてくれる。

実際には1月31日に当たるメキール月6日を同月の13日と言っているのは、改暦前の古い暦に基づいてのことであろう。

閏が入っていないために18日の狂いが生じているのである。ではエジプトの旧暦で、新年が8月29日より18日早い同月11日に始まるのはいつかというと、西暦48年から51年にかけての4年間である (cf. Bickerman, *Chronology of the Ancient World*: 120; De Romanis, "Romanukharaṭṭha e Taprobane": 9-10 によれば49〜52年)。これは『博物誌』のこの箇所が、この間に書かれたことを示している。しかしこれに対してはプリニウスの伝記に詳しい向きから、その当時彼はまだゲルマニアで軍務に就いていたので、そのような記事を書けたはずがないという反論が提出されるに違いない。確かにそのとおりで、『博物誌』の執筆が開始されるのはもっと後のことである。したがって48〜51年の間に書かれた問題の記事は、プリニウスのオリジナルではなく、彼が参照した文献からの引用と判断できる。その文献の著者は『案内記』の著者と同時代人で、インド航路の発展について知りうる立場にあった。しかしエジプトの改暦には無知なのを見ると、おそらくエジプトの在住者ではないであろう。この人物は誰なのか、残念ながら手懸りは皆無である。プリニウスはネアルコスの航海に関するオネシクリトスの報告については、情報源がモーリタニア王ユバ2世 (前52/50〜後23/24) であることを明記しているが、それに続く情報をどこから得たのかについては何も記していない。近年デザンジュ (Desanges, "L'excursus de Pline l'Ancien") によって示された、この情報もユバ2世に由来するのではないかという推測は、説得力に乏しい。

(57) ヴァスコ・ダ・ガマがマリンディで現地の水先案内人を雇ってインド洋を横断航海したように、エジプト船のギリシア人たちも、当初はアラブかインドの水先案内人を使用したとしても不思議ではない。

(58) Arunachalam, "Traditional Sea and Sky Wisdom": 278 によれば、インド船は同緯度上を東西方向に進むのに、昼間は正午の太陽を、夜間には真東から昇って真西に沈む星 (たとえば鷲座アル

ファ星のアルタイル＝牽牛星、獅子座アルファ星のレグルス、オリオン座アルファ星のベテルギウス）を目印にしたという。距等圏航法についてはヒューソン『交易と冒険を支えた航海術の歴史』225-229 頁を参照。

(59) 本来最短なのは大圏航路 (great circle route) であるが、大圏航法（同上書、230-241 頁参照）が知られていないこの時代に実質的に最短であったのは、等角航路とも呼ばれるこの航路であろう。2 点間を結ぶ航路のうち、進行方向が経線となす角度（舵角）が常に一定となるものを言う。

(60) Cf. *SDIO*: Fig. 40-51; *WCIP*, 1.115.

(61) アラブ船の航路については Tibbetts, *Arab Navigation in the Indian Ocean* に添付された地図 (The Indian Ocean on Mercator's Projection showing the routes taken by Arab Navigators) を、インド船のそれについては Arunachalam, *op. cit*.: 280, Fig. 9 (Parallel sailing and rhumb routes of the north Indian Ocean) を参照。いずれにおいても、特に西から東に向かう場合には、後々まで距等圏航法が採られたことが分かる。

(62) もちろん、使節団の方がバリュガザで船を乗り換えて、西方に向かう船に便乗したということもありうる。

(63) インド西岸をマラバール海岸まで南下する航法は、現地船に倣えば容易に習得できたはずで、漂流船員に案内されるまでこの航海が実現しなかったというのは、やや不思議な気がする。しかし、カンバート湾辺りには盛んに来訪しているアラブ船が、少なくとも史料を見る限り、マラバール海岸の港で活動していた形跡がない事情も勘案すると、当時、西方船にこの航路を行くのを躊躇させる何らかの障害があったのかもしれない。

(64) ラテン語の Mare Rubrum はギリシア語の Ἐρυθρὰ θάλασσα と同義なので、これは「エリュトラー海の税」という意味である。但し、この場合の「エリュトラー海」が紅海だけを指しているのか、それともアデン湾やアラビア海まで指しているのか不明。

(65) Cf. Davies & Morgan, *Red Sea Pilot*: 28; *RSP*, 1.138.
(66) 正確にはこの時季のインド西岸の表層海流は北北西の方角に流れている（cf. *SDIO*: Fig. 40, 50–51; *WCIP*, 1. 115)。家島の著書に掲載された地図（『海が創る文明』13頁；『海域から見た歴史』18-19頁）では、インド西岸の海流は1年を通じて北から南に流れているように図示されているが、これはおかしい。典拠が記されていないので資料の確認ができないが、何かの間違いであろう。
(67) Begley, "Arikamedu Reconsidered": 478 は、おそらくアラブ人か他の中継商人によって輸送されたのであろうと推している。しかし判断の根拠は示されておらず、憶測の域を出ていない。
(68) 但し、ムージリスではないかと言われるパッタナムの遺跡から、ローマ帝政期初めのDressel 2-4 タイプのアンフォラは出土するものの、前1世紀末よりも古いことが明確な陶器はまだ出土していないという（cf. Selvakumar, Shajan & Tomber, "Archaeological Investigations at Pattanam": 34–35)。プリニウスがおそらく古い資料に基づいて、ムージリスは海賊の襲撃を受ける虞があり商品もそう多くないので、好ましい寄港地ではないと記している（第54節註3参照）のを見ると、プトレマイオス朝期にはエジプト船がここに入港することはあまりなかったのでないか。
(69) Wheeler, *Rome beyond the Imperial Frontiers*: 143–145.
(70) Begley, "Arikamedu Reconsidered": 479–480. しかしその後、パッタナム遺跡から回転文土器の破片が多数出土したことが報告されているので（cf. Cherian, Selvakumar & Shajan, "The Muziris Heritage Project": 7–8; Selvakumar, Shajan & Tomber, "Archaeological Investigations at Pattanam": 32–36)、ベグリー説には修正が必要である。
(71) Cf. Bernand, *Les inscriptions*: 308; L. Mooren, "The Date of *SB* V 8036 and the Development of the Ptolemaic Maritime Trade with India," *Ancient Society* 3（1972): 127–133; Sidebotham, *Roman*

Economic Policy: 8-9; E. Grzybek, "Coptos et la route maritime des Indes," *Topoi*, Supplément 3: 337-347 at 342-346.

(72) プトレマイオス朝の末期か、さもなければアウグストゥス帝治世の初期の碑文と推測されている（cf. Young, *Rome's eastern trade*: 68）。

(73) このアラバルケースという語を村川：16/33 は「アラビア長官」と訳しているが、誤訳である。この役人はローマ帝政期においても、コプトスや紅海岸の港で税の徴収に当たっていた。Cf. *Ibid*.: 48-49, 66-68.

(74) Cf. Scullard, *The Elephant in the Greek and Roman World*: 131.

(75) アデン湾からインド南西岸の港に向かう直航路の途中に位置するラクシャディープ（ラッカディヴ）諸島に由来すると言われる多数のローマ共和制期の銀貨は、決して紀元前の古い時代にすでにこのルートが使用されたことを意味しない。というのは、これらの銀貨は帝政初期の皇帝の貨幣を共伴しているので、インドに向けて積み出されたのは後の時代と考えられるからである（cf. MacDowall, "Indian Imports of Roman Silver Coins": 149）。

(76) セステルティウス貨幣はローマ帝政期に鋳造・発行された大型の黄銅貨で、1セステルティウスは4分の1デーナーリウスに相当した。

(77) 拙稿「エリュトラー海案内記の世界」260 頁；「インド諸港と東西貿易」134-135 頁。

(78) この仮説に対しては、次のような疑問を抱く向きがあるかもしれない。即ち、果たして当時、一介の商人がそのような書を著すということが起こりえたであろうか、と。しかし、やや時代は下るとはいえ、『キリスト教世界地誌』の作者の通称コスマス・インディコプレウステスも、修道士となってこの書を著す以前は、紅海やアデン湾で活動した商人であった。商人といえども決して侮るべきではない。

主要参照・引用文献

『案内記』以外の古代・中世の文献史料への言及や引用に際しては以下の書（筆者実見の文献に限る）に拠り、原則として表題は日本語の通称/略称で、またテキストの巻数はローマ数字、章・節はアラビア数字で示すが、作品名は省略して著者名のみで引用する場合もある。漢文史料の挙げ方については慣用に従う。

アイリアノス『動物の特性について』

Aelian, *On the Characteristics of Animals*, tr. A. F. Scholfield, 3 vols., Cambridge, Mass. & London, 1958-59 (LCL).

アガタルキデス『エリュトラー海について』

C. Müller, *GGM* I (1855): 111-195.

Agatharchides von Knidos, *Über das Rote Meer*, ed. & tr. D. Woelk, Bamberg, 1966.

Agatharchides of Cnidus, *On the Erythraean Sea*, tr. & ed. S. M. Burstein, London, 1989.

断章番号は Burstein 版に従う。

アッリアノス『アレクサンドロス遠征記』『インド誌』

Arrian, *Anabasis Alexandri; Indica*, tr. P. A. Brunt, 2 vols., Cambridge, Mass. & London, 1976-83 (LCL).

フラウィオス・アッリアノス『アレクサンドロス東征記およびインド誌』本文篇・註釈篇（全2巻）、大牟田章訳註、

東海大学出版会、1996年。
アッリアノス『アレクサンドロス大王東征記 付インド誌』全2巻、大牟田章訳、岩波書店、2001年。
大牟田の訳註書への言及は、東海大学出版会版に対して行う。

アテナイオス『食卓の賢人たち』

Athenaeus, *The deipnosophists*, tr. Ch. B. Gulick, 7 vols., London & New York, 1927-41 (LCL).
アテナイオス『食卓の賢人たち』全5巻、柳沼重剛訳、京都大学学術出版会、1997～2004年。

『アハナーヌール』

Akanāṉūṟu (*The Akam Four Hundred*), tr. A. Dhakshinamurthy, 3 vols., Tiruchirappalli, 1999.

アブー・ザイド・アルハサン『中国とインドの諸情報についての第二の書』

『中国とインドの諸情報2 第二の書』家島彦一訳注、平凡社、2007年。

アリストファネス『鳥』

Aristophanes, *Birds; Lysistrata; Women at the thesmophoria*, ed. & tr. J. Henderson, Cambridge, Mass., 2000 (LCL).
アリストパネス『鳥』呉茂一訳、岩波書店、1944年。

『アレタス殉教録』

"Martyrium Sancti Arethae et Sociorum in Civitate Negran," ed. E. Carpentier in *Acta Sanctorum Octobris*, X, Paris & Rome, 1869: 721-762.

Le martyre de saint Aréthas et de ses compagnons (*BHG 166*), ed. M. Detoraki & tr. J. Beaucamp, Paris, 2007.

『アントニヌスの里程表』

Itineraria Romana, I: *Itineraria Antonini Augusti et Burdigalense*, Stuttgart, 1990 (repr. of 1st ed. O. Cuntz, 1929).

イシドロス『パルティア駅亭誌』

Parthian Stations by Isidore of Charax, tr. W. H. Schoff, Chicago, 1989 (1st ed. London, 1914).

イドリーシー『諸国踏破を切望する者の慰みの書』(『ルッジェーロの書』)

al-Idrīsī, *Opus Geographicum* (*Kitāb nuzha al-mushtāq fī ikhtirāq al-āfāq*), ed. Istituto Universitario Orientale di Napoli, 9 vols., Napoli & Roma, 1970-84.

Géographie d'Édrisi, tr. P.-A. Jaubert, Amsterdam, 1975 (repr. of 1st ed. Paris, 1836-40).

S. M. Ahmad, *India and the Neighbouring Territories in the* Kitāb nuzhat al-mushtāq fi'khtirāq al-'āfāq *of al-Sharīf al-Idrīsī*, Leiden, 1960.

イブン・バットゥータ『大旅行記』

イブン・バットゥータ（イブン・ジュザイイ編）『大旅行記』全8巻、家島彦一訳注、平凡社、1996～2002年。
引用箇所は訳註書の巻数（ローマ数字）と頁数（アラビア数字）で示す。

イブン・マージド『航海学』

Aḥmad b. Mājid al-Najdī, *Kitāb al-Fawā'id fī uṣūl al-baḥr wa'l-qawā'id*, tr. by G. R. Tibbetts: *Arab Navigation in the Indian Ocean before the Coming of the Portuguese*, London, 1971.
引用箇所は訳註書の頁数で示す。

『医薬の書』（作者未詳）

Syrian Anatomy, Pathology and Therapeutics, or, "The Book of Medicines," ed. & tr. E. A. W. Budge, 2 vols., London, 1913.

ウィトルーウィウス『建築書』

Vitruvius, *On Architecture*, ed. & tr. F. Granger, 2 vols., London & New York, 1931-34（LCL）.
『ウィトルーウィウス 建築書』森田慶一訳註、東海大学出版会、1969年。

エウリピデス『バッコスの信女』

Euripides, *Bacchae; Iphigenia at Aulis; Rhesus*, ed. & tr. D. Kovacs, Cambridge, Mass. & London, 2002（LCL）.
エウリピデス「バッコスの信女」（松平千秋訳）、松平千秋

編『エウリピデス』筑摩書房、1965 年。

『エットゥトハイ』

『エットゥトハイ 古代タミルの恋と戦いの詩』高橋孝信訳、平凡社、2007 年。

カウティリヤ『アルタ・シャーストラ』

カウティリヤ『実利論——古代インドの帝王学』全 2 巻、上村勝彦訳、岩波書店、1984 年。

ガレノス全作品集

Claudii Galeni Opera Omnia, ed. C. G. Kühn, 20 vols. in 22, Hildesheim, 1964-65.

引用箇所は著作集の巻数(ローマ数字)と頁数(アラビア数字)で示す。

義浄『南海寄帰内法伝』

義浄撰『現代語訳 南海寄帰内法伝——七世紀インド仏教僧伽の日常生活』宮林昭彦・加藤栄司訳、法藏館、2004 年。

クセノフォン『アナバシス』

Xenophon, *Anabasis*, tr. C. L. Brownson & rev. J. Dillery, Cambridge, Mass. & London, 1998 (LCL).

クセノポン『アナバシス——キュロス王子の反乱・ギリシア兵一万の遠征』松平千秋訳、筑摩書房、1985 年。

クセノフォン（エフェソスの）『エフェソス物語（ハブロコメースとアンティアの恋）』
Xénophon d'Éphèse, *Les Éphésiaques ou le roman d'Habrocomès et d'Anthia*, ed. & tr. G. Dalmeyda, Paris, 1962 (repr. of 1st ed. Paris, 1926).

クルティウス『アレクサンドロス大王伝』
Quintus Curtius, *History of Alexander*, tr. J. C. Rolfe, 2 vols., Cambridge, Mass. & London, 1946 (LCL).

玄奘『大唐西域記』
玄奘『大唐西域記』全3巻、水谷真成訳注、平凡社、1999年。

コスマス・インディコプレウステス『キリスト教世界地誌』
Cosmas Indicopleustès, *Topographie chrétienne*, ed. & tr. W. Wolska-Conus, 3 vols., Paris, 1968-73.
Kosmas Indikopleustes, Christliche Topographie, ed. & tr. H. Schneider, Turnhout, 2010.

『シラッパディハーラム』
The Cilappatikāram of Iḷaṅkō Aṭikaḷ: An Epic of South India, tr. R. Parthasarathy, New York, 1992.
『シラッパディハーラム――アンクレット物語』彦坂周訳注、きこ書房、2003年。
引用箇所は英訳書の章番号と行数字で示す。

スエトニウス『ローマ皇帝伝』

Suetonius, tr. J. C. Rolfe, 2 vols., London & New York, 1914（LCL）.

スエトニウス『ローマ皇帝伝』全2巻、国原吉之助訳、岩波書店、1986年。

ストラボン『地誌』

The Geography of Strabo, ed. & tr. H. L. Jones, 8 vols., London & New York, 1917-32（LCL）.

ストラボン『ギリシア・ローマ世界地誌』全2巻、飯尾都人訳、龍溪書舎、1994年。

『相術の書』

Aṅgavijjā（*Science of Divination through Physical Signs & Symbols*）, ed. Muni Shri Punyavijayaji, Banaras, 1957.

タキトゥス『年代記』

The Annals of Tacitus, Books I-IV, tr. G. G. Ramsay, London, 1904.

タキトゥス『年代記』全2巻、国原吉之助訳、岩波書店、1981年。

『中国とインドの諸情報についての第一の書』（作者未詳）

『中国とインドの諸情報1 第一の書』家島彦一訳注、平凡社、2007年。

ディオスコリデス『薬物誌』

Pedanii Dioscuridis Anazarbei De Materis Medica libri quinque, ed. M. Wellmann, 3 vols., Berlin, 1958.

『ディオスコリデスの薬物誌』大槻真一郎・大塚恭男責任編集、鷲谷いづみ訳、エンタプライズ、1983年。*The Greek Herbal of Dioscorides*, tr. J. Goodyer, A. D. 1655; ed. R. T. Gunther, New York, 1959（repr. of 1st ed., Oxford, 1934）よりの重訳。

章の区切り、テキストの読みはWellmannの校訂本に従う。

ディオドロス『歴史叢書』

Diodorus of Sicily, ed. & tr. C. H. Oldfather, 12 vols., Cambridge, Mass. & London, 1933-67（LCL）.

『ディオドロス「神代地誌」；ポンポニウス・メラ「世界地理」；プルタルコス「イシスとオシリス」』飯尾都人訳編、龍溪書舎、1999年。

ディオン・クリュソストモス『弁論集』

Dio Chrysostom, tr. J. W. Cohoon, 5 vols., London & New York, 1932-51（LCL）.

テオフラストス『石について』

Theophrastus, *On Stones*, introduction, Greek text, English translation, and commentary［by］E. R. Caley & J. F. C. Richards, Columbus, Ohio, 1956.

テオフラストス『植物誌』

Theophrastus, *Enquiry into plants, and minor works on odours and weather signs*, tr. A. Hort, 2 vols., London & New York, 1916-26(LCL).

『テオフラストス 植物誌』大槻真一郎・月川和雄訳、八坂書房、1988年。

ヌワイリー『アレクサンドリアにおける十字軍事件顛末記』

Muḥammad b. Qāsim b. Muḥammad al-Nuwayrī al-Iskandarānī, *Kitāb al-ilmām bi'l-i'lām fīmā jarrat bihi al-aḥkām wa'l-umūr al-maqḍīya fī waq'at al-Iskandarīya*, ed. 'Azīz Sūryāl 'Aṭīyah, 6 vols., Hyderabad, 1968-73.

『パットゥパーットゥ』

Pattupattu: Ten Tamil Idylls, tr. J. V. Chelliah, Thanjavur, 1985 (repr. of 1st ed., Colombo, 1946).

ハムダーニー『アラビア半島地誌』

Al-Hamdānī's Geographie der arabischen Halbinsel, ed. D. H. Müller, Leiden, 1968 (repr. of 1st ed., Leiden, 1884 & 1891).

ピンダロス『ピュティア祝捷歌』

The Odes of Pindar including the principal fragments, tr. J. Sandys, London & Cambridge, Mass., 1915 (LCL).

フォティオス『万巻抄』

Photius, *Bibliothèque*, I, ed. & tr. R. Henry, Paris, 1959.

ブズルク・ブン・シャフリヤール『インドの驚異譚』

ブズルク・ブン・シャフリヤール『インドの驚異譚』全2巻、家島彦一訳、平凡社、2011年。

プトレマイオス『地理学』

『プトレマイオス地理学』織田武雄監修、中務哲郎訳、東海大学出版会、1986年。

Claudii Ptolemaei Geographia, ed. C. F. A. Nobbe with an introduction by A. Diller, Hildesheim, 1966 (repr. of 1st ed., Leipzig, 1843-45).

Ptolemy, *Geography, Book 6: Middle East, Central and North Asia, China*, Part 1: Text and English/German Translations [by] S. Ziegler, Wiesbaden, 1998.

Klaudios Ptolemaios, Handbuch der Geographie, ed. & tr. A. Stückelberger & G. Graßhoff, 2 vols., Basel, 2006.

章・節の区切り、テキストの読みは Stückelberger & Graßhoff の校訂本に従う。

『プラナーヌール』

The Four Hundred Songs of War and Wisdom: An Anthology of Poems from Classical Tamil: The Puranāṉūṟu, tr. & ed., G. L. Hart & H. Heifetz, New York, 1999.

プリニウス『博物誌』

Pliny, *Natural History*, ed. & tr. H. Rackham, W. H. S. Jones & D. E. Eichholz, 10 vols., Cambridge, Mass. & London, 1938-62 (LCL).

『プリニウスの博物誌』全3巻、中野定雄他訳、雄山閣、1986年。上記の英訳からの重訳。

『プリニウス博物誌』植物篇・植物薬剤篇（全2巻）、大槻真一郎責任編集、岸本良彦他訳、八坂書房、1994年。

プロコピオス『諸戦争史』

Procopius, *History of the Wars*, tr. H. B. Dewing, 5 vols., Cambridge, Mass. & London, 1914-28（LCL）.

ヘロドトス『歴史』

Herodotus, tr. A. D. Godley, 4 vols., London & New York, 1920-25（LCL）.

『ポイティンガー図』

Tabula Peutingeriana. Codex Vindobonensis 324. Vollsändige Faksimile-Ausgabe in Originalformat & Kommentar［by］E. Weber, Graz, 1976.

法顕『法顕伝』

『法顕伝・宋雲行紀』長澤和俊訳注、平凡社、1971年。

ポリュビオス『歴史』

Polybius, *The histories*, tr. W. R. Paton, 6 vols., London & New York, 1922-27（LCL）.

ポリュビオス『世界史』全3巻、竹島俊之訳、龍溪書舎、2007年。

マルキアヌス『外海周航記』（通称『アラビア海周航記』）

C. Müller, *GGM* I (1855): 515-576.

山本弘道「マルキアヌスの『アラビア海周航記』訳」『内陸アジア史研究』第 4 号（1998 年）、75-90 頁。

マルコ・ポーロ『東方見聞録』

A. C. Moule & P. Pelliot, *Marco Polo: the description of the world*, 2 vols., London, 1938.

The Travels of Marco Polo, tr. into English from the text of L. F. Benedetto [by] A. Ricci, New Delhi, 1994 (repr. of 1st ed. London, 1931).

マルコ・ポーロ『東方見聞録』全 2 巻、愛宕松男訳注、平凡社、1970～71 年。Ricci の英訳からの重訳。

『全訳 マルコ・ポーロ 東方見聞録――『驚異の書』fr. 2810 写本』月村辰雄・久保田勝一（本文翻訳）、岩波書店、2002 年。

マールティアーリス『エピグランマタ』

Martial, *Epigrams*, tr. W. C. A. Ker, 2 vols., London & New York, 1919-20 (LCL).

マールクス・ワレリウス・マールティアーリス『マールティアーリスのエピグランマタ』全 2 巻、藤井昇訳、慶應義塾大学言語文化研究所、1973～78 年。

メラ『世界地理』

Pomponius Mela's Description of the World, tr. F. E. Romer, Ann Arbor, 1998.

『ディオドロス「神代地誌」；ポンポニウス・メラ「世界地理」；プルタルコス「イシスとオシリス」』飯尾都人訳編、龍溪書舎、1999年。

『ローマ法大全・学説類集』

The Digest of Justinian, Latin ed. Th. Mommsen & P. Krueger; English ed. & tr. A. Watson, 4 vols., Philadelphia, 1985.

以下に挙げるのは、解題や註を記すに際して参照した主要近現代語文献。言及が複数回に上る著者の論著のみを挙げるのを原則としたが、重要文献についてはその限りでない。引用にあたり書誌情報は適宜略記した。可能な限り編著者名に文献表題の短縮形を添えるよう努めたが、編著者名に刊行年を添えただけの場合もある。

Agius, D. A., *Seafaring in the Arabian Gulf and Oman: the people of the dhow*, Abingdon, 2005.

Agius, D. A. *et al.*（eds.）, *Navigated Spaces, Connected Places: Proceedings of the Red Sea Project V held at the University of Exeter, 16-19 September 2010*, Oxford, 2012.

Anfray, F., "Deux villes axoumites: Adoulis et Matara," *IV Congresso Internazionale di Studi Etiopici*（*Roma, 10-15 aprile 1972*）, t. I（Sezione storice）, Roma, 1974: 745-765 & Pl. I-VI.

── *Les anciens Éthiopiens*, Paris, 1990.

Arnaud. P., "Le *Periplus Maris Erythraei*: une œuvre de compilation aux préoccupations géographiques," in: *Topoi*, Supplément 11 (2012): 27-61.

Arunachalam, B., "Traditional Sea and Sky Wisdom of Indian Seamen and their Practical Applications," in Ray & Salles (eds.), *Tradition and Archaeology*: 261-281.

Avanzini, A., "The history of the Khor Rori area. New perspectives," in Avanzini (ed.), *Khor Rori Report 1*: 13-27.

—— "Sumhuram: a Hadrami Port on the Indian Ocean," in Seland (ed.), *The Indian Ocean in the Ancient Period*: 23-31.

—— "Notes for a history of Sumhuram and a new inscription of Yashhur'il," in Avanzini (ed.), *A port in Arabia*: 609-641.

Avanzini, A. (ed.), *Profumi d'Arabia*, Roma, 1997.

—— *Khor Rori Report 1*, Pisa, 2002.

—— *A port in Arabia between Rome and the Indian Ocean (3rd C. BC-5th C. AD)*. *Khor Rori Report 2*, Roma, 2008.

Avanzini, A. & A. V. Sedov, "The stratigraphy of Sumhuram: new evidence," *PSAS* 35 (2005): 11-17.

Bagnall, R. S., Ch. Helms & A. M. F. W. Verhoogt, *Documents from Berenike*, I: *Greek Ostraka from the 1996-1998 seasons*, Bruxelles, 2000.

Basch, L., *Le Musée imaginaire de la marine antique*, Athènes, 1987.

Beeston, A. F. L., "The Settlement at Khor Rori," *JOS* 2 (1976): 39-42.

—— Review of **Huntingford**, *BSOAS* 44 (1981): 353-358.

—— Review of **Casson**, *JRAS*, 1990: 127-131.

Begley, V., "Arikamedu Reconsidered," *AJA* 87 (1983): 461-481.

—— "Rouletted Ware at Arikamedu: A New Approach," *AJA* 92 (1988): 427-440.

—— "New investigations at the port of Arikamedu," *JRA* 6 (1993): 93-108.

Begley, V. & R. D. De Puma (eds.), *Rome and India: The Ancient Sea Trade*, Madison, 1991.

Begley, V. et al., *The Ancient Port of Arikamedu: New Excavations and Researches 1989-1992*, 2 vols., Pondichéry, 1996; Paris, 2004.

Behera, K. S. (ed.), *Maritime Heritage of India*, New Delhi, 1999.

Bent, J. Th., *The Sacred City of the Ethiopians. Being a Record of Travel and Research in Abyssinia in 1893*, London, 1893.

—— "Exploration of the frankincense country, Southern Arabia," *GJ* 6 (1895): 109-134.

Bent, Th. and Mrs, *Southern Arabia*, London, 1900.

Beresford, J., *The Ancient Sailing Season*, Leiden & Boston, 2013.

Bernand, A., *Les inscriptions grecques de Philae*, t. I: *Époque ptolémaïque*, Paris, 1969.

—— *Les portes du désert: Recueil des inscriptions grecques d'Antinooupolis, Tentyris, Koptos, Apollonopolis Parva et Apollonopolis Magna*, Paris, 1984.

Bickerman, E. J., *Chronology of the Ancient World*, rev. ed., London, 1980 (1st ed., 1968).

Biswas, A. K. & S. Biswas, *Minerals and Metals in Ancient India*, 2 vols., New Delhi, 1996.

Bivar, A. D. H., "The History of Eastern Iran," *The Cambridge History of Iran*, 3 (I), Cambridge, 1983: 181-231 (Chapter

5) & Appendix I-III.

Bloch, J., "Sur quelques transcriptions de noms indiens dans le *Périple de la mer Érythrée*," *Mélanges d'indianisme offerts par ses élèves à M. Sylvain Lévi le 29 janvier 1911 à l'occasion des vingt-cinq ans écoulés depuis son entrée à l'École Pratique des Hautes Études*, Paris, 1911: 1-16.

Blue, L., "The Historical Context of the Construction of the *Vattai* Fishing Boat and Related Frame-First Vessels of Tamil Nadu and Beyond," in Parkin & Barnes (eds.), *Ships and the Development of Maritime Technology*: 278-290.

—— "Boats, Routes and Sailing Conditions of Indo-Roman Trade," in Tomber, Blue & Abraham (eds.), *Migration, Trade and Peoples*: 3-13.

Blue, L. *et al.* (eds.), *Connected Hinterlands: Proceedings of the Red Sea Project IV held at the University of Southampton September 2008*, Oxford, 2009.

Bockius, R. (ed.), *Between the Seas: Transfer and Exchange in Nautical Technology. Proceedings of the Eleventh International Symposium on Boats and Ship Archaeology, Mainz, 2006*, Mainz, 2009.

Boussac M.-F. & J.-F. Salles (eds.), *Athens, Aden, Arikamedu: Essays on the Interrelations between India, Arabia and the Eastern Mediterranean*, New Delhi, 1995.

—— *A Gateway from the Eastern Mediterranean to India: The Red Sea in Antiquity*, New Delhi, 2005.

Bowen, R. L. Jr., "Arab Dhows of Eastern Arabia," *AN* 9 (1949): 87-132.

—— "Primitive Watercraft of Arabia," *AN* 12 (1952): 186-221.

—— "Eastern Sail Affinities," *AN* 13 (1953): 81-117, 185-211.

—— "Origin and Diffusion of Oculi," *AN* 17 (1957): 262-291.

Bowersock, G. W., *Roman Arabia*, Cambridge, Mass., 1983.

Breton, J.-F. (ed.), *Fouilles de Shabwa*, II: *Rapports préliminaires*, Paris, 1992.

—— *Fouilles de Shabwa*, III: *Architecture et techniques de construction*, Paris, 1998.

Breton, J.-F. & J.-C. Roux, "Preliminary report on new excavations in Šabwa," in A. M. Sholan, S. Antonini & M. Arbach (eds.), *Sabaean Studies*, Naples & Ṣanʻāʼ, 2005: 95-113.

Bülow-Jacobsen, A., "Traffic on the Roads between Coptos and the Red Sea," in Kaper (ed.), *Life on the Fringe*: 63-74.

Bülow-Jacobsen, A. *et al.*, "The Identification of Myos Hormos: New Papyrological Evidence," *BIFAO* 94 (1994): 27-42.

Bukharin, M. D., "Romans in the Southern Red Sea," *Arabia* 3 (2005-06): 135-140.

—— "Towards the earliest history of Kinda," *AAE* 20 (2009): 64-80.

—— "Mecca on the Caravan Routes in Pre-Islamic Antiquity," in A. Neuwirth, N. Sinai & M. Marx (eds.), *The Qurʼān in Context*, Leiden & Boston, 2010: 115-134.

—— "The notion τὸ πέρας τῆς ἀνακομιδῆς and the location of Ptolemais of the Hunts in the *Periplus of the Erythraean Sea*," *AAE* 22 (2011): 219-231.

—— "The Coastal Arabia and the adjacent Sea-Basins in the

Periplus of the Erythraean Sea (Trade, Geography and Navigation)," in *Topoi*, Supplément 11 (2012): 177-236.

Burkhalter, F., "Le « Tarif de Coptos ». La douane de Coptos, les fermiers de l'*apostolion* et le préfet du désert de Bérénice," *Topoi*, Supplément 3 (2002): 199-233.

Burton, R. F., *The Land of Midian (revisited)*, 2 vols., London, 1879.

—— *First Footsteps in East Africa, or, An Exploration of Harar* (Memorial Edition by I. Burton), 2 vols., London, 1894 (1st ed. 1856).

Cary, M. & E. H. Warmington, *The Ancient Explorers*, rev. ed. (Pelican Books), Harmondsworth, 1963 (1st ed. London, 1929).

Casal, J.-M., *Fouilles de Virampatnam-Arikamedu: rapport de l'Inde et de l'Occident aux environs de l'ère chrétienne*, Paris, 1949.

Casal, J.-M. & G. Casal, *Site urbain et sites funéraires des environs de Pondichéry*, Paris, 1956.

Casson, L., "*Periplus Maris Erythraei*: Three Notes on the Text," *CQ* 30 (1980): 495-497.

—— "Rome's Trade with the East: The Sea Voyage to Africa and India," *TAPA* 110 (1980): 21-36 = Casson, *Ancient Trade and Society*: 182-198.

—— "The Location of Adulis," in L. Casson & M. Price (eds.), *Coins, Culture and History in the Ancient World: Numismatic and Other Studies in Honor of Bluma L. Trell*, Detroit, 1981: 113-122 = Casson, *Ancient Trade and Society*: 199-210.

—— "*Periplus Maris Erythraei*: Notes on the Text," *JHS* 102 (1982): 204-206.

—— "*Periplus Maris Erythraei* 36: Teak, not Sandalwood," *CQ* 32 (1982): 181-183.

—— "Greek and Roman Clothing: Some Technical Terms," *Glotta* 61 (1983): 193-207.

—— "Sakas versus Andhras in the *Periplus Maris Erythraei*," *JESHO* 26 (1983): 164-177.

—— *Ancient Trade and Society*, Detroit, 1984.

—— "Cinnamon and Cassia in the Ancient World," in *Ibid.*: 225-246.

—— "Egypt, Africa, Arabia, and India: Patterns of Seaborne Trade in the First Century A. D.," *BASP* 21 (1984): 39-47.

—— "The Sea Route to India: *Periplus Maris Erythraei* 57," *CQ* 34 (1984): 473-479.

—— "P. Vindob G 40822 and the Shipping of Goods from India," *BASP* 23 (1986): 73-79.

—— *Ships and Seamanship in the Ancient World*, pbk ed. with Addenda and Corrigenda, Princeton, 1986 (1st ed. Princeton, 1971).

—— "The location of Tabai (*Periplus Maris Erythraei* 12-13)," *JHS* 106 (1986): 179-182.

—— "*Periplus Maris Erythraei* 60," *CQ* 37 (1987): 233-235.

—— "New Light on Maritime Loans: P. Vindob G 40822," *ZPE* 84 (1990): 195-206.

—— "Ptolemy II and the Hunting of African Elephants," *TAPA* 123 (1993): 247-260.

―― *Travel in the Ancient World*, Baltimore & London, 1994 (pbk) (1st ed. London, 1974).

―― *Ships and Seafaring in Ancient Times*, London, 1994.

Chami, F. "People and Contacts in the Ancient Western Indian Ocean Seaboard or Azania," *ME* 27-1 (2002): 33-44.

―― "The Egypto-Graeco-Romans and Panchaea/Azania: sailing in the Erythraean Sea," in Lunde & Porter (eds.), *Trade and Travel*: 93-103.

Chandra, M., *Trade and Trade Routes in Ancient India*, New Delhi, 1977.

Chelliah ⇨『パットゥパーットゥ』

Cherian, P. J., "Pattanam archaeological site: The wharf context and the maritime exchanges," http://www.themua.org/collections/archive/files/26d829c7ee7983165dbfb9234469cf51.pdf

Cherian, P. J., V. Selvakumar & K. P. Shajan, "The Muziris Heritage Project: Excavations at Pattanam-2007," *JIOA* 4 (2007): 1-10.

Cheung, C. & L. DeVantier, *Socotra: A Natural History of the Islands and their People*, Hong Kong, 2006.

Chittick, N., "An Archaeological Reconnaissance of the Southern Somali Coast," *Azania* 4 (1969): 115-130.

―― "An Archaeological Reconnaissance in the Horn: The British-Somali Expedition, 1975," *Azania* 9 (1976): 117-133 & Pl. X-XV.

―― "Early ports in the Horn of Africa," *IJNAUE* 8 (1979): 273-277.

―― "Sewn boats in the western Indian Ocean, and a survival

in Somalia," *IJNAUE* 9 (1980): 297-309.

—— *Manda: Excavations at an Island Port on the Kenya Coast*, Nairobi, 1984.

Christie, A., "An obscure passage from the *Periplus*: κολανδιοφωντα τὰ μέγιστα," *BSOAS* 19 (1957): 345-353.

Cimino, R. M. (ed.), *Ancient Rome and India: Commercial and cultural contacts between the Roman world and India*, New Delhi, 1994.

Constable, A. R. & W. Facey (eds.), *The Principles of Arab Navigation*, London, 2013.

Conti Rossini, C., "Les listes des rois d'Aksoum," *JA*, septembre-octobre 1909: 263-320.

—— "Aethiopica," *Rivista degli Studi Orientali* 9 (1921-23): 365-381, 449-468.

—— *Storia d'Etiopia*, Bergamo, 1928.

Cribb, J., "Numismatic Evidence for the Date of the 'Periplus'," in D. W. MacDowall, S. Sharma & S. Garg (eds.), *Indian Numismatics, History, Art, and Culture: Essays in the honour of Dr. P. L. Gupta*, I, Delhi, 1992: 131-145.

—— "Western Satraps and Satavahanas: Old and New Ideas of Chronology," in Jha & Garg (eds.), *Ex Moneta*, I: 167-182.

—— "The Early Kushan Kings: New Evidence for Chronology. Evidence from the Rabatak Inscription on Kanishka I," in M. Alram & D. E. Klimburg-Salter (eds.), *Coins, Art, and Chronology: Essays on the pre-Islamic History of the Indo-Iranian Borderlands*, Wien, 1999: 177-205.

Crone, P., *Meccan Trade and the Rise of Islam*, Princeton, 1987.

Cruttenden, Ch. J., "Memoir on the Western or Edoor Tribes, inhabiting the Somali Coast on N. E. Africa; with the Southern Branches of the Family of Darrood, resident on the banks of the Webbi Shebeyli, commonly called the River Webbi," *Transactions of the Bombay Geographical Society* 8 (1849): 177–210.

Cunningham's Ancient Geography of India. Edited with introduction and notes by S. M. Śāstrī, Calcutta, 1924.

Cuvigny, H. (ed.), *La route de Myos Hormos: L'armée romaine dans le désert Oriental d'Égypte*, 2 vols., Le Caire, 2003.

Cuvigny, H. & Ch. Robin, "Des Kinaidokolpites dans un ostracon grec du désert oriental (Égypte)," *Topoi* 6 (1996): 697–720.

Davies, S. & E. Morgan, *Red Sea Pilot*, 2nd ed., Huntingdon, 2002 (1st ed. 1995).

Deloche, J., *La circulation en Inde avant la révolution des transports*, 2 vols., Paris, 1980.

—— "Études sur la circulation en Inde IV. Notes sur les sites de quelques ports ancients du pays tamoul," *BÉFEO* 74 (1985): 141–166.

—— "Iconographic Evidence on the Development of Boat and Ship Structures in India (2nd C. B. C. – 15th C. A. D.): a New Approach," in Ray & Salles (eds.), *Tradition and Archaeology*: 199–224.

De Puma, R. D., "The Roman Bronzes from Kolhapur," in Begley & De Puma (eds.), *Rome and India*: 82–112.

De Romanis, F., "Romanukharaṭṭha e Taprobane: sui rapporti Roma-Ceylon nel I sec. D. C.," *Helikon* 28 (1988): 5–58.

―― *Cassia, Cinnamomo, Ossidiana: uomini e merci tra Oceano indiano e Mediterraneo*, Roma, 1996.

―― "Patterns of Trade in the Red Sea during the Age of the *Periplus Maris Erythraei*," in Blue *et al.* (eds.), *Connected Hinterlands*: 31-35.

―― "Comparative Perspectives on the Pepper Trade," in De Romanis & Maiuro (eds.), *Across the Ocean*: 127-150.

De Romanis, F. & M. Maiuro (eds.), *Across the Ocean: Nine Essays on Indo-Mediterranean Trade*, Leiden & Boston, 2015.

De Romanis, F. & A. Tchernia (eds.), *Crossings: Early Mediterranean Contacts with India*, New Delhi, 1997.

Desanges, J., *Recherches sur l'activité des Méditerranéens aux confins de l'Afrique*, Rome, 1978.

―― "Le littoral africain du Bab el-Mandeb d'après les sources grecques et latines," *Annales d'Éthiopie* 11 (1978): 83-101.

―― "L'excursus de Pline l'Ancien sur la navigation de mousson et la datation de ses sources," in *Topoi*, Supplément 11 (2012): 63-73.

Desanges, J., E. M. Stern & P. Ballet, *Sur les routes antiques de l'Azanie et de l'Inde. Le fonds Révoil du Musée de l'Homme (Heïs et Damo, en Somalie)*, Paris, 1993.

Dey, N. L., *The Geographical Dictionary of Ancient and Mediaeval India*, Delhi, 1990 (1st ed. 1927).

Dhakshinamurthy ⇨『アハナーヌール』

Dhavalikar, M. K., *Late Hinayana Caves of Western India*, Pune, 1984.

Dihle, A., *Umstrittene Daten: Untersuchungen zum Auftreten der*

Griechen am Roten Meer, Köln & Opladen, 1965.

—— "Die entdeckungsgeschichtlichen Voraussetzungen des Indienhandels der römischen Kaiserzeit," *ANRW* II 9. 2 (1978): 546-580.

Doe, B., "Ḥuṣn al-Ġurāb and the site of Qana'," *Le Muséon* 74 (1961): 191-198.

—— *Socotra, Island of Tranquility*, London, 1992.

Drake-Brockman, R. E., *British Somaliland*, London, 1912.

Drakonaki-Kazantzaki, E., "Textual Problems in the *Periplus Maris Erythraei*," *Corolla Londiniensis* 2 (1982): 47-55.

Eggermont, P. H. L., "The Name of the People of the Besadae," *Acta Orientalia* 19 (1943): 281-290.

—— "The Murundas and the Ancient Trade-route from Taxila to Ujjain," *JESHO* 9 (1966): 257-296.

Facey, W., "The Red Sea: the wind regime and location of ports," in Lunde & Porter (eds.), *Trade and Travel*: 7-17.

Fahd, T. (ed.), *L'Arabie préislamique et son environnement historique et culturel*, Strasbourg, 1989.

Fattovich, R., "Archaeology of Aksum," in *Encyclopaedia Aethiopica*, 1, Wiesbaden 2003: 179-183.

—— "The 'pre-Aksumite' state in northern Ethiopia and Eritrea reconsidered," in Lunde & Porter (eds.), *Trade and Travel*: 71-77.

—— "Marsā Gawāsis: A Pharaonic Coastal Settlement by the Red Sea in Egypt," in Starkey (ed.), *People of the Red Sea*: 15-22.

Fattovich, R. & K. A. Bard, "The Proto-Aksumite Period: An Overview," *Annales d'Éthiopie* 17 (2001): 3-24.

Fattovich, R. *et al.*, *The Aksum Archaeological Area: A Preliminary Assessment*, Napoli, 2000.

Ferrand, G., "Le K'ouen-louen et les anciennes navigations interocéaniques dans les mers du sud," *JA*, 11e série, 13 (mars-avril 1919): 239-333; (mai-juin 1919): 431-492; (juillet-août 1919): 5-68; (septembre-octobre 1919): 201-241.

Fleet, J. F., "Tagara; Tēr," *JRAS*, 1901: 537-552.

Flückiger, F. A. & D. Hanbury, *Pharmacographia: a history of the principal drugs of vegetable origin, met with in Great Britain and British India*, 2nd ed., London, 1879.

Forbes, H. O. (ed.), *The Natural History of Sokotra and Abd-el-Kuri*, Liverpool, 1903.

Frank, T. (ed.), *An Economic Survey of Ancient Rome*, 5 vols., Baltimore, 1933-40.

Frazier, J., "Exploitation of Marine Turtles in the Indian Ocean," *Human Ecology* 8-4 (1980): 329-370.

Freeman-Grenville, G. S. P., Review of **Casson**, *BSOAS*, 53 (1990): 126-127.

—— "al-ZANDJ," *EI²* XI (2001): 444-445.

Friedman, Z., *Ship Iconography in Mosaics: An aid to understanding ancient ships and their construction*, Oxford, 2011.

Friedman, Z. & L. Zoroglu, "Kelenderis Ship — Square or Lateen Sail?" *IJNA* 35 (2006): 108-116.

Fussman, G., "Le *Périple* et l'histoire politique de l'Inde," *JA* 279 (1991): 31-38.

Gatier, P.-L., P. Lombard & Kh. M. al-Sindi, "Greek Inscriptions from Bahrain," *AAE* 13 (2002): 223-233.

Ghosh, A. (ed.), *An Encyclopaedia of Indian Archaeology*, 2 vols., New Delhi, 1989.

Giangrande, G., "On the Text of the *Periplus Maris Erythraei*," *Mnemosyne* 28 (1975): 293-296.

—— "Textual Problems in the *Periplus Maris Erythraei*," *JHS* 96 (1976): 154-157.

—— "Three Passages of the *Periplus Maris Erythraei*," *Museum Philologum Londiniense* 5 (1981): 47-49.

Glaser, E., *Skizze der Geschichte und Geographie Arabiens*, II, Berlin, 1890.

—— *Die Abessinier in Arabien und Afrika*, München, 1895.

Gogte, V. D., "The Chandraketugarh-Tamluk Region of Bengal: Source of the Early Historic Rouletted Ware from India and Southeast Asia," *ME* 22-1 (1997): 69-85.

—— "Discovery of the Ancient Port of Chaul," *ME* 28-1 (2003): 67-74.

—— "Discovery of an Ancient Port: *Palaepatmai* of the *Periplus* on the West Coast of India," *JIOA* 1 (2004): 124-132.

Gogte, V. et al., "The Ancient Port at Chaul," *JIOA* 3 (2006): 62-80.

Goldman, N., "Reconstructing Roman Clothing," in J. L. Sebesta & L. Bonfante (eds.), *The World of Roman Costume*, Madison, 2001: 213-237.

Grohmann, A., *Südarabien als Wirtschaftsgebiet*, I, Wien, 1922.

—— *Arabien*, München, 1963.

—— "Zaila'," *EI¹* VIII (1995): 1198-1199.

Groom, N., *Frankincense and Myrrh: A Study of the Arabian Incense Trade*, London, 1981.

—— "Gerrha: A 'Lost' Arabian City," *Atlāl* 6 (1402 A. H./1982 A. D.): 97-108.

—— "Oman and the Emirates in Ptolemy's map," *AAE* 5 (1994): 198-214.

—— "The *Periplus*, Pliny and Arabia," *AAE* 6 (1995): 180-195.

Guillain, Ch., *Documents sur l'histoire, la géographie et le commerce de l'Afrique Orientale*, 2 parts in 3 vols. & 1 vol. of 54 pls., Paris, [1856-57].

Gupta, Sunil, "The Location of Kammoni (*Periplus* 43)," *ME* 18-2 (1993): 119-127.

—— "Nevasa: a Type-site for the Study of Indo-Roman Trade in Western India," *SAS* 14 (1998): 87-102.

Gupta, S., D. Williams & D. Peacock, "Dressel 2-4 Amphorae and Roman Trade with India: the Evidence from Nevasa," *SAS* 17 (2001): 7-18.

Gurukkal, R. & D. Whittaker, "In search of Muziris," *JRA* 14 (2001): 334-350.

Hanbury, D., *Science papers, chiefly pharmacological and botanical*, London, 1876.

Harrauer, H. & P. J. Sijpesteijn, "Ein neues Dokument zu Roms Indienhandel, P. Vindob. G 40822," *Anzeiger der Österreichischen Akademie der Wissenschaften*, phil.-hist. Kl. 122 (1985): 124-155.

Harris, W. V. & K. Iara (eds.), *Maritime Technology in the Ancient Economy: Ship-design and Navigation*, Portsmouth, 2011.

Hart & Heifetz ⇨『プラナーヌール』

Heine-Geldern, R., "Orissa und die Mundavölker im ‚Periplus des Erythräischen Meeres'," in H. Mžik (ed.), *Beiträge zur historischen Geographie, Kulturgeographie, Ethnographie und Kartographie, vornehmlich des Orients*, Leipzig & Wien, 1929: 157-171.

Hepper, F. N., "Arabian and African Frankincense Trees," *JEA* 55 (1969): 66-72.

Hobson-Jobson: H. Yule, A. C. Burnell & W. Crooke (eds.), *Hobson-Jobson*, New Edition, London, 1903.

Hornell, J., "The Origins and Ethnological Significance of Indian Boat Designs," *Memoirs of the Asiatic Society of Bengal* 7 (1920): 139-256.

―― *Water Transport: Origins and Early Evolution*, Cambridge & London, 1946.

Horton, M., "The *Periplus* and East Africa," *Azania* 25 (1990): 95-99.

―― *Shanga: The archaeology of a Muslim trading community on the coast of East Africa*, London, 1996.

Hourani, G. F., "Ancient South Arabian Voyages to India — Rejoinder to G. W. Van Beek," *JAOS* 80-2 (1960): 135-136.

―― *Arab Seafaring in the Indian Ocean in Ancient and Early Medieval Times*, revised and expanded by J. Carswell, Princeton, 1995 (1st ed. Princeton, 1951).

Howell, J. & A. K. Sinha, "Preliminary Report on the Explorations around Sopara, Surat and Bharuch," *SAS* 10 (1994): 189-199.

Hunter, Captain F. M., *An Account of the British Settlement of Aden in Arabia*, London, 1968 (1st ed. 1877).

Ingraham, M. *et al.*, "Preliminary Report on a Reconnaissance Survey of the Northwestern Province (with a note on a brief survey of the Northern Province)," *Atlāl* 5 (1981): 59-84.

Ingrams, W. H., *Zanzibar: its history and its people*, London, 1931.

Jahan, Shahnaj Husne, "Of Gangê and Gañgâbandar: Location of the Port and Condition of the Harbour," *ME* 29-2 (2004): 90-101.

—— "The Port of Tāmralipti in Early Bengal," *JIOA* 2 (2005): 115-135.

—— "Re-examining 'Borobudur Ships' as Evidence of Maritime Contact with South Asia," in G. J. R. Mevissen & K. Bruhn (eds.), *Vanamālā: Festschrift A. J. Gail*, Berlin, 2006: 78-86.

—— *Excavating Waves and Winds of (Ex)change: A Study of Maritime Trade in Early Bengal*, Oxford, 2006.

Jasim, S. A., "Trade centres and commercial routes in the Arabian Gulf: Post-Hellenistic discoveries at Dibba, Sharjah, United Arab Emirates," *AAE* 17 (2006): 214-237.

—— "Dibba: an ancient port on the Gulf of Oman in the early Roman era," *AAE* 25 (2014): 50-79.

Jewell, J. H. A., *Dhows at Mombasa*, rev. ed., Nairobi, 1976 (1st ed. 1969).

Jha, A. K. (ed.), *Coinage, Trade and Economy: January 8th–11th, 1991, 3rd International Colloquium*, Nashik, 1991.

Jha, A. K. & S. Garg (eds.), *Ex Moneta: Essays on Nimismatics, History and Archaeology in honour of Dr. David W. MacDowall*, 2 vols., New Delhi, 1998.

Kaper, O. E. (ed.), *Life on the Fringe: Living in the Southern Egyptian Deserts during the Roman and early-Byzantine Periods*, Leiden, 1998.

Kervran, M., "Le delta de l'Indus au temps d'Alexandre. Quelques éléments nouveaux pour l'interprétation des sources narratives," *CR-AIBL*, janvier–mars 1995: 259–311.

—— "Indian Ceramics in Southern Iran and Eastern Arabia: Repertory, Classification and Chronology," in Ray & Salles (eds.), *Tradition and Archaeology*: 37–58.

—— "ṢUḤĀR," *EI²* IX (1997): 774–776.

—— "Multiple Ports at the Mouth of the River Indus: Barbarike, Deb, Daybul, Lahori Bandar, Diul Sinde," in Ray (ed), *Archaeology of Seafaring*: 70–153.

Kirwan, L. P., "A Roman Shipmaster's Handbook," *GJ* 147 (1981): 80–85.

—— "Where to Search for the Ancient Port of Leuke Kome," in *Studies in the History of Arabia*, II: *Pre-Islamic Arabia*, Riyadh, 1404 A. H./1984: 55–61.

—— "Rhapta, Metropolis of Azania," *Azania* 21 (1986): 99–104.

—— "A Pre-Islamic Settlement from al-Yaman on the Tanzanian

Coast," in Fahd (ed.), *L'Arabie préislamique*: 431-436.

Krahl, R. *et al.* (eds.), *Shipwrecked: Tang Treasures and Monsoon Winds*, Washington, D. C. & Singapore, 2011.

Lassen, C., *Indische Alterthumskunde*, 4 vols. in 5, Leipzig & London, 1858-74.

Laufer, B., *Sino-Iranica*, Chicago, 1919.

Lev, E. & Z. Amar, *Practical Materia Medica of the Medieval Eastern Mediterranean according to the Cairo Genizah*, Leiden & Boston, 2008.

Logan, W., *Malabar*, 2 vols., Madras, 1951 (repr. of 1st ed. Madras, 1887).

Loveridge, A. & E. E. Williams, *Revision of the African Tortoises and Turtles of Suborder Cryptodira* (= *Bulletin of the Museum of Comparative Zoology at Harvard College*, Vol. 115, No. 6: 163-557 with 18 pls.), Cambridge, Mass., 1957.

Lucas, A. & J. R. Harris, *Ancient Egyptian Materials and Industries*, 4th ed., London, 1962.

Lunde, P. & A. Porter (eds.), *Trade and Travel in the Red Sea Region: Proceedings of Red Sea Project I held in the British Museum October 2002*, Oxford, 2004.

MacDowall, D. W., "Indian Imports of Roman Silver Coins," in Jha (ed.), *Coinage, Trade and Economy*: 145-163.

Mahalingam, T. V., "Sopatma," in *Indian History Congress: proceedings of the twenty-third session, Aligarh-1960*, Part 1, Calcutta, 1961: 111-119.

Manzo, A., "Aksumite Trade and Red Sea Exchange Network: A View from Bieta Giyorgis (Aksum)," in Starkey (ed.),

People of the Red Sea: 51-66.

Marcotte, D., "Le Corpus géographique de Heidelberg (*Palat. Heidelb. gr.* 398) et les origines de la 'Collection philosophique'," in C. D'Ancona (ed.), *The Libraries of the Neoplatonists*, Leiden & Boston, 2007: 167-175.

—— "Le *Périple de la mer Érythrée* dans son genre et sa tradition textuelle," in: *Topoi*, Supplément 11 (2012): 7-25.

Martinetz, D., K. Lohs & J. Janzen, *Weihrauch und Myrrhe: Kulturgeschichte und wirtschaftliche Bedeutung; Botanik, Chemie, Medizin*, Stuttgart, 1988.

Mathew, G., "The *Periplus of the Erythrean Sea* and South Arabia," *PSAS* 1 (1971): 29-31.

—— "The Dating and the Significance of the *Periplus of the Erythrean Sea*," in H. N. Chittick & R. I. Rotberg (eds.), *East Africa and the Orient*, New York & London, 1975: 147-163.

McCrindle's Ancient India as described by Ptolemy. A facsimile reprint edited with an introduction, notes and an additional map by S. M. Śāstrī, Calcutta, 1927.

McGrail, S., *Boats of the world from the Stone Age to Medieval times*, Oxford, 2001.

McGrail, S. *et al.*, *Boats of South Asia*, London & New York, 2003.

—— "The *vattai* fishing boat and related frame-first vessels of Tamil Nadu," in *Ibid.*: 184-240.

McGrail, S. & E. Kentley (eds.), *Sewn Plank Boats: Archaeological and Ethnographic papers based on those presented to a conference at Greenwich in November, 1984*, Greenwich,

1985.

Meile, P., "Les Yavanas dans l'Inde tamoule," *JA* 232 (1940): 85-123.

Menon, A. S., *A Survey of Kerala History*, Kottayam, 1967.

Miller, J. I., *The Spice Trade of the Roman Empire 29 B.C. to A.D. 641*, Oxford, 1969.

Mookerji, R. K., *Indian Shipping: A History of the Sea-borne Trade and Maritime Activity of the Indians from the Earliest Times*, Allahabad, 1962 (1st ed. London, 1912).

Mossakowska-Gaubert, M., "Tissus colorés et décorés exportés d'Égypte au premier siècle ap. J.-C. (d'après le *Periplus Maris Erythraei*)," *Topoi* 10 (2000): 289-318.

Müller, W. W., "Die Inschriften Khor Rori 1 bis 4," in H. von Wissmann, *Das Weihrauchland Sa'kalān, Samārum und Moscha*, Wien 1977, 53-56.

—— "Weihrauch," *RE* Suppl. XV (1978), col. 700-777.

—— "Namen von Aromata im antiken Südarabien," in Avanzini (ed.), *Profumi d'Arabia*: 193-210.

—— "Zeugnisse über Sokotra aus antiken und mittelalterlichen Quellen," in Wranik (ed.), *Sokotra: Mensch und Natur*: 183-191.

—— "Ẓafār," *EI²* XI (2001): 379-380.

Munro-Hay, S., "The foreign trade of the Aksumite port of Adulis," *Azania* 17 (1982): 107-125.

—— "The British Museum Excavations at Adulis, 1868," *The Antiquaries Journal* 69-1 (1989): 43-52 & Pl. III-VI.

—— "Metalwork," in Munro-Hay *et al.*, *Excavations at Aksum*:

210–234.

—— *Aksum: an African civilisation of late antiquity*, Edinburgh, 1991.

Munro-Hay, S. & B. Juel-Jensen, *Aksumite Coinage*, London, 1995.

Munro-Hay, S. C. et al., *Excavations at Aksum: an account of research at the ancient Ethiopian capital directed in 1972–4 by the late Dr. Neville Chittick*, London, 1989.

Nagaswamy, R., "Alagankulam, An Indo Roman Trading Port," in Nagaswamy, *Roman Karur: A peep into Tamil's past*, Chennai, 1995: Ch. 11 (http://www.tamilartsacademy.com/books/roman%20karur/chapter11.html).

Narain, A. K., *The Indo-Greeks*, Oxford, 1957.

—— "The Greeks in Bactria and India," in *The Cambridge Ancient History*, 2nd ed., VIII, Cambridge, 1989: 388–421 (Ch. 11).

Needham, J., *Science and Civilisation in China*, IV. 3, Cambridge, 1971.

Nicholson, P. T. & I. Shaw (eds.), *Ancient Egyptian Materials and Technology*, Cambridge, 2000.

Nicolle, D., "Shipping in Islamic Art: Seventh through Sixteenth Century AD," *AN* 49-3 (1989): 168–197.

Niebuhr, C., *Reisebeschreibung nach Arabien und andern umliegenden Ländern*, 3 vols., Kopenhagen, 1774, 1778; Hamburg, 1837.

Owen, W. F. W., *Narrative of voyages to explore the shores of Africa, Arabia, and Madagascar*, 2 vols., London, 1833.

Pankhurst, R., "The Trade of the Gulf of Aden Ports of Africa in the Nineteenth and Early Twentieth Centuries," *Journal of Ethiopian Studies* 3 (1965): 36-81.

Parkin, D. & R. Barnes (eds.), *Ships and the Development of Maritime Technology in the Indian Ocean*, London & New York, 2002.

Parsons, J. J., "The Hawksbill Turtle and the Tortoise Shell Trade," in *Études de géographie tropicale offertes à Pierre Gourou*, Paris/La Haye, 1972: 45-60.

Parthasarathy ⇨『シラッパディハーラム』

Pavan, A. & H. Schenk, "Crossing the Indian Ocean before the *Periplus*: a comparison of pottery assemblages at the sites of Sumhuram (Oman) and Tissamaharama (Sri Lanka)," *AAE* 23 (2012): 191-202.

Peacock, D. P. S., "The site of Myos Hormos: a view from space," *JRA* 6 (1993): 226-232.

―― "Ptolemaic and Roman Coins," in Peacock & Blue (eds.), *Myos Hormos*, II: 85-87.

Peacock, D. & L. Blue (eds.), *Myos Hormos ― Quseir al-Qadim: Roman and Islamic Ports on the Red Sea*, Vol. 1: *Survey and Excavations 1999-2003*; Vol. 2: *Finds from the Excavations 1999-2003*, Oxford, 2006 & 2011.

―― *The Ancient Red Sea Port of Adulis, Eritrea: Results of the Eritro-British Expedition, 2004-5*, Oxford, 2007.

Peacock, D. & D. Williams (eds.), *Food for the Gods: New Light on the Ancient Incense Trade*, Oxford, 2007.

Phillips, C., F. Villeneuve & W. Facey, "A Latin inscription from

South Arabia," *PSAS* 34 (2004): 239-250.

Phillipson, D. W., *Ancient Ethiopia. Aksum: its antecedents and successors*, London, 1998.

—— *Archaeology at Aksum, Ethiopia, 1993-7*, 2 vols., London, 2000.

Pillali, K. N. S., *The Chronology of the Early Tamils*, New Delhi, 1984 (repr. of 1st ed. 1932).

Pirenne, J., *Le royaume sud-arabe de Qatabān et sa datation, d'après l'archéologie et les sources classiques, jusqu'au Périple de la mer Érythrée*, Louvain, 1961.

—— "Un problème-clef pour la chronologie de l'Orient: la date du 'Périple de la mer Erythrée'," *JA* 249 (1961): 441-459.

—— "The Incense Port of Moscha (Khor Rori) in Dhofar," *JOS* 1 (1975): 81-96.

—— *Fouilles de Shabwa*, I: *Les témoins écrits de la région de Shabwa et l'histoire*, Paris, 1990.

Potts, D. T., "Arabia and the Kingdom of Characene," in Potts (ed.), *Araby the Blest. Studies in Arabian Archaeology*, Copenhagen, 1988: 137-167.

—— "Trans-Arabian routes of the Pre-Islamic period," in J.-F. Salles (ed.), *L'Arabie et ses mers bordières*, Lyon, 1988: 127-162.

—— *The Arabian Gulf in Antiquity*, 2 vols., Oxford, 1990.

—— "The Parthian Presence in the Arabian Gulf," in Reade (ed.), *The Indian Ocean in Antiquity*: 269-285.

—— "The Roman Relationship with the *Persicus sinus* from the Rise of Spasinou Charax (127 BC) to the Reign of

Shapur II (AD 309-379)," in S. E. Alcock (ed.), *The Early Roman Empire in the East*, Oxford, 1997: 89-107.

Rajan, K., *Archaeology of Tamil Nadu (Kongu Country)*, Delhi, 1994.

―― "Maritime Trade in Early Historic Tamil Nadu," *ME* 27-1 (2002): 83-98.

Rajan, K. & N. Athiyaman, "Traditional Gemstone Cutting Technology of Kongu Region in Tamil Nadu," *Indian Journal of History of Science* 39-4 (2004): 385-414.

Ramanujan, A. K. (tr.), *Poems of Love and War, from the Eight Anthologies and the Ten Long Poems of Classical Tamil*, New York, 1985.

Raschke, M., "New Studies in Roman Commerce with the East," *ANRW* II 9.2 (1978): 604-1361.

Ray, H. P., *Monastery and Guild: Commerce under the Sātavāhanas*, Delhi, 1986.

―― "The *Yavana* Presence in Ancient India," *JESHO* 31 (1988): 311-325.

―― "Ter: An Early Centre on the Trans-peninsular Route," in Jha & Garg (eds.), *Ex Moneta*, II: 501-510.

―― *The Archaeology of Seafaring in Ancient South Asia*, Cambridge, 2003.

Ray, H. P. (ed.), *Archaeology of Seafaring: The Indian Ocean in the Ancient Period*, Delhi, 1999.

Ray, H. P. & J.-F. Salles (eds.), *Tradition and Archaeology: Early Maritime Contacts in the Indian Ocean*, New Delhi, 1996.

Reade, J. (ed.), *The Indian Ocean in Antiquity*, London & New

York, 1996.

Robin, Ch., "L'Arabie du Sud et la date du *Périple de la mer Erythrée* (nouvelles données)," *JA* 279 (1991): 1-30.

—— "Les langues de la péninsule Arabique," in Robin (ed.), *L'Arabie antique*: 89-125.

—— "Kulayb Yuha'min est-il le Χόλαιβος du *Périple de la mer Erythrée*?" *Raydān* 6 (1994): 91-99, 191 (Pl. 47).

Robin, Ch. (ed.), *L'Arabie antique de Karib'īl à Mahomet*, La Calade, [1992].

Robin, Ch. J. & M. Gorea, "Les vestiges antiques de la Grotte de Ḥôq (Suquṭra, Yémen)," *CR-AIBL*, 2002: 409-445.

Rodinson, M., "Le Périple de la mer Érythrée," *Annuaire ÉPHÉ 1974/1975*, Paris, 1975: 210-238.

—— "Le Périple de la mer Érythrée (suite)," *Annuaire ÉPHÉ 1975/1976*, Paris, 1976: 201-219.

Rooke, H., *Travels to the Coast of Arabia Felix and from thence by the Red-Sea and Egypt to Europe*, London, 1783.

Rutten, K., "The Roman fine wares of ed-Dur (Umm al-Qaiwain, U. A. E.) and their distribution in the Persian Gulf and the Indian Ocean," *AAE* 18 (2007): 8-24.

Salles, J.-F., "Monnaies d'Arabie orientale: éléments pour l'histoire des Emirats Arabes Unis à l'époque historique," *PSAS* 10 (1980): 97-110.

—— "The Arab-Persian Gulf under the Seleucids," in A. Kuhrt & S. Sherwin-White (eds.), *Hellenism in the East*, London & Berkeley, 1987: 75-109.

—— "Le Golfe arabo-persique entre Séleucides et Maurya,"

Topoi 4-2 (1994): 597-610.

—— "The *Periplus of the Erythraean Sea* and the Arab-Persian Gulf," in Boussac & Salles (eds.), *Athens, Aden, Arikamedu*: 115-146.

—— "Hellenistic Seafaring in the Indian Ocean: a Perspective from Arabia," in Ray & Salles (eds.), *Tradition and Archaeology*: 293-309.

—— "La péninsule arabique dans l'organisation des échanges du royaume séleucide," *Topoi*, Supplément 6 (2004): 545-570.

—— "Le Golfe persique dans le *Périple de la mer Érythrée*: connaissances fondées et ignorances réelles?" in *Topoi*, Supplément 11 (2012): 293-328.

Salles, J.-F. & A. V. Sedov (eds.), *Qāni': Le port antique du Ḥaḍramawt entre la Méditerranée, l'Afrique et l'Inde. Fouilles russes 1972, 1985-1989, 1991, 1993-1994*, Turnhout, 2010.

Salt, H., *A Voyage to Abyssinia, and Travels into the Interior of that Country*, London, 1814.

Sastri, K. A. Nilakanta, *The Cōlas*, 2nd ed., Madras, 1955 (1st ed. in 2 vols, 1935-37).

Schlingloff, D., "Indische Seefahrt in römischer Zeit," in H. Müller (ed.), *Zur geschichtlichen Bedeutung der frühen Seefahrt*, München, 1982: 51-85.

Schmid, W., Review of **Frisk**, *Philologische Wochenschrift* 26 (1928): 788-795.

Scullard, H. H., *The Elephant in the Greek and Roman World*,

London, 1974.

Sedov, A. V. & Ch. Benvenuti, "The pottery of Sumhuram: general typology," in Avanzini (ed.), *Khor Rori Report 1*: 177-248.

Seland, E. H., "Ancient South Arabia: trade and strategies of state control as seen in the *Periplus Maris Erythraei*," *PSAS* 35 (2005): 271-278.

—— "Red Sea and Indian Ocean: Ports and their Hinterland," in Starkey & Wilkinson (eds.), *Natural Resources*: 211-218.

—— "The Indian ships at Moscha and the Indo-Arabian trading circuit," *PSAS* 38 (2008): 283-287.

—— *Ports and Political Power in the* Periplus: *Complex Societies and Maritime Trade on the Indian Ocean in the First Century AD*, Oxford, 2010.

Seland, E. H. (ed.), *The Indian Ocean in the Ancient Period: Definite places, translocal exchange*, Oxford, 2007.

Selvakumar, V., K. P. Shajan & R. Tomber, "Archaeological Investigations at Pattanam, Kerala: New Evidence for the Location of Ancient Muziris," in Tomber, Blue & Abraham (eds), *Migration, Trade and Peoples*: 29-41.

Shafer, R., *Ethnography of Ancient India*, Wiesbaden, 1954.

Shastri, A. M., *The Sātavāhanas and the Western Kshatrapas: A Historical Framework*, Nagpur, 1998.

—— "The Kṣaharātas of Western India: Fresh Light," *Indian Historical Review* 26 (1999): 23-59.

Shitomi, Y., "On the Date of Composition of the *Periplus Maris Erythraei*: A Study of the South Arabian Epigraphic

Evidence," *The Memoirs of the Research Department of the Toyo Bunko* 34 (1976): 15-45.

Sidebotham, S. E., *Roman Economic Policy in the Erythra Thalassa, 30 B.C.-A.D. 217*, Leiden, 1986.

—— "Ports of the Red Sea and the Arabia-India Trade," in Fahd (ed.), *L'Arabie préislamique*: 195-223.

—— "Ports of the Red Sea and the Arabia-India Trade," in Begley & De Puma (eds.), *Rome and India*: 12-38.

—— "Preliminary Report on the 1990-1991 Seasons of Fieldwork at 'Abu Sha'ar (*sic!*) (Red Sea Coast)," *JARCE* 31 (1994): 133-158.

—— *Berenike and the Ancient Maritime Spice Route*, Berkeley/Los Angeles/London, 2011.

Sidebotham, S. E. & I. Zych, "Results of fieldwork at Berenike on the Red Sea Coast of Egypt, 2008-2010," in *Topoi*, Supplément 11 (2012): 133-157.

Sidebotham, S. E., M. Hense & H. M. Nouwens, *The Red Land: The Illustrated Archaeology of Egypt's Eastern Desert*, Cairo & New York, 2008.

Sidebotham, S. E. & W. Z. Wendrich (eds.), *Berenike 1994: Preliminary Report of the 1994 Excavations at Berenike (Egyptian Red Sea Coast) and the Survey of the Eastern Desert*, Leiden, 1995.

—— *Berenike 1995: Preliminary Report of the 1995 Excavations at Berenike (Egyptian Red Sea Coast) and the Survey of the Eastern Desert*, Leiden, 1996.

—— *Berenike 1996: Report of the 1996 Excavations at Berenike*

  (*Egyptian Red Sea Coast*) *and the Survey of the Eastern Desert*, Leiden, 1998.

—— *Berenike 1997: Report of the 1997 Excavations at Berenike and the Survey of the Egyptian Eastern Desert, including Excavations at Shenshef*, Leiden, 1999.

—— *Berenike 1998: Report of the 1998 Excavations at Berenike and the Survey of the Egyptian Eastern Desert, including Excavations in Wadi Kalalat*, Leiden, 2000.

—— *Berenike 1999–2000: Report on the Excavations at Berenike, including Excavations in Wadi Kalalat and Siket, and the Survey of the Mons Smaragdus Region*, Los Angeles, 2007.

Sidebotham, S. E. *et al.*, "Fieldwork on the Red Sea Coast: The 1987 Season," *JARCE* 26 (1989): 127–166.

—— "Survey of the 'Abu Sha'ar(sic!)–Nile Road," *AJA* 95 (1991): 571–622.

Sijpesteijn, P. J., *Customs duties in Graeco-Roman Egypt*, Terra, 1987.

Sims-Williams, N. & J. Cribb, "A New Bactrian Inscription of Kanishka the Great," *Silk Road Art and Archaeology* 4 (1995/96): 75–142.

Smith, M. C. & H. T. Wright, "The Ceramics from Ras Hafun in Somalia: Notes on a Classical Maritime Site," *Azania* 23 (1988): 115–141.

Smith, V. A., *The Early History of India*, 4th ed. rev. by S. M. Edwardes, Oxford, 1924.

Sprenger, A., *Die alte Geographie Arabiens*, Bern, 1875.

Starkey, J. C. M. (ed.), *People of the Red Sea: Proceedings of Red Sea Project II held in the British Museum October 2004*, Oxford, 2005.

Starkey, J., P. Starkey & T. Wilkinson (eds.), *Natural Resources and Cultural Connections of the Red Sea: Proceedings of the Red Sea Project III held in the British Museum October 2006*, Oxford, 2007.

Stern, E. A., "Early Roman Glass from Heis on the North Somali Coast," in *Annales du Congrès de l'Association Internationale pour l'Histoire du Verre, 10e congrès, Madrid-Segovie 1985*, 1987: 23-36.

—— "The Glass from Heis," in Desanges, Stern & Ballet, *Sur les routes antiques*: 21-61.

Sundström, R., "Report of an Expedition to Adulis," *Zeitschrift für Assyriologie* 20 (1907): 172-182.

Swamy, L. N., *Boats and Ships in Indian Art*, New Delhi, 1997.

Tarn, W. W., *The Greeks in Bactria and India*, 3rd ed. (1984), updated with a preface and a new bibliography by F. L. Holt, Chicago, 1985 (pbk) (1st ed. Cambridge, 1938).

—— *Alexander the Great*, II, Cambridge, 1948.

Taylor, J., "Remarks on the Sequel to the Periplus of the Erythraean Sea, and on the country of the Seres, as described by Ammianus Marcellinus," *Journal of the Asiatic Society of Bengal* 16-1 (1847): 1-78.

Tchernia, A., "The Dromedary of the Peticii and Trade with the East," in De Romanis & Tchernia (eds.), *Crossings*: 238-249.

―― "Winds and Coins: From the Supposed Discovery of the Monsoon to the *Denarii* of Tiberius," in *Ibid.*: 250-276.

―― "Arikamedu et le graffito naval d'Alagankulam," *Topoi* 8 (1998): 447-463.

―― "L'utilisation des gros tonnages," in Harris & Iara (eds.), *Maritime Technology*: 83-88.

Tennent, J. E., *Ceylon: an account of the island, physical, historical, and topographical, with notices of its natural history, antiquities and productions*, 2 vols., London, 1859.

Tibbetts, G. R., *Arab Navigation in the Indian Ocean before the Coming of the Portuguese*, London, 1981 (repr. of 1st ed. London, 1971).

Tomber, R., "Rome and Mesopotamia ― importers into India in the first millennium AD," *Antiquity* 81 (2007): 972-988.

―― *Indo-Roman Trade: From Pots to Pepper*, London, 2008.

―― "Beyond Western India: the Evidence from Imported Amphorae," in Tomber, Blue & Abraham (eds.), *Migration, Trade and Peoples*: 42-57.

Tomber, R., L. Blue & S. Abraham (eds.), *Migration, Trade and Peoples*. Part 1: *Indian Ocean Commerce and the Archaeology of Western India*, London, 2009. [Online-Publication (http://www.royalasiaticsociety.org/site/files/Part%201-%20 Indian%20Ocean.pdf.)]

Topoi, Supplément 3: *Autour de Coptos: Actes du colloque organisé au Musée des Beax-Arts de Lyon (17-18 mars 2000)*, Lyon, 2002.

Topoi, Supplément 6: *Le roi et l'économie. Autonomies locales et structures royales dans l'économie de l'empire séleucide: Actes des rencontres de Lille*（*23 juin 2003*）*et d'Orléans*（*29-30 janvier 2004*）, Lyon, 2004.

Topoi, Supplément 8: *Productions et échanges dans la Syrie grecque et romaine: Actes du colloque de Tours, juin 2003*, Lyon, 2007.

Topoi, Supplément 11: *Autour du Périple de la mer Érythrée: Actes du séminaire organisé les 13 et 14 décembre 2010*（*Lyon, Maison de l'Orient et de la Méditerranée*）, Lyon, 2012.

Trowbridge, M. L., "Philological Studies in Ancient Glass," *University of Illinois Studies in Language and Literature* 13（1928）: 239-436.

Turner, P. J., *Roman Coins from India*, London, 1989.

Van Beek, G. W., "Pre-Islamic South Arabian Shipping in the Indian Ocean — A Surrejoinder," *JAOS* 80（1960）: 136-139.

Villeneuve, F., "Farasān Latin inscriptions and Bukharin's ideas: no *pontifex Herculis*! and other comments," *Arabia* 3（2005-06）: 289-296.

Villeneuve, F., C. Phillips & W. Facey, "Une inscription latine de l'archipel Farasān（sud de la mer Rouge）et son contexte archéologique et historique," *Arabia* 2（2004）: 143-190 & Fig. 63-67.

Vincent, W., *The Commerce and Navigation of the Ancients in the Indian Ocean*, II: *The Periplus of the Erythrean Sea*, London, 1807.

Vosmer, T., "The Jewel of Muscat: Reconstructing a Ninth-Century Sewn-Plank Boat," in Krahl *et al*.（eds.）, *Shipwrecked*: 121-

135.

Vosmer, T. *et al.*, "The *Jewel of Muscat* Project: reconstructing an early ninth-century CE shipwreck," *PSAS* 41 (2011): 411-424.

Warmington, E. H., *The Commerce between the Roman Empire and India*, 2nd ed., London, 1974.

Watt, G., *A Dictionary of the Economic Products of India*, 6 vols. in 10, Calcutta, 1889-96.

—— *The Commercial Products of India*, London, 1908.

Weerakkody, D. P. M., *Taprobanê: Ancient Sri Lanka as known to Greeks and Romans*, Turnhout, 1997.

Wellsted, J. R., *Travels in Arabia*, 2 vols., London, 1838.

Western Arabia and the Red Sea, Geographical Handbook Series for Official Use Only, Naval Intelligence Division, [Oxford], 1946.

Wheeler, M., *Rome beyond the Imperial Frontiers*, London, 1954.

Wheeler, R. E. M., A. Ghosh & Krishna Deva, "Arikamedu: an Indo-Roman Trading-station on the East Coast of India," *Ancient India* 2 (1946): 17-124.

Whitewright, J., "Roman Rigging Material from the Red Sea Port of Myos Hormos," *IJNA* 36 (2007): 282-292.

—— "How Fast is Fast? Technology, Trade and Speed under Sail in the Roman Red Sea," in Starkey, Starkey & Wilkinson (eds.), *Natural Resources*: 77-87.

—— *Maritime Technological Change in the Ancient Mediterranean: The invention of the lateen sail*, PhD thesis, University of Southampton, 2008.

—— "Tracing Technology: the Material Culture of Maritime Technology in the Ancient Mediterranean and Contemporary Indian Ocean," in Bockius (ed.), *Between the Seas*: 489-497.

—— "Rigging Components from Myos Hormos/Quseir al-Qadim," in Peacock & Blue (eds.), *Myos Hormos*, II: 189-199.

—— "Efficiency or economics? Sail development in the ancient Mediterranean," in Harris & Iara (eds.), *Maritime Technology*: 89-102.

—— "Sailing with the *Mu'allim* (sic!): The Technical Practice of Red Sea Sailing during the Medieval Period," in Agius *et al.* (eds.), *Navigated Spaces*: 147-156.

Whittaker, C. R., "Indian trade within the Roman imperial network," in Whittaker, *Rome and its Frontiers: The Dynamics of Empire*, London, 2004: 163-180 (Eng. version of "Le commerce romain avec l'Inde et la prise de décision économique," *Topoi* 10 (2000): 267-288).

Wild, F. C. & J. P. Wild, "Sails from the Roman port at Berenike, Egypt," *IJNA* 30 (2001): 211-220.

Will, E. L., "The Mediterranean Shipping Amphoras from Arikamedu," in Begley & De Puma (eds.), *Rome and India*: 151-156.

—— "Mediterranean Shipping Amphoras from the 1941-50 Excavations," in Begley *et al.*, *The Ancient Port of Arikamedu*, I: 317-349.

—— "The Mediterranean Shipping Amphoras from the 1989-92 Excavations," in Begley *et al.*, *The Ancient Port of*

Arikamedu, II: 325-403.

—— "Mediterranean Amphoras in India," in J. Eiring & J. Lund (eds.), *Transport Amphorae and Trade in the Eastern Mediterranean: Acts of the International Colloquium at the Danish Institute at Athens, September 26-29, 2002*, Aarhus, 2004: 433-440.

Wilson, L. M., *The Clothing of the Ancient Romans*, Baltimore, 1938.

Wranik, W. (ed.), *Sokotra: Mensch und Natur*, Wiesbaden, 1999.

Yajima, H., *The Arab Dhow Trade in the Indian Ocean*, Tokyo, 1976.

Young, G. K., "The Customs-officer at the Nabataean Port of Leuke Kome (*Periplus Maris Erythraei* 19)," *ZPE* 119 (1997): 266-268.

—— *Rome's eastern trade: International commerce and imperial policy, 31 BC-AD 305*, London & New York, 2001.

Yule, P., *Himyar: Spätantike im Jemen/Late Antique Yemen*, Aichwald, 2007.

Yule, P. (ed.), *Late Antique Arabia — Ẓafār, Capital of Ḥimyar: Rehabilitation of a 'Decadent' Society: Excavations of the Ruprecht-Karls-Universität Heidelberg 1998-2010 in the Highland of the Yemen*, Wiesbaden, 2013.

Zazzaro, Ch., *The Ancient Red Sea Port of Adulis and the Eritrean Coastal Region: Previous investigations and museum collections*, Oxford, 2013.

Zitterkopf, R. E. & S. E. Sidebotham, "Stations and Towers on the Quseir-Nile Road," *JEA* 75 (1989): 155-189 & Pl. XII-XV.

尾本恵市他（編）『海のアジア 2 モンスーン文化圏』岩波書店、2000 年。

上岡弘二・家島彦一『インド洋西海域における地域間交流の構造と機能——ダウ調査報告 2』東京外国語大学アジア・アフリカ言語文化研究所、1979 年。

辛島昇「サンガム時代のタミル三王国とカラブラの支配」辛島昇（編）『南アジア史 3』48-56 頁。

辛島昇（編）『南アジア史 3 南インド』（世界歴史大系）山川出版社、2007 年。

神田喜一郎「崑崙舶」『南方土俗』第 1 巻第 2 号（1931 年）127-128 頁。

桑田六郎「南洋崑崙考」『台北帝国大学文政学部史学科研究年報』第 1 輯（1934 年）135-150 頁。

小玉新次郎『パルミラ——隊商都市』近藤出版社、1980 年。

—— 『隊商都市パルミラの研究』同朋舎出版、1994 年。

定方晟「外来民族王朝の興亡」山崎元一・小西正捷（編）『南アジア史 1 先史・古代』（世界歴史大系）山川出版社、2007 年、126-153 頁。

蔀勇造「『エリュトゥラー海案内記』の成立年代について——古代南アラビア碑文を史料としての一考察」『史学雑誌』第 85 編第 1 号（1976 年）1-37 頁。

—— **Huntingford** の書評：『東洋学報』第 63 巻第 1・2 号（1981 年）223-232 頁。

—— 「ナジュラーンの迫害の年代について——『アレタス殉教録』の伝える年代」『史学雑誌』第 95 編第 4 号（1986 年）1-33 頁。

—— 「再び『エリュトゥラー海案内記』の成立年代について」『榎博士頌寿記念東洋史論叢』汲古書院、1988 年、209-232 頁。

—— 「古代南アラビアの紀元について」『オリエント』第 31 巻第 1 号 (1988 年) 51-74 頁。

—— 「古代南アラビア碑文に現れるアビシニア人 (2)」『日本オリエント学会創立 35 周年記念オリエント学論集』刀水書房、1990 年、193-213 頁。

—— **Casson** の書評:『オリエント』第 33 巻第 2 号 (1990 [1991] 年) 139-145 頁。

—— 「イエメン・レポート：調査 (1990 年 10〜12 月) 報告と学界動向」『オリエント』第 35 巻第 2 号 (1992 [1993] 年) 156-177 頁。

—— 「ソコトラ——その歴史と現状」『日本中東学会年報』第 8 号 (1993 年) 299-321 頁。

—— 「ソコトラ島のキリスト教について」『東洋史研究』第 51 巻第 4 号 (1993 年) 97-122 頁。

—— 「アドゥーリス紀功碑文の新解釈」『東西海上交流史研究』第 3 号 (1994 年) 73-114 頁。

—— 「碑文史料から見た古代南アラビア諸王国とアラブ・ベドウィンの関係」『東洋史研究』第 56 巻第 4 号 (1998 年) 139-183 頁。

—— 「文献史料に見る南東アラビア (1)：ササン朝支配期以前」『金沢大学考古学紀要』第 24 号 (1998 年) 20-38 頁。

—— 「ミュオス・ホルモスとレウケー・コーメー」『東洋学報』第 81 巻第 1 号 (1999 年) 01-028 頁。

—— 「エリュトラー海案内記の世界」佐藤次高・岸本美緒

（編）『市場の地域史』（地域の世界史9）山川出版社、1999年、250-289頁。

―――「インド諸港と東西貿易」『岩波講座世界歴史』第6巻、岩波書店、1999年、133-156頁。

―――「イスラム以前のインド洋世界――ソコトラ島から垣間見る」尾本惠市他（編）『海のアジア2』67-98頁。

―――「文献史料に見る南東アラビア（2）：ササン朝支配期～イスラーム征服期」『金沢大学考古学紀要』第25号（2000年）19-31頁。

―――「レウケー・コーメーとエグラ」『オリエント』第45巻第2号（2002［2003］年）192-195頁。

―――「古代世界におけるカシアとシナモン」『オリエント』第47巻第1号（2004年）160-163頁。

―――「ガバザ、アドゥーリス、コロエー――「アクスムへの道」検証の試み」『オリエント』第49巻第2号（2006［2007］年）133-146頁。

長澤和俊『海のシルクロード史――四千年の東西交易』中央公論社（中公新書）、1989年。

ヒューソン、J. B.『交易と冒険を支えた航海術の歴史』杉崎昭生訳、海文堂出版、2007年。

深町得三「インド洋伝統船の世界」尾本惠市他（編）『海のアジア2』31-64頁。

深見純生「混塡と蘇物――扶南国家形成の再検討」『国際文化論集』（桃山学院大学国際文化学会）、第39号（2009年）7-18頁。

松田壽男「崑崙国攷」『松田壽男著作集4 東西文化の交流II』六興出版、1987年、251-275頁（初出：『國學院雜誌』

第 47 巻第 1 号、1941 年)。

家島彦一「アラブ古代型縫合船 Sanbūk Ẓafārī について」『アジア・アフリカ言語文化研究』第 13 号 (1977 年) 181-204 頁。

―――「インド洋におけるシーラーフ系商人の交易ネットワークと物品の流通」『深井晋司博士追悼シルクロード美術論集』吉川弘文館、1987 年、199-224 頁。

―――『海が創る文明』朝日新聞社、1993 年。

―――『海域から見た歴史』名古屋大学出版会、2006 年。

山崎元一・辛島昇「マウリヤ帝国とその後のインド亜大陸」辛島昇 (編)『南アジア史』(新版世界各国史 7) 山川出版社、2004 年、064-112 頁。

山崎利男「インドの銅板文書の形式とそのはじまりについて」『東洋文化研究所紀要』第 73 号 (1977 年) 181-242 頁。

―――「カニシュカ 1 世の年代をめぐる新研究紹介」『中央大学アジア史研究』第 23 号 (1999 年) 56-21 頁。

山田憲太郎『東亜香料史研究』中央公論美術出版、1976 年。

―――『香料博物事典』同朋舎、1979 年。

蔀　勇造
しとみゆうぞう

1946年、埼玉県生まれ。東京大学大学院人文科学研究科博士課程単位取得退学。専攻、アラビア古代史、東西海上交流史。東京大学名誉教授。主な著書に、『歴史意識の芽生えと歴史記述の始まり』（山川出版社、2004年）、『シェバの女王――伝説の変容と歴史との交錯』（山川出版社、2006年）などがある。

エリュトラー海案内記1（全2巻）　　　　　　　　東洋文庫870

2016年4月8日　初版第1刷発行

訳註者	蔀	勇造
発行者	西田	裕一
印　刷	創栄図書印刷株式会社	
製　本	大口製本印刷株式会社	

電話編集　03-3230-6579　　〒101-0051
発行所　営業　03-3230-6572　　東京都千代田区神田神保町3-29
振替　00180-0-29639　　　　株式会社　平凡社
平凡社ホームページ　http://www.heibonsha.co.jp/

© 株式会社平凡社 2016　Printed in Japan
ISBN 978-4-582-80870-4
NDC分類番号290.9　全書判（17.5 cm）　総ページ424

乱丁・落丁本は直接読者サービス係でお取替えします（送料小社負担）

《東洋文庫の関連書》

番号	書名	訳者・著者
71 85 93 127 218 290 339 356 388 399 443 449 455 482 502 530 551	アラビアン・ナイト 全一八巻・別巻一	前嶋信次 池田修 訳
150	王書〈ペルシア英雄叙事詩〉 シャー・ナーメ	フィルドゥスィー 黒柳恒男 訳
191	七王妃物語	ニザーミー 黒柳恒男 訳著
299	ハーフィズ詩集	ハーフィズ 黒柳恒男 訳著
310	ホスローとシーリーン	ニザーミー 岡田恵美子 訳著
331	カリーラとディムナ〈アラビアの寓話〉	イブヌ・ル・ムカッファイ 菊池淑子 訳
434 436	ハジババの冒険 全二巻	J・モーリア 岡崎正孝 高橋和夫 江浦公治 訳
601 614 630 659 675 691 704 705	大旅行記 全八巻	イブン・ジュザイイ イブン・バットゥータ 家島彦一 訳注
621	ペルシア見聞記	J・シャルダン 岡田直次 訳注編著
644	ペルシア王宮物語〈ハレムに育った王女〉	ターシュ・アッサルタネ アッバース・アマーナト 田隈恒生 訳
647	ペルシア民俗誌	A・J・ハーンサーリー サーデク・ヘダーヤト 岡田恵美子 奥西峻介 訳註
669	千夜一夜物語と中東文化〈前嶋信次著作選1〉	前嶋信次 杉田英明 編著
673	イスラムとヨーロッパ〈前嶋信次著作選2〉	前嶋信次 杉田英明 編著
684	書物と旅 東西往還〈前嶋信次著作選4〉	前嶋信次 杉田英明 編著
729 730	アルファフリー〈イスラームの君主論と諸王朝史〉 全二巻	イブン・アティクタカー 池田修 岡本久美子 訳
766 769	中国とインドの諸情報 全三巻	アル・ハリーリー 家島彦一 訳注
780 782 785	マカーマート〈中世アラブの語り物〉 全三巻	堀内勝 訳注
789	ヴォルガ・ブルガール旅行記	イブン・ファドラーン 家島彦一 訳注
813 815	インドの驚異譚〈10世紀「海のアジア」の説話集〉 全二巻	ブズルク・ブン・シャフリヤール 家島彦一 訳
842	マヌ法典	渡辺信之 訳注
853 855 857	バーブル・ナーマ〈ムガル帝国創設者の回想録〉 全三巻	バーブル 間野英二 訳注
868 869	メッカ巡礼記〈旅の出会いに関する情報の備忘録〉 全三巻	イブン・ジュバイル 家島彦一 訳注